Permíteme ir al grano: nuestra nación está en problemas. En realidad, las naciones del mundo están ardiendo en sentido figurado. Necesitamos respuestas, y las necesitamos ahora. Necesitamos una transformación, pronto. Ché Ahn es un hombre de oración, visión y acción. No se deja intimidar por el mal. Ve los problemas terrenales y aporta soluciones bíblicas. Corre hacia el rugido, en lugar de huir de él. Cree que el Espíritu del Dios vivo puede transformar a una persona, a una familia, a una comunidad, a un estado, a una nación y al mundo. Resuena con los fuegos del avivamiento. Pero más que eso, entiende los fundamentos de la reforma. Algunos entienden uno de esos aspectos; pocos captan las dimensiones de ambos. Este libro le ayudará a abandonar la falsa noción de simplemente "ir a la iglesia" para pasar a "*ser* la iglesia".

Jim Garlow
Fundador y director ejecutivo de Well Versed

He sido amigo, intercesor y, en algunas oportunidades, voz profética en la vida y el ministerio del Dr. Ché Ahn durante muchos años. Cuando la revelación le es concedida, Ché está dispuesto a colaborar con el Espíritu Santo para que esa visión se haga realidad. Ché está comprometido con la *Palabra* y la *voluntad* de Dios siguiendo Sus *caminos*. Estos tres componentes se exhiben en todo lo que hace. El presente libro sobre la transformación se creó siguiendo ese plan.

James W. Goll
God Encounters Ministries
Autora, consultora, artista discográfica

Durante casi tres décadas de amistad, Ché y su esposa, Sue, han sido una enorme bendición para nuestras vidas personales y para el ministerio. Los hemos visto atravesar muchas tormentas, permaneciendo cálidos, increíblemente generosos y completamente entregados al evangelio a pesar de los desafíos de la vida. Si estás hambriento de ver crecer el reino de Dios, deja que las palabras de Ché te fortalezcan mientras sales a recoger la cosecha que ya está esperando. ¡El momento es ahora!

Dra. Heidi G. Baker
Cofundadora y presidenta ejecutiva del directorio,
Iris Global

El Diseño Para la Transformación, de Ché Ahn, es un libro extraordinariamente oportuno. Capta la esencia de lo que muchos profetas dicen que el Señor está haciendo en este momento: llevarnos del avivamiento personal a la reforma de toda la sociedad. Esto no es mera teoría. Es un mapa práctico para aquellos llamados a llevar el fuego del Espíritu Santo a los siete montes de la cultura. Si te tomas en serio lo de pasar al siguiente nivel de tu misión, este libro es de lectura obligada. Ché desglosa 12 cambios esenciales que te posicionarán para replantear radicalmente no sólo tu vida, sino también tu mundo. El cielo tiene un plan para la transformación global, ¡y Ché Ahn lo ha descifrado!

Dr. Lance W. Wallnau
Director ejecutivo, Lance Learning Group

RECOMENDACIONES

El Dr. Ché Ahn ha escrito lo que considero contiene claves esencial para ver la transformación tanto de los individuos como de las naciones. Escribe desde la experiencia personal, como así también desde la experiencia de ver los resultados que generan cientos de miles de personas clamando por una nación. Es una lectura fascinante y un mensaje oportuno para el momento actual.

Cindy Jacobs
Generals International

He entregado mi vida a la búsqueda del avivamiento. Y una de las grandes alegrías que me dio este viaje es haberlo corrido junto a amigos de pacto y compañeros de ministerio, como Ché y Sue Ahn, durante más de 20 años. Me asombran. Ché ha estado transmitiendo el mensaje de este libro desde que lo conozco. Sus brillantes ideas acerca de la Palabra de Dios y su pasión por honrar al Señor en todas las cosas hacen que la transformación sea factible y razonable. En *El Diseño Para la Transformación*, nos da estrategias prácticas pero profundas para ver la realidad del cielo venir a la tierra. Mi oración es que tú y yo vivamos de tal manera que el reino de Dios se muestre verdaderamente en y a través de nuestras vidas. Recomiendo encarecidamente este libro.

Bill Johnson
Líder principal de la Iglesia Bethel, Redding, CA
Autor de *Cielos Abiertos* y *Cuando el Cielo Invade la Tierra*

Siempre ha sido un honor tener como amigos a Ché y Sue desde hace ya mucho tiempo. Tuvimos el privilegio no sólo de ser bendecidos por ellos y por su familia en décadas importantes, sino que además formamos parte de algunas de las increíbles historias que puedes leer aquí, con nuevas revelaciones de nuestro incomparable Hacedor y Maestro... Todos tenemos la oportunidad de transmitir a los demás los dones que Él invierte en nuestras vidas, para que logremos complacerle en todo lo que podamos hacer en un corto espacio de tiempo antes de salir, ascender y continuar para siempre. Este es el nuevo regalo de gracia de Ché, destinado a que los miembros de la Esposa de Cristo que todavía quedamos aquí podamos ver a Aquel que todos anhelamos.

Winkie, Fae y Will Pratney
GMA, Nueva Zelanda

Tras 50 años de ministerio y habiendo cumplido 75 años recientemente, me di cuenta de que cuando Abraham cumplió 75 años, Dios le llamó y le dijo: "Bendeciré a los que te bendigan" (Génesis 12:3). Ché me ha bendecido reiteradamente durante casi 50 años de amistad, así que le devuelvo la bendición con el lanzamiento de este fenomenal nuevo libro. Tú también estarás enormemente bendecido de poder leerlo en este momento tan decisivo de la historia de Estados Unidos. Necesitamos una descarga del cielo, ¡así que ajústate el cinturón y disfrute de la aventura!

Larry Tomczak
Comentarista cultural, autor de éxitos en ventas

Durante muchos años, la iglesia ha jugado con la idea de cambiar el mundo, pero las palabras altisonantes nunca se convertían en hechos. Entonces ocurrió algo en California. El Dr. Ché Ahn demandó al Estado por cerrar la iglesia y ganó. Esto refleja lo que hizo Pablo en Hechos 16. Es por esto, además de por su unción en lo sobrenatural, que el Dr. Ché Ahn tiene derecho a hablarnos de cómo cambiar el mundo. Y lo hace de forma convincente. ¿Quiénes somos? ¿Por qué estamos aquí? ¿Qué cambios de mentalidad debemos hacer? ¿Está a nuestro alcance un milagro global? *El Diseño Para la Transformación* no sólo responde a esas preguntas, sino que además está repleto del Espíritu Santo para llevarnos a una victoria segura.

Mario Murillo
Mario Murillo Ministries

Ha sido un placer y un honor colaborar con el Dr. Ché Ahn durante más de 25 años. Su último libro, *El Diseño Para la Transformación*, te llevará por un viaje apasionante. Utilizando 12 lentes claras, el enfoque de lo que significa vivir para Jesús en este mundo se amplía de lo micro a lo macro. Esto no es teoría. Ché vive lo que escribe. La restauración personal y la plenitud son el principio, pero no el fin de nuestra vida en Cristo. Cada uno de nosotros está aquí para hacer del mundo un lugar mejor.

Dr. Charles Stock
Líder de Life Center Ministries

Me encantó leer esta historia sobre un traficante de drogas que se convirtió en un agente de cambio mundial, y sobre los 12 aspectos que conducen al camino más eficiente de la transformación. Este libro de testimonios alegrará tu corazón y te impulsará a la acción para unirte a las filas de estos agentes de cambio del mundo que Dios ha ungido.

Doris Wagner
Autora de *God's Apostle:*
My Adventures in Life with C. Peter Wagner

Durante las últimas dos décadas de prestar servicios en la Universidad Wagner y Harvest International Ministry, muchas cosas han cambiado para mí. Primero, el Dr. Peter Wagner cambió mi paradigma. Segundo, yo mismo me convertí en un cambiador de paradigmas a través del Apóstol Ché Ahn. Solía quedarme dentro de las cuatro paredes de la iglesia, pero me he convertido en un transformador del mundo exterior. Gracias a las enseñanzas e imparticiones de pioneros como Ché Ahn, que son capaces de leer los signos de los tiempos, la iglesia coreana tradicional se está transformando poco a poco. Recomiendo encarecidamente este libro, de lectura obligada para que las iglesias lean los signos de los tiempos y avancen hacia el próximo tiempo de transformación.

Dr. Jung-shik Hong
HIM Corea

Llegué a conocer al pastor Ché Ahn y me encanta su humilde pero intrépida defensa de la verdad a través de la pandemia por COVID-19... Nos unimos a él en la defensa de Cristo y contra la oscuridad que intenta invadir nuestra nación y el mundo. Estoy totalmente de acuerdo en que ya estamos en un Tercer Gran Despertar en esta nación y en todo el mundo, pero eso sólo sucederá cuando comience primero en nosotros. Deja que el ministerio del Pastor Ché Ahn encienda esa semilla de avivamiento en ti y luego llévala a tu mundo.

Andrew Wommack
Andrew Wommack Ministries

En *El Diseño Para la Transformación*, el Dr. Ché Ahn nos guía magistralmente a través de la rica historia del avivamiento y la reforma, revelando cómo el actual movimiento del Espíritu Santo está dando forma a nuestro mundo de hoy. Mientras exploras los 12 cambios fundamentales que son necesarios para el cambio personal y global, descubrirás cómo Dios te está equipando para cumplir tu llamado divino a traer el cielo a la tierra. Este libro es una lectura esencial para todo creyente que desee ser un avivador y reformador en esta generación.

Tammy Hotsenpiller
Copastora, Influence Church
Autora de *Fasting for Miracles*,
Fasting for a Change y *Fasting with God*

El Diseño Para la Transformación es una guía poderosa y oportuna para cualquiera que sienta la llamada a marcar la diferencia en este mundo. El Dr. Ché Ahn combina magistralmente la sabiduría bíblica con ideas prácticas, proporcionando un camino claro hacia el impacto personal y global. Este libro es una lectura obligada para aquellos que están dispuestos a adentrarse en el propósito que Dios les ha dado y convertirse en agentes de cambio en sus comunidades y más allá.

Phil Hotsenpiller
Pastor principal, Influence Church
Autor de *One Nation Without Law* y *Midnight in America*

El libro del pastor Ché Ahn es una poderosa llamada a la transformación personal y social basada en la verdad bíblica. Cada capítulo desafía a los creyentes a pasar del conocimiento a la acción, asumiendo su papel de agentes de cambio en el mundo. Sus ideas son oportunas y esenciales para cualquier persona apasionada por vivir el Evangelio en todos los ámbitos de la vida.

Samuel Rodriguez
New Season, pastor principal;
presidente/director ejecutivo de NHCLC
Autor de *Your Mess, God's Miracle!*
Productor ejecutivo de las películas
"Breakthrough" y "Flamin Hot"

En este libro, Ché Ahn ha expuesto lo que considero son los valores fundamentales que hemos pasado por alto, como iglesia, en nuestra perspectiva y metodología para cumplir con la oración de Cristo de traer el cielo a la tierra. Todos y cada uno de los capítulos desvelan ideologías distorsionadas que han obstaculizado nuestra búsqueda, como iglesia, de una transformación auténtica. Creo que, al leer sus palabras, experimentarás un drástico cambio de paradigma en tu forma de ver las Escrituras y entender la verdad. La relevancia de

Ché Ahn no tiene parangón, ya que integra ejemplos y acontecimientos actuales con contenidos históricos.

Philip L. Liberatore
Contador público,
IRS Problem Solver y Ministro Ordenado

Como uno de los generales de Dios en esta era de reforma de la iglesia, Ché Ahn define claramente los cambios de paradigma necesarios para traer el poder transformador del reino a nuestro mundo. *El Diseño Para la Transformación* te desafiará, inspirará e iluminará para que te conviertas en un creador de historia en tu generación. Es una lectura obligada para todo líder y creyente que quiera estar a la vanguardia de todo lo que Dios está haciendo.

Tom y Jane Hamon
Apóstoles, Vision Church at Christian International,
Santa Rosa Beach, FL
Autores de *7 Anointings for Kingdom Transformation*
y *The Apostolic Mantle*

El Pastor Ché es uno de mis padres espirituales y un brillante ejemplo de liderazgo humilde, valiente y basado en la fe. En *El Diseño Para la Transformación*, muestra que todo lo que se necesita para cambiar el mundo eres *tú*, alineado con el corazón de Dios, fortalecido por Su Espíritu, y viviendo las 12 verdades bíblicas fundamentales. Dios desea no solamente traer un avivamiento al mundo, sino transformarlo. Intercalado con increíbles testimonios que edifican la fe, este libro te equipará para caminar más cerca de Jesús y te preparará para desempeñar un papel clave en una aventura divina con Dios: ¡la transformación global!

Dra. Leanna Cinquanta
Fundadora y presidenta de We Ignite Nations (WIN)
Autora de *Treasures in Dark Places* y *Your Secret Calling*

Un diseño es una cosa. Un edificio es otra. Un constructor es todavía otra cosa diferente. El pastor Ché Ahn lo ha vuelto a hacer. En *El Diseño Para la Transformación*, Ché ha proporcionado un diseño, ha construido el edificio y ha demostrado sus dotes como constructor de atmósferas transformadoras. Tú puedes ser un avivador *y* un reformador. Fuiste hecho para este momento de la historia humana, y "Papá Ché" te ha proporcionado todo lo que necesitas para conducir a la transformación de tu vida y del mundo que te rodea para la gloria del Único. Compra este libro, lee este libro, vive este libro. ¡Sé parte de una transformación de tu vida y de tu legado del tamaño de Dios!

Dr. John Jackson
Presidente de la Universidad Jessup
Autor de *Grace Ambassador* y otros 9 libros
sobre liderazgo y transformación

En este increíble libro, Papá Ché Ahn nos recuerda el llamado divino en nuestras vidas a través de las Escrituras y de poderosos testimonios. *El Diseño Para la Transformación* ofrece esperanza y aliento a los creyentes que desean entrar en el propósito que Dios les ha dado. Las ideas de Papá Ché nos ayudan a comprender cómo podemos formar parte de algo más grande: revivir y reformar nuestro mundo con el poder del Espíritu Santo. Este libro es una guía para vivir la Gran Comisión de una manera real e impactante.

Shannon Grove
Senadora del Estado de California

Con una sólida visión bíblica, una experiencia personal transformadora y un corazón en sintonía con el Padre, *El Diseño Para la Transformación* pelará las capas de tu corazón como una cebolla, revelando de forma sencilla pero desafiante lo que Dios está haciendo en el mundo para un momento como éste. Como conozco al pastor Ché Ahn desde hace más de tres décadas, puedo dar fe de que este libro nace de su vida de obediencia continua y progresiva. ¿Podría ser que estemos viviendo una época en la que *chronos* y *kairos* convergen para cumplir el mejor momento de Dios y utilizar a su remanente, la iglesia, para lograr una transformación global? Lee este libro en oración, y el Espíritu Santo te revelará lo que nunca antes has visto. ¡Más, Señor!

Dr. Paul Tan
Apóstol, City Blessing Church

El Dr. Ché Ahn es un verdadero practicante del avivamiento y la reforma... Su liderazgo e influencia han tenido un impacto tangible en las naciones y han impulsado a los líderes audaces a adoptar posturas a favor de la justicia. Este libro es una guía práctica para convertirse en un reformador *avivado* en su esfera personal de influencia. Si Dios ha tocado tu vida (avivamiento), la única manera de que entres en tu propósito y destino, además de al experimentar un sentido de avivamiento sostenido, es entrando en tu llamado y llevando el poder, la presencia y las soluciones proféticas del Espíritu Santo al lugar que el cielo te ha asignado. Es entonces cuando te conviertes en un reformador que cambia el mundo que te rodea, y estas páginas encenderán tu corazón para que te conviertas en un agente de cambio dondequiera que se te convoque.

Larry Sparks, magíster en Divinidad
Editorial, Destiny Image; LM Sparks Ministries
Autor de *Pentecostal Fire*

El Diseño Para la Transformación es un libro poderoso y oportuno que desafía a los creyentes a reconocer su papel fundamental en el cumplimiento de la Gran Comisión. Ché Ahn esboza de modo brillante cómo cambiar nuestra mentalidad y recibir el poder del Espíritu Santo es clave para desatar el poder transformador de Dios en nuestro mundo. A medida que el avivamiento brota en nosotros, la reforma es lo que debe seguirle, trayendo un cambio duradero a nuestra sociedad. Este libro encenderá tu corazón con una visión fresca acerca de cómo Dios puede usarte para transformar el mundo que te rodea. Prepárate para un emocionante encuentro con el Dios de la gloria al sumergirte en estas páginas.

Brian Simmons
Passion and Fire Ministries

Lo que más quiero y admiro de Ché Ahn es que no teme arriesgarse por el bien del Evangelio. En la polarizada, airada y distraída cultura actual, hay mucho puesto en juego, y necesitamos más líderes dispuestos a traspasar los límites y generar un impacto. Y ahora, su nuevo libro, *El Diseño Para la Transformación*, es una clase magistral sobre cómo hacer precisamente eso. Utilizando experiencias de su propia vida y ministerio, descubrirás cómo es la verdadera transformación y cómo afrontar el futuro con confianza.

Phil Cooke, doctor
Cineasta, consultor de medios de comunicación
y autor de *Maximize Your Influence*

El Diseño Para la Transformación no es sólo un libro; es una poderosa llamada a la acción para que los creyentes abracen la autoridad que Dios les ha dado y traigan el reino de los cielos a la tierra. Tanto si eres un creyente experimentado como si eres nuevo en tu camino espiritual junto al Señor, los cambios personales descritos en estas páginas servirán como catalizadores poderosos para ayudarte a navegar, influir e impactar el caos dentro de la sociedad y la cultura con la verdad eterna del evangelio y la autoridad de la guerra victoriosa. Amigos, este libro los equipará para ser los agentes de cambio para la transformación del reino en ciudades, regiones y naciones.

Rebecca Greenwood
Cofundadora, Christian Harvest International
Strategic Prayer Apostolic Network

Debemos clamar por el avivamiento, pero también luchar por la reforma. No luchamos con palos y puños, sino con amor, rectitud y justicia, como Ché Ahn subraya con firmeza en su nuevo libro. Es'una lectura obligada para todo aquel que desee no sólo hacer un "trabajo misionero", sino también discipular y transformar culturas, comunidades, ciudades y naciones para el reino de Dios. Utilizando los principios que Ché despliega en su libro, durante los últimos 20 años he sido testigo personal de la transformación del reino que está teniendo lugar en la nación de Cuba. Cuando conseguimos algo, eso nos cambia. Pero cuando algo nos consigue a nosotros, ¡eso nos transforma! No te limites a leer este asombroso proyecto, sino que ¡deja que te lea y de ese modo te transforme!

Dra. Leanne Goff
Capacitadora transformacional;
Presidenta, Leanne Goff Ministries
Autora de *Missionary & Millionaire:*
Transforming Cultures as Priests and Kings

Este libro revela 12 principios profundos y esenciales para el viaje del avivamiento a la reforma. No son meras palabras escritas en una página, sino verdades divinas encarnadas en la vida del Dr. Ché Ahn. A medida que te adentres en sus páginas, te verás atraído a una poderosa experiencia de renacimiento y transformación personal. Recomiendo de todo corazón este libro: acéptalo, léelo y deja que cambie tu vida.

Obispo Gregory Toussaint
Fundador y pastor principal de Tabernacle of Glory

Por fin, un libro que tiene el potencial de liberar a una nueva generación llamada a tomar (nuevamente) sus naciones para Dios. En *El Diseño Para la Transformación*, Ché Ahn hace un excelente trabajo al integrar el avivamiento y la reforma. Lo que diferencia a este libro de otros es que se destaca por ser teológicamente sólido y extremadamente práctico. Esto hace que las transiciones que Ché describe sean fáciles de entender y aplicar. Es un libro que cambia las reglas del juego. *El Diseño Para la Transformación* está destinado a todos los que anhelan ser usados por Dios para ver el avivamiento de la iglesia, la llegada de la cosecha, y la restitución de la rectitud y la justicia en todas las áreas de la sociedad.

Dick y Arleen Westerhof
Copastores, God's Embassy Ámsterdam
Cofundadores de la red apostólica "By Design"

El Diseño Para la Transformación se ha publicado en un momento muy oportuno, ya que la iglesia de Dios se está centrando en el cumplimiento de la Gran Comisión del Señor Jesús antes de Su segunda venida. Todo pastor e individuo que anhele una transformación global debería leer este libro. En un lenguaje claro y fácil de leer, el Dr. Ché Ahn esboza 12 aspectos de la transformación personal y social que debe tener lugar tanto en los individuos como en la iglesia.

Dr. Niko Njotorahardjo
Fundador y presidente de Gereja Bethel Internacional

El Dr. Ché cree que estamos llamados a ser avivadores y reformadores para un tiempo como éste, entrando en un Tercer Gran Despertar en la historia de la Iglesia... Para lograr la transformación de la sociedad, es necesaria la reforma. ¿Cómo podremos hacerlo? Estos 12 cambios de paradigma que nos explica el Dr. Ché son vitales para todo creyente, porque Dios siempre ha utilizado un remanente de personas santas para iniciar el movimiento de Dios que transformó su mundo. Este libro es una lectura obligada para todos: pastores, líderes y miembros de la iglesia. Es hora de despertar al Cuerpo de Cristo para que se ponga a la altura de nuestro llamamiento y sea realmente sal y luz para el mundo depravado, para colaborar con el Espíritu Santo para llevar a cabo la reforma que el mundo necesita y dar gloria a Dios.

Obispo Augusto "Chito" Sanchez Jr.
y pastora Rachel Sanchez
Director de la Comisión de Transformation
and Revival Ministry Fundador de Jesus Loves the
Little Children Foundation, Inc.
Supervisor de River of God Churches

Este es un poderoso libro sobre la transformación personal y cultural. El pastor Ché comienza cada capítulo con una fascinante historia personal sobre la intervención divina de Dios que culminó en su propio cambio personal de pensamiento y crecimiento espiritual. La transformación global comienza con la transformación personal, y la transformación personal sucede mediante la relación con Jesús. A partir de estos 12 cambios en su vida, Dios ha obrado milagrosamente a través del pastor Ché para transformar a un joven que una vez fue adicto a las drogas desesperanzado en uno de los siervos más valientes y ungidos de Dios, cuya influencia llega a todos los rincones de la tierra. El corazón servil del pastor Ché y su amor por el Señor resultan evidentes en las páginas de este libro. Presta mucha atención al profundo mensaje entretejido a lo largo de *El Diseño Para la Transformación*, y tú también serás transformado y equipado para transformar el mundo que te rodea.

Mathew D. Staver, abogado, B.C.S.*
Fundador y presidente, Liberty Counsel

En *El Diseño Para la Transformación*, el Dr. Ché Ahn (Papá Ché), proporciona un modelo que demuestra la fe activa que cada creyente en Jesucristo debe exhibir diariamente. Este libro responde a la pregunta que tantos líderes de iglesias y creyentes nos hacemos: ¿Qué puedo hacer para marcar la diferencia? Ahora, quien busca auténticamente transformarse a sí mismo e incluso al mundo según el mandato bíblico, después de leer *El Diseño Para la Transformación*, no tiene excusa. Digerir *El Diseño Para la Transformación* no sólo es una experiencia que cambia la vida, sino que también puede ser una experiencia que cambia el mundo en manos de creyentes que abrazan el poder y la autoridad que nos ha dado Jesucristo.

Marc T. Little, abogado
Presentador, "The Marc Little Show"
Pastor, abogado, comentarista político

El nuevo libro del Dr. Ché Ahn, *El Diseño Para la Transformación*, es refrescante, inspirador y, lo que es más importante, muy oportuno, porque el autor es a la vez pastor de una iglesia influyente y apóstol de impacto mundial. Ha volcado en él su vasta experiencia no sólo para desafiar, sino también para equipar a la iglesia para completar la Gran Comisión. Una lectura obligada.

Dr. Ed Silvoso
Fundador y presidente de Transform Our World
Autor de *Ekklesia* y *Anointed for Romance*

Mi querido amigo Ché Ahn es un poderoso hombre de Dios, con un fuerte llamado apostólico que está alineado con los pensamientos del cielo. En este libro profundo y transformador, esencial para esta nueva era en la que hemos entrado, te ayudará a renovar tu mente mientras pasas de realidades inferiores a realidades superiores, a las que estás llamado a vivir como hijo o hija de Dios. Él te ayudará a plantar las poderosas verdades de las Escrituras en tu mundo, hasta que te parezcas cada vez más a Jesús. ¡Prepárate para ser totalmente transformado!

Jean-Luc Trachsel
Presidente de IAHM
(International Association of Healing Ministries)
Fundador y presidente de Europe Shall Be Saved
Copresidente de Global Evangelist Alliance
y miembro del Consejo de Empowered21

EL DISEÑO PARA

La

TRANSFORMACIÓN

Llevando el Avivamiento y la Reforma a las Naciones

Ché Ahn

HARVEST
International Ministry

EL DISEÑO PARA LA TRANSFORMACIÓN:
Llevando el Avivamiento y la Reforma a las Naciones
Publicado por Servant Leader Publishing
Pasadena, California, EE. UU.

Diseño de portada de Carolyn Covell.

AHN, CHÉ, autor
EL DISEÑO PARA LA TRANSFORMACIÓN
DR. CHÉ AHN

ISBN: 979-8-9908059-3-4, 979-8-9908059-4-1 (versión impresa)

ISBN: 979-8-9908059-5-8 (libro electrónico)

Los datos de catalogación y publicación están archivados en la Biblioteca del Congreso.

Diseño de interiores y libros electrónicos: Amit Dey (amitdey2528@gmail.com)

Gestión editorial: Susie Schaefer (finishthebookpublishing.com)

Traducción al español por Cameron Hubiak y Leticia Geuna (hstglobal@gmail.com) www.highsierratranslations.com

COMPRAS EN CANTIDAD: las escuelas, empresas, grupos profesionales, clubes y otras organizaciones pueden obtener beneficios por condiciones especiales al pedir cantidades de este título. Visite www.harvestim.org

Dedico este libro a mi esposa y mejor amiga, Sue Ahn,
quien ha tenido el mayor impacto en mi vida después de Jesucristo.
Te amo con todo mi corazón.
Gracias por amarme en estos últimos 45 años.
También dedico este libro a mis diez nietos.
Que traigan avivamiento y reforma a su generación.

ÍNDICE

AGRADECIMIENTOS

*Q*uiero dar las gracias a seis avivadores y reformadores que han tenido un gran impacto en mi vida y me ayudaron a dar forma a este libro:

- El difunto C. Peter Wagner, mi amigo, mentor, apóstol y padre espiritual.

- Lou Engle, profeta y amigo, por su incansable vida de oración por el avivamiento y reforma en todo el mundo.

- Cindy Jacobs, mi hermana, quien me ha dado las palabras proféticas más trascendentales que cualquier otra persona que haya impactado mi vida y mi ministerio.

- Bill Johnson, un amigo de pacto, que se convirtió en mi pastor y apóstol cuando Peter Wagner y Jack Hayford volvieron a casa para estar con Jesús.

- Winkie Pratney, que me dio mi teología y mi amor por el avivamiento.

- Larry Tomczak, mi primer pastor, mentor y amigo.

Más agradecimientos: quiero dar las gracias a los miembros, pastores y ancianos de la Iglesia Harvest Rock por permitirme tomarme tres meses sabáticos para escribir este libro y por ser la mejor iglesia.

Quiero agradecer a la pastora Rebecca Lee, mi asistente personal, que me ha ayudado a redimir mi tiempo para hacer todo lo que Dios me ha llamado a hacer.

Gracias a Mark Miller, un hijo espiritual y mi editor.

Y gracias a todos los líderes que me dieron su apoyo para este libro. ¡Ustedes son mis héroes!

PRÓLOGO DE
LOU ENGLE

Ché Ahn y yo, al momento de escribir estas líneas, acabábamos de reunirnos con 370.000 Esteres y Mardoqueos en la Explanada Nacional de Washington, D.C. el 12 de octubre de 2024 (el Día de la Expiación), para ayunar y orar por Estados Unidos. Hay profundos indicios de que la historia cambió ese día. Derek Prince escribe en su libro clásico *Moldeando la Historia: A través del Ayuno y la Oración* que en los últimos días de la crisis de las naciones, las asambleas solemnes colectivas serán la receta sagrada para evitar las crisis y hacer que las naciones retornen a Dios. Los libros de Joel y Ester hablan del poder y la eficacia de este tipo de oración y ayuno.

El libro de Ester es particularmente interesante. Mientras que el resultado prometido por Joel fue la restauración de la tierra de Israel y el *avivamiento* en todo el mundo, el resultado de Ester fue el levantamiento y la caída de reinas y reyes, el desmantelamiento y la eliminación de falsas ideologías e infraestructuras malignas, y el cambio radical en la política pública persa con respecto a los judíos. ¡Esto es la *reforma*! Uno cambia millones de corazones; el otro cambia la cultura.

Estoy convencido de que el antiguo espíritu demoníaco de odio hacia los judíos, el mismo espíritu que poseía al malvado

Amán, fue quebrantado por el ayuno de Ester. Sin embargo, el decreto de destrucción aún se habría llevado a cabo si Ester no se hubiera vuelto pública, arriesgado su vida y comparecido ante el rey. El punto es este: puedes orar todo lo que quieras, pero si no votas, entonces pierdes. Si no te opones públicamente a la transexualidad en las escuelas, pierdes a tus hijos. Si permaneces en silencio, pierdes tus libertades y das lugar al totalitarismo y a la persecución. Por eso resulta tan necesario este libro tan imperioso y oportuno de mi amigo y apóstol Ché Ahn. Llega justo para un momento como éste.

Ché y yo fuimos salvados radicalmente en el Movimiento de Jesús de los años setenta. Parecía que, mirásemos donde mirásemos, todo el mundo se convertía. Tristemente, había una teología de lo que yo llamo "Transpórtame, Scotty" de la época de Star Trek que también corría desenfrenada, paralela al avivamiento. Todo el mundo esperaba ser raptado y llevado al cielo en cualquier momento para escapar de la Tribulación. El diablo estaba, en nuestro pensamiento, "vivito y coleando en el planeta tierra" en vez de estar centrados en "la grandeza de nuestro Dios". Todos pensábamos que éramos la generación terminal, entonces ¿para qué reformar la tierra? *De todos modos, todo va a arder en llamas...* Estábamos en un viaje hacia el cielo como en Star Trek, cuando deberíamos haber estado cantando esa canción de los setenta, "Estas botas están hechas para caminar". Deberíamos haber estado pisando la tierra con ideas transformadoras del reino, reformando sus instituciones en colonias del reino donde pudiéramos hacer resonar la libertad y trabajar arduamente por la justicia. En lugar de eso, entonamos canciones de amor por el avivamiento, que eran necesarias y gloriosas, pero abandonamos la plaza pública. Mientras dormíamos, el enemigo sembró semillas de destrucción ideológica, colocó a los abastecedores del pensamiento venenoso en posiciones de influencia y creó así centros de poder a través de los cuales el diablo podía controlar la tierra.

¡Ahora estamos cosechando el vendaval de nuestro apaciguamiento y pasividad del "no te metas en política"! Tales declaraciones de pastores y predicadores "políticamente correctos" son más cobardes que correctas. Queremos profetas que puedan citar la conciencia de Estados Unidos tal como lo hizo Martin Luther King Jr. ¿Y qué hay de esta acusación de ser llamados "nacionalistas cristianos"? No lo entiendo. No soy nacionalista: ¡lucho por mis nietos!

Discipulamos a individuos en lugar de discipular a naciones, tal como Jesús nos ordenó (Mateo 28:19). Ahora, nuestros hijos son discipulados por travestis, reinonas y transgéneros. Ahora, el gobierno del Gran Hermano busca convertirse en el gobierno del Gran Padre. Ahora, más niños están siendo asesinados que antes de que *Roe* fuera revertido por la píldora del aborto y los candidatos que buscan extender el aborto hasta el momento del nacimiento como la principal agenda de campaña. ¡Necesitamos una reforma! De hecho, veo surgir un nuevo movimiento orientado al renacimiento de los derechos civiles llamado "No se metan con nuestros hijos". A través de este libro, se puede escuchar el rugido y el estruendo cada vez más notorios, conjuntamente con ideas relevantes para hacer estallar tal reversión.

Ché Ahn, mi pastor desde hace 40 años, no habla desde la teoría. Durante los disturbios de Los Ángeles de 1992, unió a pastores para reconciliarse en el intenso ambiente de tensión racial. Pasadena se transformó gracias a las labores y oraciones de la Iglesia Harvest Rock, así como de muchas otras. Se desmanteló una secta mundial con sede en Pasadena para convertirse luego en una iglesia evangélica. La Iglesia Harvest Rock la compró y ahora se reúne en su auditorio de fama mundial. El avivamiento estalló en 1994, y decenas de miles de personas de todo el mundo llegaron a ser transformadas en reuniones prolongadas durante varios años.

Pero quizás lo que más me gusta es la valentía y el liderazgo de Ché al negarse a ceder ante la arrogante extralimitación del gobernador Gavin Newsom en la época del COVID. Mientras las iglesias cerraban, Ché, como el viejo Mardoqueo, se negó a doblegarse ante las amenazas de encarcelamiento y multas destructivas por parte del gobernador y de la ciudad. Al final, la Corte Suprema de EE.UU. respaldó al Pastor Ché, y Gavin Newsom tuvo que pagar todos los gastos judiciales y legales del acuerdo por 1,35 millones de dólares. Desde entonces, he visto arder en el alma de Ché un fuego y una fe que declaran: "Que si Dios está a nuestro favor, nadie podrá estar en contra de nosotros". (Romanos 8:31).

Dios nos ordena llenar la tierra y gobernar sobre ella (Génesis 1:28). En este libro, con 12 prismas gubernamentales visionarias y prácticas, veo cómo la piedra de Daniel está siendo lanzada de la honda de David, la piedra labrada sin manos humanas golpeando y desmoronando la montaña de los reinos rebeldes del hombre, y esa piedra convirtiéndose en una montaña extremadamente grande que cubre toda la tierra (Daniel 2:34-35). Esa piedra que golpea no está reservada exclusivamente para el escatón. El golpe de la reforma es ahora. Querido Apóstol Ché, gracias por lanzar esta piedra de revelación de la reforma, porque sobre esta piedra Cristo edificará Su *Ekklesia*, y las puertas del infierno no podrán conquistarla (Mateo 16:18).

PRÓLOGO DE
DUTCH SHEETS

*E*l plan de Dios siempre ha sido que los seres humanos seamos sus agentes de cambio en la Tierra. Al principio, el cambio era siempre de bueno a mejor. Lo "malo" no existía. En el principio, el gran Creador liberó Su genio creativo durante seis días y finalizaba cada uno de esos días declarando que el producto final era "bueno". Y todo lo bueno que Él hizo tenía algunas sorpresas asombrosas escondidas dentro de sí.

Dios ocultó en la creación de la Tierra el potencial para que los seres humanos dieran rienda suelta a una creatividad adicional. En los elementos invisibles del planeta, junto con sus leyes matemáticas, físicas y científicas, se escondían aviones, rascacielos, teléfonos, ropa, ordenadores, fuego y un millón de descubrimientos más. ¡Indudablemente el Creador había tomado la decisión de crear creadores! (Lo sé, pero a veces la redundancia parece dar más fuerza a la idea).

Por supuesto, los humanos no creamos objetos de la nada. Sólo Dios puede crear materia. *Transformamos* la creación mediante la aplicación de Sus leyes científicas. El sitio dictionary.com dice que *transformar* significa "cambiar de forma, apariencia o estructura-*metamorfosear*; cambiar de condición, naturaleza o carácter-*convertir*; cambiar a otra sustancia-*transmutar*".

A menudo me río al imaginar algunas de las conversaciones que pudieron mantener Dios y su nuevo alumno. "Adán, un día *metamorfosearás* el aluminio en un tubo, *convertirás* los recursos de la tierra en caucho, pernos, tornillos, tela e instrumentación, y *transmutarás* todo eso en un avión".

"¿Y qué voy a hacer con ese supuesto avión?", probablemente habría preguntado Adán con la mirada perdida. ¡Qué conversaciones habrán tenido! No hay duda: Dios creó a los humanos para ser transformadores. "Desarrollar el planeta" era Su plan para nosotros.

La intención original de Dios era también que Adán y su descendencia revelaran Su imagen y semejanza, y se les asignó la responsabilidad de gobernar todo el planeta. A través de ellos, Dios pretendía establecer un puesto avanzado de Su reino celestial aquí en la tierra. Para Adán, "el cielo en la tierra" no era sólo un deseo, sino una realidad.

Luego el infierno vino a la tierra.

Cuando Adán pecó, la transformación y el desarrollo de la tierra se revirtieron. El mundo se sumió en el caos. Nuestros cuerpos empezaron a envejecer y a descomponerse, algunas de las hermosas plantas de la tierra se transformaron en arbustos espinosos, los animales empezaron a pelearse y los alimentos se echaron a perder. Lo peor de todo es que la naturaleza pecaminosa de la raza humana nos hizo capaces de acciones horribles. Génesis 6:5 nos dice: "El Señor vio que era mucha la maldad de los hombres en la tierra, y que todos los planes y pensamientos de su corazón eran siempre los de hacer sólo el mal". El Creador tuvo que enviar el gran diluvio para detener la decadencia.

Los agentes de cambio de Dios en ese entonces necesitaban ser cambiados; sus transformadores necesitaban ser transformados. Así que, para sorpresa de todos menos de Él mismo, Dios transformó a Su Hijo en uno de ellos y restauró a la humanidad a su imagen: "Así que, todos nosotros, a quienes nos ha sido quitado el velo, podemos ver y reflejar la gloria del Señor. El Señor, quien es el Espíritu, nos hace más y más parecidos a él a medida que somos transformados a su gloriosa imagen" (2 Corintios 3:18).

Entonces el gran Creador nos volvió a encomendar:

> *Por tanto, vayan y hagan discípulos en todas las naciones, y bautícenlos en el nombre del Padre, y del Hijo, y del Espíritu Santo. Enséñenles a cumplir todas las cosas que les he mandado. Y yo estaré con ustedes todos los días, hasta el fin del mundo.* (Mateo 28:19-20)

Los hijos de Dios, Su familia redimida en la tierra, comenzarían la transformación global al estar nuevamente capacitados para expandir Su reino por todo el mundo. Ahora se podría continuar *"así en la tierra como en el cielo"* (Mateo 6:10).

El Diseño Para la Transformación: Llevando el Avivamiento y la Reforma a las Naciones es más que un mero título. Se trata de una declaración profética, un anuncio de que el plan de Dios ha sido restaurado y ahora se lleva a un nuevo nivel. La transformación no se limitará sólo a una congregación o comunidad, ¡sino que ahora será global!

No muchas personas podrían haber escrito esta obra maestra; fue necesaria una gran revelación. Ché deja claro que tuvo que experimentar personalmente la transformación del Espíritu Santo en 12 áreas de su pensamiento antes de poder comprender y participar plenamente a nivel global. Los 12 cambios de paradigma que revela son fundamentales también para nosotros. Ché expone las verdades bíblicas de forma bella y estratégica, haciendo que se vuelvan aún más claras a través de sus testimonios personales.

La mayor expansión del reino de Dios en la tierra ha comenzado. *El Diseño Para la Transformación* es uno de sus manuales. Sin duda, este es uno de los libros más importantes de nuestros tiempos.

Introducción:

UN DISEÑO DIVINO

*N*aciste para ser un avivador y un reformador. De todas las épocas de la historia de la humanidad, tú estás vivo hoy -en este tiempo y en esta era específicos- para un propósito que sólo tú puedes cumplir. Dios planeó tu vida con un proyecto divino en mente: *transformar tu mundo*.

"¿Pero cómo voy a transformar el mundo?", te estarás preguntando. La respuesta es sencilla. Si has nacido de nuevo como seguidor de Jesucristo, *Él* es la respuesta a todos los problemas más profundos y oscuros del mundo. Su Espíritu vive ahora dentro de ti, y lo llevas contigo dondequiera que vayas. Tú eres Su embajador, Su agente de cambio. *Cristo en ti* es la "esperanza de gloria" (Colosenses 1:27) que la creación misma anhela "con anhelo profundo" ver revelada (Rom. 8:19).

Te des cuenta o no, tú eres la clave para ver cumplida la Gran Comisión. Poco antes de su ascensión al cielo, Cristo dio a sus discípulos este mandato:

Se me ha dado toda autoridad en el cielo y en la tierra. Por lo tanto, vayan y hagan discípulos de todas las naciones, bautizándolos en el nombre del Padre y del Hijo y del Espíritu Santo. Enseñen a los nuevos discípulos a obedecer todos los mandatos que les he dado. Y tengan por seguro esto: que estoy con ustedes siempre, hasta el fin de los tiempos (Mateo 28:18-20).

En Su soberanía e infinita sabiduría, Dios nos ha elegido para ser los hijos e hijas que llevarán a cabo Su encomienda, pero no nos ha dejado para que lo cumplamos solos. Nos ha concedido a cada uno de nosotros el poder (Hechos 1:8) y la autoridad (Lucas 10:19) para contribuir con nuestra parte en la transformación del mundo. Es por eso que puede denominarse la Gran *Co-misión*.

He ministrado en 94 países en los últimos 45 años, y dondequiera que viajo, mi deseo es que el Cuerpo de Cristo se enamore más profundamente de Jesús. Una iglesia pasiva e impotente no va a cumplir eficazmente la Gran Comisión. Los cristianos nominales no van a traer un avivamiento y una reforma históricos a la sociedad.

Dios está buscando seguidores apasionados y rendidos a Jesús, sus amantes entregados, cuyas vidas hayan cambiado de adentro hacia afuera. El Padre está buscando hijos e hijas cuyos testimonios de transformación provoquen esa misma transformación en las vidas de otras tantas personas.

Lo hermoso de la transformación es que es transferible. Cuando estamos llenos del poder transformador del Espíritu Santo, nos convertimos en super difusores de la transformación sobrenatural. Y como veremos en este libro, *las vidas transformadas conducen a la transformación de la sociedad*.

MI HISTORIA DE REDENCIÓN

El 25 de mayo de 2023, celebré 50 años como seguidor de Jesucristo. Cuando el Señor me salvó en 1973, yo era un pelilargo, traficante y adicto a las drogas de 17 años que vivía en abierta rebelión contra Dios. Para vergüenza de mis padres coreanos, había abandonado la escuela secundaria y, a pesar de ser hijo de un pastor bautista del sur, no tenía reparos en acostarme con las chicas con las que salía. Iba a la deriva por la vida sin esperanza ni sentido de propósito, y sin duda estaría muerto si el Señor no me hubiera salvado en Su misericordia.

Para que te hagas una idea de lo profundamente que Dios ha transformado mi vida desde aquel día de 1973, Sue y yo acabamos de celebrar nuestro 45.° aniversario de boda. Nuestros cuatro hijos, Gabe, Grace, Joy y Mary, aman al Señor, ¡y tenemos los diez nietos más lindos del mundo! Juntos, Sue y yo somos los líderes principales de la Iglesia Harvest Rock, Pasadena, que comenzó como una reunión de oración en nuestra casa en abril de 1994. También tengo el privilegio de desempeñarme como Canciller Internacional de la Universidad Wagner y Presidente de Harvest International Ministry (HIM), una red global que está presente y honra a Cristo en más de 70 países.

Aunque abandoné la escuela secundaria y mi mente estaba gravemente dañada por el consumo de drogas, gracias a la restauración de Dios pude obtener dos títulos de posgrado, incluso un Doctorado en Ministerio, en el Seminario Teológico Fuller. Si bien me siento bendecido por haber estudiado con profesores y mentores del calibre del Dr. C. Peter Wagner, creo que mi progreso académico realmente provino de la disciplina de memorizar las Escrituras, algo que aprendí a hacer muy pronto al caminar junto a Cristo. Y aunque mi vocabulario adolescente se limitaba tan solo a una palabra vacía de cuatro letras *"guau"*, ¡este es mi libro número 16!

Comparto todo esto no para enaltecerme, sino para glorificar a Dios y para darte esperanza. Si Él pudo redimir tanto mi vida, ¡también puede hacer eso mismo por cualquier otro! Gracias a Su asombrosa gracia y a Su gran poder, esta transformación está al alcance de cualquiera que crea, desde individuos hasta familias, comunidades y naciones.

TRANSFORMACIÓN: CAMBIAR EL CORAZÓN Y LA MENTE

Cuando Jesús apareció en escena en su ministerio público, las primeras palabras que salieron de su boca fueron: "Arrepiéntanse, porque el reino del cielo se ha acercado" (Mateo 3:2). La palabra griega para arrepentirse, *metanoeo*, significa tener "un cambio de corazón" (TDNT)[1] y "un cambio de mente" (DNTT).[2] Hoy en día, lo denominaríamos como un cambio de paradigma.

Estos dos cambios, tanto del corazón como de la mente, son esenciales para reformar a las personas y a las sociedades. Se necesita un corazón transformado para amar verdaderamente a Dios y al prójimo como a uno mismo, los que, según Jesús, representa los dos mandamientos más importantes

---

[1] Gerhard Kittel y Gerhard Friedrich, *Theological Dictionary of the New Testament*, Vol. IV. Eerdmans, 1967, p.626.
[2] Colin Brown, *Dictionary of New Testament Theology*. Zondervan, 1986, p.357.

(ver Mateo 22:37-40). Y se necesita una mente transformada para modificar la sociedad. Como dice Romanos 12:2, somos transformados por la renovación de la mente.

Otro elemento que necesitamos para transformar la sociedad es una verdadera visión bíblica del mundo. Nuestra visión del mundo es la realidad que percibimos y todos tenemos una. Tal como escribe Charles Kraft en *Christianity and Culture*:

> La visión del mundo constituye la principal influencia sobre el modo en que percibimos la REALIDAD. En función de los supuestos, valores y compromisos de su visión del mundo, una sociedad estructura asuntos tales como en qué debe creer su gente, de qué modo debe imaginarse la realidad, cómo y qué debe analizar. Las personas interpretan y reaccionan sobre este fundamento instintivamente y sin pensar.[3]

Para obtener una visión bíblica del mundo, necesitamos "todo el consejo de Dios" (Hechos 20:27 RVR). Si escogemos lo que nos gusta o nos parece fácil en la Biblia, nuestra visión del mundo nunca coincidirá plenamente con la de Dios.

He escrito este libro con el fin de equiparte para que hagas tu parte en la transformación del mundo. Compartiré algunos de los cambios de paradigma trascendentales en las áreas del corazón, la mente y la visión del mundo. Confío en

---

[3] Charles H. Kraft. *Christianity and Culture*. Maryknoll, NY: Orbis Books, 1979, p.20. Mayúsculas en el original.

que te sirvan de modelo, sea cual sea tu historia, tu situación actual o lo que Dios te haya llamado a hacer.

En concreto, examinaremos 12 aspectos de la transformación personal y social. En cada capítulo, respaldo las Escrituras con testimonios de la vida real acerca de cómo Dios está involucrado de manera sobrenatural con nosotros cuando "buscamos primero Su reino y Su justicia" (Mateo 6:33).

Uno de los últimos capítulos de la Biblia nos dice que "el *testimonio* de Jesús es el espíritu de *profecía*" (Apocalipsis 19:10). Nunca debemos disculparnos por compartir los testimonios que Dios nos ha dado, ya que un testimonio, por su naturaleza, infunde ánimo a quienes lo escuchan. Del mismo modo, la profecía es un don espiritual destinado a edificar, exhortar y fortalecer a los creyentes (1 Corintios 14:3). Cualquier testimonio que tengamos es sólo por la gracia y la bondad de Dios, y debemos darle a Él toda la gloria y el honor.

Rezo para que mis testimonios personales te animen y alienten tu fe. Una vez más, si Dios pudo hacerlo por mí, puede hacer lo mismo por ti, dondequiera que estés, en cualquier ciudad o nación del mundo.

Comencemos nuestro viaje juntos con esta oración:

"Padre Celestial, gracias por haberme hecho nacer en un tiempo como este. Creo que me has llamado a ser un avivador y un reformador. Transfórmame de adentro hacia afuera. Hazme más parecido a Jesús para que pueda pensar como Jesús, actuar como Jesús, y hacer las obras de Jesús. Lléname con Tu Espíritu Santo. Concédeme poder y guíame proféticamente para transformar mi mundo para Tu gloria, ¡en el poderoso nombre de Jesús".

Capítulo 1:

DEL AVIVAMIENTO A LA REFORMA

La justicia y el derecho son el fundamento de tu trono;
la misericordia y la verdad van delante de tu rostro
(Salmos 89:14 RVA).

"Venga a nosotros tu Reino. Hágase tu voluntad,
así en la tierra como en el cielo" (Mateo 6:10).

En la madrugada de un domingo de mayo de 1995, mi esposa abrió las puertas del oscuro y vacío Auditorio Mott, sin darse cuenta de lo que estaba a punto de ver. Sue iba acompañada de nuestras hijas pequeñas, Grace, Joy y Mary, y una amiga de las niñas llamada Christine. Cuando se abrieron las puertas, las cinco jadearon al unísono al contemplar de repente una visión inigualable de la gloria manifiesta del cielo. Se quedaron paralizadas, tratando de asimilarlo todo.

A través de la niebla blanca que llenaba el edificio, vieron miles de palomas translúcidas posadas en las sillas y alineadas en las vigas. Brillantes colores del cielo, antes desconocidos, inundaron sus ojos. Todo el suelo estaba cubierto por una alfombra de hierba luminosa revestida con flores celestiales de tonos brillantes que resplandecían como joyas. El estribillo de una música magnífica inundó el lugar, y se emocionaron al darse cuenta de que eran las flores las que cantaban. Centenares de majestuosos ángeles de todos los tamaños y etnias se hicieron visibles a lo largo del vasto auditorio, muchos de ellos elevándose de nueve a diez metros hacia el techo.

La Iglesia Harvest Rock, que se inició en nuestro hogar el 4 de abril de 1994, tenía sólo un año en ese momento. Habíamos buscado fervientemente una visitación del Señor durante ese primer año y dimos un gran paso de fe para alquilar el Auditorio Mott en el norte de Pasadena para brindar nuestros servicios. A 35.000 dólares al mes, el alquiler era muy caro, pero estábamos dispuestos a pagar el precio del avivamiento. Para ese entonces, habíamos estado celebrando reuniones especiales en el Mott casi todas las noches durante más de un mes, y nuestra congregación estaba experimentando encuentros maravillosos con el Espíritu Santo.

Un rato antes aquel sábado por la noche, después de que todos fueran a acostarse y mi mujer se quedara dormida, yo no lograba conciliar el sueño. Joy y su amiga Christine estaban acampando en la sala de estar, que estaba justo al lado de nuestro dormitorio, y pudimos oír sus risas durante un buen rato. Después de dar vueltas en la cama un rato más, finalmente le pedí a Sue que intentara calmar a las niñas. Ella accedió soñolienta y se levantó de la cama.

Al entrar en la sala de estar, Sue se dio cuenta de que ambas niñas habían sido invadidas por la risa sagrada. Temblando bajo el poder del Espíritu Santo, Christine gritó a

Sue: "¡Mott, Mott, tenemos que ir a Mott!". Joy inmediatamente replicó: "¡Sí, mamá, tenemos que ir a Mott!".

Era casi la una de la madrugada, pero Sue tenía la fuerte sensación de que Dios estaba moviéndose a través de las niñas, así que decidió llevarlas al Auditorio Mott. Subió a las dos niñas, junto con Grace y Mary, a la furgoneta familiar y las condujo hasta el gran edificio antiguo.

Mientras permanecían asombradas por las gloriosas vistas que las rodeaban, una de las niñas exclamó: "¡Tenemos que ir a buscar al pastor Lou!". Lou Engle, uno de nuestros pastores en Harvest Rock, vivía justo enfrente de Mott. Él y su esposa, Therese, habían elegido ese lugar para que Lou pudiera ir caminando hasta las reuniones de oración matutinas que lideraba a diario.

Sue y las chicas giraron de inmediato y cruzaron la calle. Tocaron la puerta de Lou para despertarlo y le suplicaron que viniera a contemplar aquella escena repleta de gloria. Lou se apresuró a volver con ellas y, cuando entró al auditorio, sintió una pesadez en el aire, pero no pudo ver nada. Sue y las chicas, sin embargo, siguieron contemplando la visión que les había sorprendido antes.

Como las niñas describían cosas tan espectaculares, incluidos ángeles gigantes, Lou decidió separar a Joy y Christine para entrevistarlas a solas. Tenía a mano una grabadora de microcassette para poder verificar cada detalle que compartían sin que una niña oyera a la otra. Tras su minucioso interrogatorio, Lou quedó asombrado de que tanto Joy como Christine siguieran describiendo las increíbles imágenes y sonidos de la misma manera. Estaba convencido de que las adolescentes estaban presenciando una auténtica visitación de la gloria de Dios.

Otra parte inesperada de este encuentro fue que las chicas tuvieron una visión de la leyenda del fútbol Vince Lombardi cuando empezaron a profetizar: "Mott es demasiado pequeño. Los estadios se llenarán". Las chicas estaban totalmente convencidas de que tendríamos que trasladarnos a un estadio. Lo que no sabían era que el primer Super Bowl había sido en el Coliseo de Los Ángeles en 1967, y que Vince Lombardi era el entrenador de los Green Bay Packers, quienes ganaron aquel primer campeonato. Ninguno de nosotros podría haber previsto en mayo de 1995 que Lou y yo estaríamos juntos en el Coliseo de Los Ángeles el 9 de abril de 2016, cuando se realizó la reunión de oración "Azusa Now" para cumplir esta palabra profética.

Me enteré de lo que había sucedido en Mott mientras me dirigía hacia la iglesia unas horas más tarde. Cuando pisé el auditorio, también sentí una mayor presencia de Dios en el edificio, aunque no vi nada. Sin embargo, la reunión de aquella tarde, que se desarrolló como de costumbre, fue claramente diferente. Marcó el comienzo de un período de visitación angelical y gloria manifiesta en nuestros cultos.

Durante los seis meses que siguieron, las niñas, junto con otros niños de la iglesia, siguieron viendo ángeles durante nuestras reuniones. Era como si el cielo hubiera descendido sobre nosotros. Se produjeron sanidades extraordinarias. La gente olía la fragancia del cielo, e incluso aparecía polvo de oro en manifestaciones espontáneas de la gloria de Dios. Me encantaron todos y cada uno de los testimonios que presenciamos. A través de estas experiencias, llegué a esta conclusión: *Esto es la gloria de Dios: ¡el cielo que viene a la tierra!*

LA ORACIÓN DE LA REFORMA:
EL CIELO EN LA TIERRA

Después de aquellos encuentros sobrenaturales, me sentí guiado por el Espíritu Santo a estudiar el tema bíblico del cielo en la tierra. En ese tiempo, descubrí una verdad extremadamente importante que había estado en la Oración del Discípulo (comúnmente llamada "la Oración del Señor") todo el tiempo.

En Mateo 6:10, Jesús instruye a Sus discípulos a decretar estas palabras en oración: "Venga a nosotros tu reino. Hágase tu voluntad, *así en la tierra como en el cielo*". ¡Esta es una oración de avivamiento! Durante los últimos 2.000 años, la iglesia ha estado orando para que el reino de los cielos, el gobierno y reinado de Dios, se establezca y manifieste en la tierra. En esencia, hemos estado orando por un Avivamiento con "A" mayúscula. Pero también es una oración por la reforma. No sólo para nosotros individualmente o para nuestras familias; se trata de una oración por nuestras naciones.

Cindy Jacobs ofrece un comentario perspicaz sobre este pasaje en su libro *El Manifiesto de la Reforma*:

> Después de estudiar Mateo 6:9-13, me di cuenta de que se trataba de una oración de intercesión para quien está llamado no sólo a discipular a los individuos, sino también a las naciones... Si una parte de esta oración es para el aquí y ahora, en que trabajemos para que Dios sea el Señor no sólo de nuestros asuntos familiares, sino también de nuestras ciudades y naciones, entonces el resto

de la oración debe entenderse en el mismo sentido. No es sólo por los individuos; es también una oración de intercesión por las naciones. [4]

Cuanto más profundizaba en la realidad de ver el cielo en la tierra, el versículo que realmente me cautivó fue el Salmo 89:14 RVC, donde el salmista declara: "La justicia y el derecho *son* el fundamento de Tu trono; la misericordia y la verdad van delante de Tu rostro". Este versículo servirá de fundamento a las secciones siguientes y a los temas recurrentes de este libro.

Al rezar la Oración del Discípulo y meditar sobre el Salmo 89:14, aprendí que en realidad estamos rezando para que la rectitud *de Dios*, la justicia *de Dios*, el amor *de Dios* y la verdad *de Dios* invadan nuestras vidas y se impregnen la sociedad. El cielo en la tierra es pedir a Dios que invada la tierra. Sí, con salvaciones, sanidades y liberaciones sobrenaturales, el componente de avivamiento de Su reino, pero también con Sus atributos de rectitud, justicia, amor y verdad, que traen la reforma a la tierra tal como es en el cielo. Porque *así* es el cielo.

AVIVAMIENTO Y REFORMA: UN TERCER GRAN DESPERTAR

Desde los acontecimientos de 2020, he estado compartiendo que vivimos un tiempo extraordinario de sacudida global y mayor gloria. Desde el inicio de los confinamientos por

---

[4] Cindy Jacobs, *The Reformation Manifesto: Your Part in God's Plan to Change Nations Today.* Bethany House, 2009, p.66.

el COVID-19 hasta la inflación galopante, la agenda de la extrema izquierda progresista, y la escalada de conflictos globales donde quiera que miremos, todas las naciones del mundo han atravesado un tiempo de sacudida sin precedentes. Esta antigua profecía bíblica se está cumpliendo ante nuestros ojos:

Y haré temblar a todas las naciones; vendrán entonces los tesoros[b] de todas las naciones, y Yo llenaré de gloria esta casa", dice el Señor de los ejércitos. [8] "Mía es la plata y Mío es el oro", declara el Señor de los ejércitos. [9] "La gloria postrera de esta casa será mayor que la primera", dice el Señor de los ejércitos, "y en este lugar daré paz", declara el Señor de los ejércitos». (Hageo 2:7-9)

En mi libro anterior, *Retornar Nuestra Nación a Dios Mediante El Avivamiento Histórico*, comparto el modo en que Dios está utilizando la oscuridad que estamos presenciando en la actualidad como trasfondo para que irrumpa la gran luz del avivamiento y la reforma. En mis más de 50 años de caminar con a Jesús, nunca he visto un contraste tan marcado entre la oscuridad que cubre las naciones y la gran gloria de Dios que se está revelando, como Isaías lo había profetizado hace siglos.

¡Levántate, Jerusalén! Que brille tu luz para que todos la vean. Pues la gloria del Señor se levanta para resplandecer sobre ti. Una oscuridad negra como la noche cubre a todas las naciones de la tierra, pero la gloria del Señor se levanta y aparece sobre ti. Todas las naciones vendrán a tu luz; reyes poderosos vendrán para ver tu resplandor. (Isaías 60:1-3 NTV)

Creo de todo corazón que estamos ingresando a un Tercer Gran Despertar, que abarcará tanto la oscuridad cada vez más oscura como la luz cada vez más brillante. Defino un Gran Despertar como un avivamiento nacional y una reforma de la sociedad. En este caso, el avivamiento y la reforma se extenderán por todo el mundo a otras naciones.

Es interesante observar que el Primer Gran Despertar de 1738 y el Segundo Gran Despertar de 1801 tuvieron como trasfondo dos de las guerras más importantes de Estados Unidos: la Guerra de Independencia (1775-1783) y la Guerra Civil (1861-1865). No estoy profetizando otro conflicto mundial como la Segunda Guerra Mundial (1939-1945), pero lo cierto es que hay señales de guerra por todas partes. Mientras escribo esto, Rusia y Ucrania están en guerra, e Israel está en guerra con Hamás, Hezbolá e Irán. Y la guerra civil amenaza con desgarrar países como el Reino Unido e Irlanda. Sin embargo, una de las razones por las que soy tan optimista sobre el mover de Dios es que ¡hay un avivamiento global en marcha *ahora mismo*!

Recientemente tuve el privilegio de ser orador en dos campus de Gereja Bethel Indonesia (GBI). Bajo el hábil liderazgo del pastor principal Niko Njotorahardjo, GBI cuenta con 1.200 campus y una membresía combinada de 300.000 personas. Aunque las cifras por sí solas no implican un avivamiento, se trata de un cuerpo de creyentes encendidos y llenos del Espíritu que están marcando la diferencia en su sociedad.

Indonesia tiene ahora un 35% de creyentes renacidos.[5] Para ponerlo en contexto, a pesar de ser la nación musulmana más grande del mundo, Indonesia tiene algunas de las iglesias más grandes a nivel internacional. El mover del Espíritu Santo está cambiando la marea en esta nación insular. Otros sitios que están experimentando un auténtico avivamiento van desde Brasil y América Latina hasta Nigeria, India, China y la iglesia clandestina en todo Oriente Medio. Mis amigos Rolland y Heidi Baker están transformando Mozambique, otra nación musulmana, a través de Iris Ministries.

La Base de Datos Cristiana Mundial (WCD, por sus siglas en inglés), una de las fuentes más autorizadas sobre estadísticas religiosas, ofrece un material de referencia invaluable acerca de todas las partes del mundo. Sus cifras sobre China son especialmente sorprendentes. Según la WCD, la población cristiana del país pasó de menos de un millón en 1970 a unos 120 millones en la actualidad. Esto supone más del 9% de la población total del país, que se espera que crezca hasta los 220 millones en 2050.[6]

Si estas cifras se aproximan a la realidad, la historia del cristianismo chino sería probablemente la mayor cosecha de la historia de la Iglesia, y eso es sólo en una nación. Decenas

---

[5] Ver: David Barrett. *World Christian Encyclopedia*. Oxford University Press, 2001; Ché Ahn. *Retornar Nuestra Nación a a Dios a través del Avivamiento Histórico* Wagner Publication, 2022, p.175-176.

[6] Philip Jenkins, "Who's Counting China?", *The Christian Century*. 10 de agosto de 2010. https://www.christiancentury.org/article/2010-08/who-s-counting-china

de miles de almas renacen cada día, principalmente en el Sur Global. Desde una perspectiva macro global, creo que estamos cerca del final de los últimos días, *¡y Dios se está moviendo como nunca antes!*

Junto con la cosecha de almas, el Tercer Gran Despertar está trayendo rectitud y justicia en diferentes áreas de la sociedad. Ya estamos siendo testigos de naciones que están siendo transformadas en términos económicos, un signo claro de reforma. Te recomiendo leer el ensayo "Cómo la Reforma Protestante quebró el espíritu de pobreza" más adelante en este libro para obtener más información sobre el tema.

CIMIENTOS DEL REINO

Si queremos ver un avivamiento y una reforma, debemos centrarnos en traer el reino de los cielos a la tierra. La forma de ejecutar la reforma es llevando la rectitud (*tzedeq*), la justicia (*mishpat*), la bondad o misericordia (*chesed*) y la verdad (*emeth*) de Dios a las naciones. Estas cuatro palabras del Salmo 89:14, los valores de rectitud, justicia, verdad y misericordia, se repiten una y otra vez. La palabra *justicia*, incluyendo sus respectivas palabras hebreas y griegas, así como sus derivados, aparece 277 veces en la Biblia. La palabra *justicia* aparece 135 veces. La palabra *chesed* aparece 197 veces, y su equivalente griego, *agape*, 112 veces. La *verdad* se menciona 235 veces en la Biblia.

El trono es un símbolo de realeza, y representa el gobierno y el reinado de Dios. A lo largo de todas las Escrituras, las frases "reino de los cielos" y "reino de Dios" se utilizan indistintamente. Por lo tanto, comprender la rectitud y la justicia es fundamental para saber cómo son el cielo y el reino de Dios. Y la naturaleza y el carácter de Dios incluyen estas cuatro cosas: Dios es absolutamente recto, justo, misericordioso y verdadero.

Necesitamos darnos cuenta de las mayores implicancias de Mateo 6:10 cuando oramos estas palabras: "Venga a nosotros tu reino; hágase tu voluntad, así en la tierra como en el cielo". Jesús nos enseñó a orar para que Su reino venga a la tierra, y Su reino encarna la rectitud y la justicia. Por lo tanto, Dios quiere que la rectitud y la justicia sean presentes tanto en la tierra como en el cielo. El trono del cielo está erigido sobre Dios y sobre estos principios, y así también debería ser nuestra sociedad. Para mí, así es como se ve un Gran Despertar.

Tal como vemos en versículos como el Salmo 33:5, Dios ama incondicionalmente la rectitud y la justicia. "Practicar la justicia y el derecho es más aceptable al SEÑOR que el sacrificio" (Proverbios 21:3 RVA), y esto es lo que el profeta Amós escribió sobre el deseo de Dios para la sociedad: "Odien lo malo y amen lo bueno; conviertan sus tribunales en verdaderas cortes de *justicia*... En cambio, quiero ver una tremenda inundación de *justicia* y un río inagotable de *rectitud*" (Amós 5:15, 24 RVA).

En el famoso pasaje que inicia el fragmento de Génesis 12, Dios llama a Abraham para que abandone la casa paterna y su patria, diciéndole: "Haré de ti una gran nación... Y en ti serán benditas todas las familias de la tierra". Dios eligió a Abraham para que fuera el padre de una nación destinada a servir de modelo de rectitud y justicia a las demás naciones, y le hizo este tremendo cumplido:

> Yo sé que él ordenará a sus hijos y a sus descendientes que sigan el camino del Señor, y que sean justos y rectos, para que el Señor cumpla en Abrahán su promesa. (Génesis 18:19 RVA)

No es de extrañar que se le conociera como "el amigo de Dios" (Santiago 2:23). El Señor incluso se refiere a él como "Mi amigo" (Isaías 41:8).

Observa cómo el Señor se reveló ante Abraham como el Dios de la rectitud (Daniel 9:14) y el Dios de la justicia (Deuteronomio 32:4), y le ordenó que enseñara la rectitud y la justicia a su familia. Estos son los caminos de Dios. Aunque Abraham no tenía la Biblia para aprender sobre estas verdades, lo que sí poseía era una *relación* con el Dios de la Biblia y recibió una *revelación* directamente de Él. Así es como pudo guiar a otros a hacer lo que es justo y correcto, y se convirtió en una gran nación, un prototipo para otras naciones. Y como dice Proverbios 14:34: "La justicia engrandece a una nación". Por el contrario, tal como advierte el resto de este versículo, una nación cae en desgracia y se hunde si la rectitud y la justicia no impregnan su sociedad.

Un escritor y orador judío conservador llamado Dennis Prager, que ha dedicado su vida a elaborar un comentario de la Torá (los cinco primeros libros de la Biblia) a partir del hebreo original, dice:

> Dios mismo explica aquí en qué consiste exactamente "el camino del Señor": hacer lo que es justo y recto. Por primera vez, la Torá declara explícitamente el propósito de Dios para Abraham y sus

descendientes: hacer lo que es justo y correcto e, implícitamente, enseñarlo al mundo.[7]

JUSTICIA Y RECTITUD

Nuestro versículo clave, el Salmo 89:14, comienza con una referencia a la justicia de Dios: "*La rectitud* y la justicia son el cimiento de Tu trono".

La justicia es fundamental para el reino de Dios porque Dios es justo. Es santo y no hay ningún pecado en Él. La justicia se puede definir como la obediencia ante la voluntad de Dios. Significa hacer lo que es correcto. Aunque Dios exige la justicia de nuestra parte, según 2 Corintios 5:21 y Romanos 14:17, ¡Él también nos da Su justicia como una dádiva!

Jesús, el único que caminó en perfecta obediencia a Dios Padre, es en sí mismo nuestra rectitud y justicia (1 Cor. 1:30). Ahora, sentado a la diestra del Padre, Él es la fuente de toda justicia. Y como les dijo a Sus discípulos: "Yo soy la vid; ustedes son las ramas... separados de mí, no pueden hacer nada" (Juan 15:5).

Una visión integral de la rectitud es tanto posicional como práctica. A nivel posicional, en el momento en que renaces, te encuentras en una posición correcta (justificada) ante Dios. A nivel práctico, Dios ahora te concede la gracia para llevar Su verdad a la práctica y hacer lo que es correcto. Así, podemos captar más claramente estas palabras del Apóstol Pablo:

---

[7] Dennis Prager, The Rational Bible: Genesis. Regnery Faith, 2019, p.215.

Queridos amigos, siempre siguieron mis instrucciones cuando estaba con ustedes; y ahora que
estoy lejos, es aún más importante que lo hagan.
Esfuércense por demostrar los resultados de su salvación obedeciendo a Dios con profunda reverencia y temor. Pues Dios trabaja en ustedes y les da
el deseo y el poder para que hagan lo que a él le
agrada. (Filipenses 2:12-13 NTV)

La clave para caminar con rectitud y justicia es confiar
en el Espíritu Santo. Él está obrando en nosotros y quiere
vernos practicar la justicia aún más que nosotros queremos
practicarla. En Juan 16:8, Jesús dice que el Espíritu Santo
haría tres cosas: (1) Convencer al mundo del *pecado*, es decir,
llevarnos a la salvación; (2) convencer al mundo de la *justicia*,
es decir, llevarnos al avivamiento personal; y (3) convencer
al mundo del *juicio*, es decir, llevar a cabo la reforma de la
sociedad.

Necesitamos un avivamiento de la justicia y la rectitud para restaurar la iglesia y la sociedad. Cuando tuvo un
encuentro con Dios y fue llamado a acabar con el comercio de esclavos en su nación, el reformador inglés William
Wilberforce (1759-1833) también fue llamado a realizar un
avivamiento de la justicia. Él lo llamó restauración de los
"modales" o de la moral: "Dios Todopoderoso ha puesto
ante mí dos grandes objetivos: la supresión del comercio de esclavos y la reforma de los modales [moralidad o
rectitud]".[8]

---

[8] https://christianhistoryinstitute.org/uploaded/50b649ccc5e960.06979983.pdf

Los reformadores cristianos como Wilberforce nos muestran *que bajar el cielo a la tierra es traer la rectitud y justicia de Dios a la tierra como en el cielo* (Mateo 6:10).

TRES CARACTERÍSTICAS DEL AVIVAMIENTO HISTÓRICO

Antes de examinar más detenidamente la reforma, debemos ponernos de acuerdo con respecto a qué entendemos por avivamiento histórico. Hoy, Dios quiere que Su pueblo experimente un derramamiento fresco de su Espíritu. Quiere refrescarnos y avivarnos espiritualmente para que podamos recibir la cosecha de almas y la transformación de la sociedad que vendrá posteriormente.

> Por lo tanto, arrepiéntanse y vuélvanse a Dios, para que sus pecados les sean perdonados y Dios haga venir sobre ustedes tiempos de alivio y les envíe a Cristo Jesús, que ya les fue anunciado. Es necesario que el cielo reciba a Jesús hasta el momento en que todas las cosas sean restauradas, lo cual Dios ya ha anunciado desde los tiempo antiguos por medio de sus santos profetas. (Hechos 3:19-21 RVC)

En Hechos 3:19, la palabra griega para "alivio" (*anapsuxis*) significa literalmente refrescar o recuperar el aliento, y aquí se utiliza para referirse al avivamiento.[9] Así pues, debemos reconocer dentro del contexto que el

---

[9] Blue Letter Bible, "Lexicon: Strong's G403 − *anapsyxis*", consultado el 23 de julio de 2024, https://www.blueletterbible.org/lexicon/g403/nasb20/tr/0-1/.

arrepentimiento es una condición indispensable para el avivamiento (ver Hechos 2:38; Joel 2:12, 28). Teniendo esto en mente, ahora veamos las tres características fundamentales del avivamiento histórico según en las Escrituras y la historia de la Iglesia.

1. La Iglesia se aviva.

La primera característica del avivamiento histórico es que la iglesia es avivada por el Espíritu de Dios. A lo largo de toda la historia de la iglesia, cada uno de los avivamientos comenzó cuando un individuo o un grupo de personas experimentaron una nueva consagración al Señor, fueron llenos con el poder del Espíritu Santo, y la iglesia se volvió santa y recta. Durante el derramamiento del avivamiento, la iglesia también recibió una revelación masiva del amor de Dios Padre.

Uno de los avivamientos más poderosos, conocido históricamente como el Primer Gran Despertar, se inició el 24 de mayo de 1738. John Wesley escribió en su diario:

> Los señores Hall, Hinching, Ingham, [George] Whitefield, Hutching y mi hermano Charles estaban presentes en nuestra fiesta del amor en Fetter Lane, junto a otros sesenta de nuestros hermanos. Alrededor de las tres de la mañana, mientras perseverábamos en oración, el poder de Dios reposó poderosamente sobre nosotros, hasta el punto de que muchos gritaron de gozo exultante y otros tantos *cayeron al suelo*. Ni bien nos recuperamos un poco del temor y el asombro ante la presencia de

su Majestad, proferimos al unísono: "Te alabamos, oh Dios, te reconocemos como el Señor". [10]

Cuando el avivamiento llegó a Toronto el 20 de enero de 1994, se caracterizó por el poder de Dios cayendo poderosamente sobre las personas, ya que muchas se cayeron y permanecieron en el suelo durante un tiempo considerable, incluso horas. Cuando llegué allí con Lou Engle en octubre de 1994, ingresé al salón de baile del Regal Constellation Hotel caminando y salí arrastrándome, incapaz de levantarme. Pero sentí que había *"renacido otra vez"*. Me sentí personalmente avivado al experimentar el amor del Padre y al enamorarme más de Jesús. El avivamiento siempre comienza en la Iglesia.

Toronto no sólo experimentó el poder y el gozo del Espíritu Santo. También se produjo un profundo arrepentimiento. En mi primer libro, *Into the Fire,*[11] , escribo sobre mi arrepentimiento y el perdón hacia mi padre y hacia otros líderes a los que no había perdonado en el movimiento anterior, y comparto mi profundo arrepentimiento por haber herido a mi mujer al haberla apartado de mis emociones y de mi depresión durante los años ochenta. Estoy firmemente convencido de que el arrepentimiento debe comenzar en la casa de Dios, con el pueblo de Dios. 1 Pedro 4:17 dice: "Pues ha llegado el tiempo del juicio, y debe comenzar por la casa de Dios; y si el juicio comienza con nosotros, ¿qué terrible destino les espera a los que nunca obedecieron la Buena

---

[10] John Wesley, *The Works of John Wesley* (Peabody, MA: Hendrickson Publishers, 1984), vol.1, p.170 (énfasis añadido).
[11] Regal, 1998.

Noticia de Dios?"". Todo depende de la iglesia. Un clásico ejemplo de esto es el Avivamiento de Pyongyang de 1907, que se desencadenó cuando los líderes de la iglesia iniciaron una tiempo intensivo de ayuno, oración y arrepentimiento público. El Avivamiento de Pyongyang fue denominado como el "avivamiento del arrepentimiento". Todos los avivamientos *genuinos* producen una restauración de la justicia y de la santidad.

En 2 Crónicas 7:14 (RVC), el Señor promete: "Si mi pueblo, sobre el cual se invoca mi nombre, se humilla y ora, y busca mi rostro, y se aparta de sus malos caminos, yo lo escucharé desde los cielos, perdonaré sus pecados y sanaré su tierra". Observa que Dios dice: "Si *Mi* pueblo se humilla y ora...". Él no llama a los perdidos en el mundo. No nombra a un partido político o a los funcionarios corruptos del gobierno. Él dice que comienza con Su pueblo. Dios dice que el avivamiento comienza *contigo y conmigo*.

2: Las almas se salvan.

Cuando la iglesia se aviva y prueba la gloria de Dios, la siguiente fase en cualquier verdadero avivamiento es el momento de la cosecha. Resulta necesario que nosotros como cristianos seamos avivados en nuestro caminar espiritual junto al Señor, pero también debemos preparar nuestras redes para traer una gran cosecha de almas. Si queremos lograr que nuestra nación retorne a Dios a través de un avivamiento histórico, debemos luchar no sólo por el pueblo de Dios, sino por los perdidos.

Este mismo patrón se observa desde el nacimiento de la Iglesia. El día de Pentecostés, cuando se derramó el

Espíritu, Pedro se levantó para predicar ante las multitudes, y 3.000 personas se salvaron en un solo día (Hechos 2:41). Entre los bautizados en Pentecostés había judíos que representaban 15 o más grupos de idiomas y hasta 70 naciones de la diáspora judía.[12] El avivamiento comenzó en Jerusalén, pero Dios quiso que se extendiera hasta los confines de la tierra.

El avivamiento galés de 1904 es un claro ejemplo de cómo llega la cosecha de forma impactante durante un verdadero avivamiento histórico. Cuando la iglesia de Gales empezaba a ser avivada por el Espíritu Santo, 20.000 personas se salvaron en sólo cinco semanas. Durante los primeros seis meses del avivamiento, 100.000 personas acudieron a Cristo, de una población total de Gales de alrededor de 2 millones. La prensa cubría el avivamiento con tanto detalle que muchas personas se convirtieron en seguidores de Jesús simplemente después de leer sobre aquel mover de Dios en sus periódicos de todos los días.[13]

3. La sociedad se transforma.

En cualquier avivamiento histórico, en primer instancia la iglesia se aviva y en segundo lugar viene la cosecha de almas. El tercer componente necesario de un avivamiento histórico es que la sociedad sea transformada, y una forma importante es a través de la restauración de la justicia bíblica. Cuando se produce la transformación de una nación, sabemos que

---

[12] C. Peter Wagner, *The Book of Acts: A Commentary* (Minneapolis, MN: Chosen Books, 2017), 64-65.
[13] G. Campbell Morgan, "The Revival: Its Power and Source", en *The Welsh Revival: A Narrative of Facts* by W.T. Stead (Boston: The Pilgrim Press, 1905), 83.

ha llegado realmente el avivamiento. Esto ocurrió en el Primer Gran Despertar cuando la esclavitud, posiblemente la principal injusticia de aquel tiempo, fue abolida en todas las naciones de la Mancomunidad Británica. En el Segundo Gran Despertar, vemos esta justicia desplegada cuando la esclavitud llegó a su fin en Estados Unidos, como consecuencia de este mover de Dios con Charles Finney, Jeremiah Lanphier, y otros más.

La triste verdad es que durante el Movimiento de Jesús que se adentró en la Bendición de Toronto y sus repercusiones, no hemos visto demasiadas reformas en la sociedad. Recuerdo la celebración del décimo aniversario de la Bendición de Toronto en 2004, cuando Sue y yo salimos a cenar tarde con John y Carol Arnott después de uno de los servicios nocturnos. El único restaurante que estaba abierto era un bar. Durante la comida, John dijo algo muy significativo y humilde: "Hemos tenido un impacto en millones de personas de todo el mundo, pero no hemos transformado ni un ápice de Toronto".

Lamentablemente, no tuvimos ninguna enseñanza o revelación para reformar la sociedad durante el Movimiento de Jesús y muy poco durante la Bendición de Toronto. Incluso algunas de las peores decisiones de la Corte Suprema tuvieron lugar durante ese mismo período. *Roe contra Wade* fue aprobada en 1973, mediante la cual se legalizaba el aborto. Luego, en 2015, la decisión *Obergefell contra Hodges* legalizó el matrimonio entre personas del mismo sexo después de que la Bendición de Toronto y el Avivamiento de Brownsville llegaran a su fin. Eso es parte del motivo por el cual estoy escribiendo este libro. Creo que veremos otra ola de almas salvadas, incluso mayor que el movimiento del Movimiento de Jesús y de los avivamientos de Toronto y Brownsville, ¡pero eso debe ser para lograr la transformación de toda la sociedad!

Jesús dijo: "El Hijo del Hombre vino a buscar y a salvar a lo que se había perdido" (Lucas 19:10). Creo que se refería a "lo que se había perdido" en el jardín: la unión y comunión perfectas con Dios y el cielo o paraíso en la tierra. Jesús vino para destruir las obras del diablo (1 Juan 3:8) y para restaurar todo lo que se había perdido en el jardín.

REFORMA

La reforma, que es el tercer componente del avivamiento histórico, desempeña un papel fundamental para la venida del reino de Dios a la tierra. Es lo que produce la transformación social. Me encanta esta definición de Cindy Jacobs:

> Yo definiría la reforma como una enmienda para reparar lo que está corrupto, para fortalecer las instituciones de nuestro gobierno y nuestra sociedad de acuerdo con el orden y la organización ordenados por Dios. Significa institucionalizar la voluntad de Dios en la forma en que realizamos nuestras actividades cotidianas, tratamos a los pobres, administramos justicia, elaboramos nuestras leyes, enseñamos a nuestros hijos y, en general, vivimos nuestras vidas. [14]

---

[14] Cindy Jacobs, *El Manifiesto de la Reforma: Un llamado urgente para el cambio en los individuos y la sociedad.* Bethany House, 2009, p.18.

Esta definición insta a todos los creyentes en Jesús a ser reformadores. Estamos llamados a corregir todos los males que nos rodean.

La reforma consiste en aportar valores bíblicos y llevar justicia tanto a la sociedad como a sus instituciones. Por extensión, los reformadores son aquellos que introducen cambios y mejoras en las prácticas o construcciones sociales, políticas o económicas. Si buscamos adoptar la cultura del cielo en nuestros días y en nuestra época, debemos conectarnos al deseo de Dios de reformar la sociedad para Su gloria. La justicia bíblica en la sociedad es un signo notorio de que se está produciendo una reforma.

La justicia pura de Dios

La justicia es el segundo componente fundamental de la díada del reino: "La rectitud y la *justicia* son el cimiento de tu trono" (Salmos 89:14a). Al igual que la rectitud, la justicia también refleja un aspecto crucial de la naturaleza de Dios, y Él se nos revela como un Juez justo en el segundo capítulo de la Biblia:

> Y Dios el Señor dio al hombre la siguiente orden: "Puedes comer de todo árbol del huerto, pero no debes comer del árbol del conocimiento del bien y del mal, porque el día que comas de él ciertamente morirás". (Génesis 2:16-17 RVC)

Al fundar la ley y castigar a quienes la infringen, Dios actúa en calidad de Juez. Si no comprendemos Su justicia, no podemos apreciar el amor y la misericordia de Dios, ni entender por qué Jesús tuvo que ocupar nuestro lugar en la cruz para que Dios pudiera concedernos la misericordia y el perdón.

"Se habla mucho, de forma hermosa y edificante, en que Dios nos ama y es amado por nosotros", escribe Dennis Prager. "Pero cuando Moisés describe a Dios, primero lo describe como un juez. Este es un regalo de la Torá a la humanidad: el Creador juzga a cada nación y a cada individuo".[15]

La mayoría de las personas que ven a Dios como un juez piensan que eso implica que es mezquino, ¡pero no hay nada más alejado de la realidad! La justicia de Dios aporta seguridad a nuestro mundo. Como todos coincidiremos, cuanto más estrictas son las leyes de tráfico, más seguro es conducir.

Jesús no sólo es justo; Él es nuestra justicia. El Antiguo Testamento enseña que Dios es justicia pura, sin ningún tipo de calificativo delante de la palabra. Por ejemplo, el término "justicia social" no está en la Biblia. Es redundante incluso añadir el adjetivo "bíblica". Sin embargo, hemos diluido tanto la verdad al incluir el aborto, el matrimonio entre personas del mismo sexo, la transexualidad y los asuntos de LGBTQ+ como cuestiones de justicia, que a veces parece necesario añadir tal calificativo. Pero el cimiento del trono celestial no es un asunto terrenal. Se trata de la justicia de Dios.

"La justicia, sólo la justicia seguirás", dice Deuteronomio 16:20 (RVR), "para que vivas y heredes la tierra que Jehová, tu Dios, te da". Siempre que la Biblia repite una palabra dos

---

[15] Dennis Prager, *The Rational Bible: Deuteronomy*. Regnery Faith, 2022, p.189.

veces, está haciendo un énfasis muy importante. También es raro que en la Torá se repita un sustantivo, pero en este caso, el sustantivo "justicia" se usa literalmente dos veces. El versículo original dice: "Justicia, justicia, seguirás". ¿Por qué? Porque Dios es *pura* justicia.

Como nos recuerda Mateo 12:18 (NTV), Él cumplió esta profecía: "Miren a mi Siervo, al que he elegido. Él es mi Amado, quien me complace. Pondré mi Espíritu sobre él, y *proclamará justicia* a las naciones" (ver Isaías 42:1). Así, Jesús fue lleno del Espíritu Santo para la tarea central de proclamar la justicia y la verdad de Dios a las naciones.

En su mensaje de apertura de Isaías 60:1-2, Jesús declara:

¡Levántate, resplandece! ¡Tu luz ha llegado! ¡Ya la gloria del Señor brilla sobre ti! La tierra está cubierta de tinieblas, y una densa oscuridad envuelve a las naciones; pero sobre ti brilla el Señor, como la aurora; sobre ti se puede contemplar su gloria. (Lucas 4:18-19 RVC)

En todos los aspectos, este mensaje resume el avivamiento y la reforma.

Por ejemplo, la buena noticia para los pobres es que Jesús vino a erradicar la pobreza sistémica. "Proclamar el año agradable del Señor" se refiere a un Jubileo perpetuo, que nuevamente implica las bendiciones y los beneficios económicos. No hay pobreza en el cielo, por ende la oración para que se haga la voluntad de Dios "así en la tierra como en el cielo".

El entendimiento más básico de la justicia tiene que ver con la verdad bíblica y las leyes justas, las cuales provienen de Dios. En Mateo 23:23 TPT, Jesús afirma:

Gran pena les espera a ustedes, religiosos y fariseos, ¡fraudulentos y farsantes! Porque están obsesionados con cuestiones periféricas, como insistir en pagar diezmos meticulosos por las especies más pequeñas que crecen en sus jardines. Estas cuestiones están bien, pero ignoran el deber más importante de todos: caminar en el amor de Dios, mostrar misericordia a los demás y vivir con integridad [o "verdad"] ...

Aquí, Jesús está haciendo referencia a la Torá, las leyes que Dios dio a su pueblo a través de Moisés, tal como se revela en Génesis, Éxodo, Levítico, Números y Deuteronomio. Estos mandamientos se caracterizan por la justicia y la verdad. Tal como dice Nehemías 9:13 (RVC): "Tú descendiste a la cumbre del monte Sinaí; les hablaste desde el cielo y les diste consejos sabios, leyes *verdaderas*, y estatutos y mandamientos *buenos*".

Todos los mandatos de Dios son santos, rectos y buenos (Romanos 7:12). La ley en sí misma no puede salvarnos, solo Jesús puede hacerlo (Gálatas 2:20-21; Efesios 2:4-10), pero no es posible lograr una verdadera reforma sin justicia y verdad.

Dios se preocupa tanto por nuestra sociedad que quiere que llevemos la justicia pura y bíblica a nuestro mundo. Debemos ser activistas de Su reino, "porque Dios no considera justos a los que simplemente oyen la ley sino a los que la obedecen" (Romanos 2:13 RVC). Aquellos que caminan en obediencia a la Palabra de Dios serán defensores de Su justicia y de Su rectitud, no sólo en sus vidas individuales sino también en sus esferas de influencia.

Ejemplos de reforma mediante leyes justas

El primer ejemplo de reforma divina es el Acta para la Abolición del Comercio de Esclavos de 1807. Esta ley fue aprobada en el Parlamento Británico debido a la determinación de William Wilberforce y su red apostólica, el Grupo de Clapham. Wilberforce y sus colegas lucharon durante 11 años seguidos con el objetivo de movilizar el apoyo suficiente para aprobar la legislación que aboliría la esclavitud en Inglaterra. Los miembros de la red de Wilberforce, también conocida como el Círculo de Clapham, eran todos fervientes seguidores de Jesús y tenían la firme convicción de que la sociedad debía reflejar la justicia de Dios para quienes estaban sometidos a la trata de esclavos.

El catalizador del movimiento abolicionista en Inglaterra fue el Primer Gran Despertar de 1738, dirigido por avivadores como George Whitefield y John Wesley, quien era un ferviente abolicionista. No fue tanto el caso de Whitefield, pero muchos de los que acudieron a Cristo en el Gran Despertar se convirtieron en abolicionistas, como por ejemplo John Newton y William Wilberforce. La fuerza colectiva de ese movimiento de Dios se fusionó con el estallido del Segundo Gran Despertar de 1801, que precedió por seis años a la Ley de Abolición de la Trata de Esclavos. Tres décadas más tarde, en 1833, la esclavitud fue finalmente declarada ilegal en todo el Imperio Británico con la aprobación de la Ley de Abolición de la Esclavitud.

El segundo ejemplo resuena profundamente con el primero, ya que está vinculado al camino que recorrió Estados Unidos para abolir la esclavitud. Fueron sobre todo los evangélicos, entre ellos el gran avivador Charles Finney y el movimiento metodista, quienes ayudaron a encabezar el movimiento abolicionista en Estados Unidos, denunciando los males de la esclavitud y abogando por la reforma. Tras el auge del Segundo Gran Despertar, el Avivamiento de la Oración de 1857 fue el principal avivamiento que recorrió Norteamérica durante esta época, trayendo una cosecha masiva de almas al reino. La mayoría de estos conversos eran abolicionistas.

Poco tiempo después, la polémica de la esclavitud llegó a su punto crítico cuando se dispararon los primeros tiros de la Guerra Civil en la primavera de 1861. Después de cuatro atroces años, la guerra terminó con la rendición del sur confederado el 9 de abril de 1865. Aunque tuvo un alto precio, más de medio millón de vidas perdidas en la batalla, la transformación social que tuvo lugar tras la Guerra Civil abrió una nueva página en la historia de Estados Unidos. Se allanó el camino para la aprobación de la 13ª Enmienda en diciembre de 1865, que abolió por completo la esclavitud en nuestra nación. En los cinco años siguientes se ratificaron la 14ª y la 15ª Enmiendas a la Constitución, que declaraban los derechos civiles de todos los nacidos en Estados Unidos, incluidos los antiguos esclavos, y afirmaban el derecho de voto para los hombres de todas las razas.

En cuanto a la actualidad, creo que el Tercer Gran Despertar ha comenzado y está trayendo a su paso tanto el avivamiento como la reforma. Una de las señales que marcan este tiempo épico de transformación es el caso *Dobbs contra la Organización de Salud de la Mujer de Jackson*, el fallo histórico de 6-3 del Tribunal Supremo de Estados Unidos que tuvo lugar el 24 de junio de 2022. En este dictamen, el tribunal sostuvo que la Constitución de Estados Unidos no confiere el derecho al aborto. Se revocaba así la maldición de *Roe contra Wade*, por la que 63 millones de vidas inocentes habían sido arrebatados por el asesino silencioso del aborto desde 1973.[16] No podemos subestimar la importancia del *caso Dobbs contra Jackson* a la luz de las vidas que se salvarán en las próximas generaciones de estadounidenses.

Dennis Prager, en su maravilloso comentario sobre el libro de Deuteronomio, escribe:

> Según la Torá, la civilización se basa en la justicia. Sin justicia, no hay civilización... Y la justicia reside en la verdad. Por lo tanto, el propósito del juzgado es primero determinar lo que es verdad. ¿Cometió el acusado el delito del que se le acusa? La compasión nunca puede desempeñar un papel en la determinación de la verdad. La verdad es objetiva, y puesto que la justicia reside en la verdad en la medida de nuestras posibilidades, la justicia también debe ser objetiva. Sólo una vez establecida la verdad y emitido un veredicto justo puede un juez ejercer la compasión al asignar el castigo. Antes de llegar a ese punto, hay que buscar la justicia (es decir, la verdad).[17]

---

[16] "The State of Abortion in the United States". Comité Nacional del Derecho a la Vida. 5 de mayo de 2022. http://www.nrlc.org/uploads/communications/stateofabortion2022.pdf

[17] Dennis Prager, *The Rational Bible: Deuteronomy*. Regnery Faith, 2022, p.271-272.

Y concluye: "Los individuos pueden guiarse por la compasión en su trato personal, pero la sociedad debe guiarse por la justicia". [18]

CÓMO LOGRAR EL AVIVAMIENTO Y LA REFORMA

Sabemos que Dios desea que traigamos el cielo a la tierra mediante el avivamiento y la reforma, pero ¿eso qué implica? Nuestro versículo fundamental, el Salmo 89:14, nos ofrece tres conceptos fundamentales al respecto: (1) se trata del *rostro de Dios*; (2) se trata de *la misericordia*; y (3) se trata de la *verdad*.

1: El rostro de Dios (Su presencia)

En su libro *Encuentros con Dios Cara a Cara*, Bill Johnson dice: "La búsqueda del rostro de Dios tiene dos dimensiones centrales: la búsqueda de Su presencia y la búsqueda de Su favor". [19]

El cielo invade la tierra a través de la presencia y la acción del Espíritu Santo. Creo que el salmista está hablando de la presencia manifiesta de Dios, el Espíritu de Dios o el Espíritu Santo. Como siempre he dicho en la Iglesia Harvest Rock, la presencia de Dios no es la frutilla del postre, ¡es el mismísimo postre! Damos prioridad tanto a la Palabra de Dios como a la presencia de Dios en nuestra familia de la iglesia, y Él nunca deja de sorprendernos mientras seguimos experimentando destellos del cielo en la tierra.

---

[18] Ibid.
[19] Bill Johnson, *Cara a Cara con Dios*. Charisma House, 2007, p.18.

"Pues el reino de Dios no se trata de lo que comemos o bebemos, sino de llevar una vida de bondad, paz y alegría en el Espíritu Santo" (Romanos 14:17). El Espíritu Santo es fundamental para ver el avance del reino de Dios. No podemos hacerlo con nuestras propias fuerzas. "No es por el poder ni por la fuerza, sino por mi Espíritu, dice el Señor de los Ejércitos Celestiales" (Zacarías 4:6 NTV). No veremos ningún avivamiento o reforma sin la presencia y el poder del Espíritu Santo.

2: Misericordia (Amor)

La palabra *misericordia* en el Salmo 89:14 es el término hebreo *chesed*, que algunas versiones traducen como "amor inagotable" o "bondad amorosa". Se define mejor como la misericordia y compasión de Dios por las personas. Es realmente por un corazón de compasión y misericordia que Dios Padre entregó a Su único Hijo para la redención del mundo. Como dice el versículo más famoso de la Biblia: "Pues Dios *amó* tanto al mundo que *dio*..." (Juan 3:16).

Chesed sintetiza el tipo de compasión profunda que Dios quiere que tengamos hacia los demás. Creo que Jesús se apropió de una palabra griega poco común, *agape*, para expresar lo que se comunicaba a través de *chesed* en el Antiguo Testamento, y por eso utilizo "amor" indistintamente con misericordia.

Nunca debemos olvidar que amar es un verbo, y los verbos son palabras de acción. La Biblia deja muy claro que debemos amar con acción y verdad.

En esto hemos conocido el amor: en que él dio su vida por nosotros. Así también nosotros debemos dar nuestra vida por los hermanos. Pero ¿cómo puede habitar el amor de Dios en aquel que tiene bienes de este mundo y ve a su hermano pasar necesidad, y le cierra su corazón? Hijitos míos, no amemos de palabra ni de lengua, sino *de hecho y en verdad*. (1 Juan 3:16-18 RVC)

Defino el amor como "la opción desinteresada por lograr el mayor bien para la mayor cantidad de personas". Esta definición especifica "la mayor cantidad de personas" porque necesitamos tener un enfoque que facilite una verdadera reforma. El mundo está plagado de necesidades diversas, y debemos ser estratégicos al emplear nuestros esfuerzos. Para lograr un cambio tangible y positivo, debemos preguntarnos: "¿Cuáles son las mayores injusticias que afectan a la mayor cantidad de personas? ¿Qué podemos hacer para cambiar las cosas?". Ver el Anexo A para profundizar en este tema.

3: Verdad

La verdad bíblica es indispensable para lograr la reforma y el avivamiento. Si queremos ser personas rectas y justas, necesitamos la verdad absoluta. La rectitud y la justicia tienen que basarse en la realidad de que Dios existe, que es un Dios moral, y que nos ha dado Sus mandamientos y normas de rectitud y justicia basándose en la verdad absoluta. La verdad radica en Sus mandamientos y en Su Palabra escrita, la Biblia, la fuente suprema de la verdad. Como tal, representa los cimientos de una sociedad exitosa.

El avivamiento se produce cuando la verdad de Jesucristo penetra en el corazón humano. Esto, a su vez, aviva a la iglesia para luego atraer a los perdidos. Del mismo modo, hay una progresión natural desde la verdad hacia la reforma, y es así como se ve:

- La verdad cambia los *valores* personales.
- Los valores conducen a un cambio de *cultura*.
- La cultura modifica *instituciones* como la familia, el gobierno, la educación y los medios de comunicación.
- Un cambio de cultura basado en la verdad conducirá a la *justicia* y a las *leyes* justas.
- La restauración de la justicia y la verdad en la sociedad reformará a toda una *nación*.
- ¡Las naciones transformadas conducirán a la *transformación mundial!*

El cambio de la cultura comienza con la restauración de la verdad

En el histórico libro *After the Ball*, dos activistas gays de Harvard, Marshall Kirk y Hunter Madsen, sentaron las bases acerca de cómo el mundo puede utilizar el lenguaje para moldear la cultura. Al escribir un libro como éste en 1989, Kirk y Madsen delinearon su objetivo de cambiar el vocabulario en torno a la homosexualidad.[20] En lugar de llamar a estas personas "homosexuales", deliberaron utilizar la palabra *gay* porque querían dar la impresión de que estaban contentos con su sexualidad en lugar de estar deprimidos,

---

[20] Marshall Kirk y Hunter Madsen, *After the Ball: How America Will Conquer Its Fear and Hatred of Gays in the '90s* (Nueva York: Doubleday, 1989), p.163, 189-190.

que era la percepción de la realidad por parte de la comunidad no gay.

Para ellos, el cambio en la cultura comenzó por redefinir las palabras y utilizar eufemismos en lugar de verdades conocidas. En lugar de aborto, es "derechos reproductivos de la mujer". En lugar del club de gays y lesbianas en las escuelas secundarias, ahora es el club "Just Be You" ("Sé Tú Mismo en español").

> La muerte y la vida están en poder de la lengua;
> el que la ama, comerá de sus frutos. (Proverbios
> 18:21 RVR)

Es interesante mencionar que mientras yo escribía este libro, se estaba llevando a cabo la primera noche de la Convención Nacional Demócrata de 2024 en Chicago y prácticamente todos los oradores de aquella convención utilizaron un eufemismo en lugar de aborto, por ejemplo, "libertad reproductiva".[21] Jesús dijo que los hijos de este mundo son más astutos que los hijos de la luz (ver Lucas 16:8). La reforma comienza cuando restauramos la verdad bíblica en el ámbito público, por ejemplo, que el aborto es el asesinato de un bebé inocente. Puede que no sea políticamente correcto, pero es la verdad. Dios detesta las manos que derraman sangre inocente (Proverbios 6:16).

También creo que la restauración de la verdad en la sociedad comienza con los pastores predicando la verdad con amor desde los púlpitos. Algo que falta mucho en los

---

[21] Ben Johnson. "The 6 Most Notable Moments from Day 1 of the DNC". *The Washington Stand*. 20 de agosto de 2024. https://washingtonstand.com/commentary/the-6-most-notable-moments-of-the-dnc-day-1

Estados Unidos hoy en día es la proclamación de la verdad por parte de los líderes de la iglesia, los mismos que deberían conocer la verdad más íntimamente.[22] Cada pastor y cada iglesia deberían predicar todo el consejo de Dios cada semana. No podemos negarnos a decir la verdad con amor, especialmente en lo que se refiere a los valores pro-vida y pro-familia que están cercanos al corazón de Dios. Creo que Dios ha escogido la insensatez de la predicación para transformar el mundo. Al adoptar la verdad y los valores bíblicos, se conduce a una cultura del reino que tiene influencia sobre todas las instituciones. Eso incluye promover la rectitud y la justicia, no sólo en el gobierno sino en cada monte de la cultura. Por ejemplo, estos valores se ven reflejados cuando erradicamos el acoso sexual, la malversación de fondos y el lenguaje soez en el lugar de trabajo, ya sea en el ámbito comercial, educativo o cualquier otro entorno profesional.

Una cultura arraigada a la verdad bíblica garantiza que la transformación de la sociedad pueda sostenerse y mantenerse a largo plazo. Esto es lo que distingue un Gran Despertar de un mero avivamiento. El avivamiento afecta a la iglesia, pero un Gran Despertar incluye la reforma de la sociedad. La verdadera reforma afectará a todas las facetas de la vida, y creo que ese es el corazón de Dios para esta generación. Oramos por una transformación social duradera en la que prevalezcan leyes justas y divinas, y donde los valores culturales se aliñen a los principios bíblicos.

---

[22] Recomiendo encarecidamente la lectura de *Reversed* de James Garlow, el mejor libro del mercado para equipar a los pastores para predicar con conocimiento sobre temas candentes de nuestra cultura. James tiene seis títulos, y sin embargo tiene un corazón de pastor con años de experiencia en el pastorado.

RESUMEN

Este es un listado que compara las características del avivamiento con las características de la reforma. No son absolutas, pero reflejan *la propensión* de cada característica a caer principalmente en una u otra categoría.

AVIVAMIENTO	REFORMA
1. Rectitud	Justicia bíblica
2. Personal	Colectivo
3. Individual	Institucional
4. Valores personales	Valores culturales
5. Santificación personal	Transformación social
6. Carácter similar al de Cristo	Leyes justas y divinas
7. Moral	Virtudes sociales
8. Oración personal	Oración unida y colectiva
9. Sacerdotes	Reyes
10. Salvar almas	Discipular naciones
11. Ser lleno del Espíritu	El poder del Espíritu Santo
12. Sabiduría personal	Liderazgo sabio
13. Tribunal de Juicio	Día del Juicio
14. Evangelio de la Salvación	Evangelio del Reino
15. Misericordia	Verdad
16. Apóstoles de la iglesia	Apóstoles del mercado
17. Transformación personal	Transformación global

18. Iglesia	Reino
19. Predicación dominical	Discipulado y entrenamiento
20. Los gentiles se salvarán	Todo Israel se salvará

Oremos juntos al concluir este capítulo:

"Padre Dios, Tú eres el Dios del avivamiento y la reforma. Conviérteme en catalizador de Tu reino, para traer rectitud, justicia, misericordia y verdad a mi esfera de influencia. Señor, envía el avivamiento a mi nación, y concédele poder a Tu Ekklesia para que seamos siervos del avivamiento para la transformación de la sociedad. En el poderoso nombre de Jesús, amén".

Capítulo 2:

DEL NARCISISMO AL AMOR
A DIOS Y AL PRÓJIMO

Jesús le dijo: —Amarás al Señor tu Dios con todo tu corazón y con toda tu alma, y con toda tu mente. Este es el grande y el primer mandamiento. Y el segundo es semejante a él: Amarás a tu prójimo como a ti mismo. De estos dos mandamientos dependen toda la Ley y los Profetas. (Mateo. 22, 37-40 RVC).

Todavía lloro de gratitud al recordar cómo Jesús me liberó de la adicción a las drogas en tan solo un día: el 25 de mayo de 1973, cuando salí de un concierto de Deep Purple en el Centro Cívico de Baltimore. Con el mero hecho de mencionar a la banda de rock Deep Purple ya puedes tener idea de cómo era mi vida antes de que Jesús me salvara. A menudo bromeaba diciendo que quizá fui uno de los primeros hippies coreanos de Estados Unidos.

Sinceramente, mi encuentro con Dios comenzó dos semanas antes, cuando, tras sentirme frustrado, puse fin a un año de práctica del budismo zen y oré simplemente: "Dios, no sé si existes. Pero si Tú existes y lo que mis padres me dijeron es verdad, eso de que hay un cielo y un infierno, y que Jesús es el camino al cielo, entonces muéstramelo. ¡Quiero saber la verdad! ¡Y no quiero ir al infierno"!

No esperaba que Dios se me revelara allí. Llevaba un año de viaje espiritual, dejando el LSD, meditando mi mantra, tratando de encontrar a Dios, y me hallaba en un callejón sin salida. *Pero Dios es tan rico en misericordia y me amó tanto* (Efesios 2:4), abrió el cielo y cayó sobre mí su amor líquido. Comencé a sollozar profusamente, y al mismo tiempo, por una revelación, *supe* que era Jesús quien estaba derramando el Espíritu Santo sobre mí. Verdaderamente, el amor de Dios estaba siendo derramado en mi vida a través del Espíritu Santo (Romanos 5:5). Al mismo tiempo, me sorprendió que mi padre, pastor bautista del sur, y mi piadosa madre hubieran tenido razón todo este tiempo. La respuesta siempre fue Jesús, pero yo nunca les había creído ni lo había aceptado.

Este encuentro tangible con el amor de Dios me acompañó durante tres días. De vez en cuando, la presencia manifiesta de Dios se apoderaba de mí, y yo lloraba y sollozaba. Jesús se hizo increíblemente real para mí, pero todavía había un problema: yo no era salvo. Seguía drogándome a diario. Seguía acostándome con mi novia. No me arrepentía de mis pecados. Sin embargo, estaba siendo convencido de mi pecado. Sabía sin que nadie me lo dijera que tenía que cambiar, pero no tuve ningún concepto del arrepentimiento hasta dos semanas después en el concierto de Deep Purple.

Mis amigos y yo teníamos los mejores asientos. Mi mejor amigo, Jon Mazur, hijo de un judío ortodoxo, también era un fiestero hippie y nos había comprado entradas para el concierto. Un fenomenal guitarrista irlandés llamado Rory Gallagher y su banda actuaron antes de que empezara Deep Purple. Durante el intervalo, mis otros dos amigos decidieron ver si podían ligar con tres "muchachas" para ir de fiesta después del concierto. Yo me quedé atrás para que nadie subiera a ocupar nuestros asientos en la parte delantera del auditorio. (Ten en cuenta que se trataba de un concierto de heavy metal y no de un concierto cristiano de Michael W. Smith).

Mientras estaba allí sentado, la presencia de Dios se apoderó de mí, tal como lo había hecho dos semanas atrás. No lloré, pero *sí* sentí convicción. No sólo consumía drogas, sino que además, según la hija del alguacil del condado de Montgomery, también era el mayor traficante de nuestro condado. Principalmente vendía kilos de marihuana y miles de pastillas de LSD al mes, aunque vendía de todo, desde cocaína y metacualona hasta anfetamina y grandes cantidades de hierba. Ya puedes darte una idea.

Entonces, allí mismo en el concierto y bajo la convicción del Señor, hice un trato con Dios. Dije: "Dejaré de vender drogas y de consumir drogas pesadas: anfetamina, cocaína, etc. Pero Dios, ¿está bien si sólo fumo marihuana?". No obtuve respuesta, pero llegué a mi propia conclusión de que estaba bien fumar marihuana, aunque fuera ilegal.

Luego hice un trato con Dios respecto al sexo: "Dios, no ligaré con chicas ni me acostaré con ellas", que era mi objetivo casi todos los fines de semana, "pero sólo tendré sexo con mi novia". Francamente, me sentía agrandado con mi nueva teología y el trato que había hecho con Dios. Mirando en retrospectiva, pensaba que era salvo y que ya me había arrepentido.

En ese preciso momento, dos hippies de pelo largo se acercaron y se sentaron en los asientos de mis amigos. Estaba listo para decirles: "Estos están reservados", pero antes de que saliera una palabra de mi boca, el que se sentó a mi lado dijo estas impactantes palabras: "Crees que ahora estás bien con Dios, pero la verdad es que aún estás lejos de Él. Tienes que demostrarle que realmente lo estás siguiendo con seriedad". Con la misma rapidez con la que habían aparecido, ambos se levantaron y se marcharon, dejando las desgarradoras palabras suspendidas en el aire tras de sí.

Hasta el día de hoy, no sé si eran dos ángeles o dos creyentes que me dieron una palabra profética de conocimiento, aunque sabía que me estaban diciendo la verdad. Inmediatamente, clamé a Dios: "Bien, ¿qué quieres que haga?".

Fue en ese momento cuando escuché la voz interior de Dios por primera vez. Oí a Jesús decir: "Tira tus drogas" (tenía medio kilo de marihuana en una bolsa grande con cierre, varias pastillas de metacualona, mi droga favorita, y una pipa de agua que había metido a escondidas bajo mi chaqueta militar) "y abandona este concierto". En un instante, el Señor me mostró que el concierto representaba todo el pecado al que estaba sometido y que era algo maligno.

Justo después de esta conversación con Jesús, mis amigos volvieron y Deep Purple apareció simultáneamente en el escenario. Las luces estroboscópicas empezaron a parpadear en todas direcciones y salió humo del trasfondo. Gritando, los fans se abalanzaron sobre nosotros cuando sonaron las primeras notas de su éxito número uno, "Smoke on the Water". Al instante me vi atrapado por un muro de gente. De nuevo, oí claramente a Dios decir: "Sal de este concierto y sígueme".

Pero no fue nada fácil. Tuve que abrirme paso intencionalmente entre un mar de fanáticos enloquecidos por poder salir. Finalmente me abrí paso entre la multitud y salí del Centro Cívico de Baltimore en aquella fresca noche de mayo. No quería esperar a que mis amigos terminaran el concierto, así que saqué el pulgar para volver a casa haciendo dedo. El primer coche que se detuvo estaba conducido por dos homosexuales que pensaban que podían divertirse conmigo, pero fueron las dos primeras personas con las que compartí mi testimonio de lo que acababa de ocurrir en el Centro Cívico. Terminaron llevándome a la puerta de mi casa, que se encontraba a una hora de distancia, en Rockville, Maryland.

Eso ocurrió el 25 de mayo. Esa noche, me vi totalmente liberado de la adicción a las drogas por la gracia de Dios. Y por Su gracia, ni una sola vez he vuelto a fumar marihuana o a realizar cualquier otra cosa que solía hacer. ¡Esto no se puede inventar! ¡Gloria a Dios!

No sabía entonces que formaba parte de un avivamiento llamado el Movimiento del Pueblo de Jesús o la Revolución de Jesús. Pronto encontré a otros "hippies" como yo que fueron liberados de una gran adicción a las drogas, totalmente cambiados por el poder del Espíritu Santo. En esencia, fuimos transformados por una revelación del amor de Dios.

LA REVELACIÓN DEL AMOR *ÁGAPE* DE DIOS

En la búsqueda de la verdadera reforma, lo primero que debemos considerar es cómo amamos. Después de todo, ese es el mayor mandamiento. Entonces, el primer cambio que debe producirse en la reforma es pasar del amor a uno mismo, o el egoísmo, al amor a Dios y al prójimo. El verdadero *amor ágape*, el amor incondicional de Dios, constituye el fundamento de todas las demás virtudes. El amor es la opción desinteresada de dar todo de uno mismo a Dios. La esencia de Dios es el amor (1 Juan 4:8, 16). Amar es entregarse, lo cual es intrínsecamente semejante a Cristo.

Durante la Última Cena, Jesús dijo: "No hay un amor más grande que el dar la vida por los amigos" (Juan 15:13 RVC). Eso es exactamente lo que Jesús hizo por el mundo. Él entregó Su vida por amor a toda la humanidad. El amor es Dios manifestado; el amor es Dios encarnado.

El amor comienza con Dios. Primera de Juan 4:19 dice: "Nos amamos unos a otros, porque Él nos amó primero". Observa cómo Dios es el que inicia. Todo comienza al recibir Su amor. Una revelación del amor de Dios Padre es esencial para ser transformado interiormente y llevar una vida victoriosa de fe. Eso provee la base sobre la cual tu relación con Jesús crecerá y prosperará.

El amor es el corazón de una vida rica y llena de sentido. Practicar el amor nos acerca a lo divino. Hay una hermosa sinergia de amor revelada en las Escrituras. Jesús demuestra su gran amor por nosotros con esto, en que cuando todavía éramos pecadores Cristo murió por nosotros (Romanos 5:8).

Cuando damos el 100 por ciento de nuestras vidas por amor a Jesús, Él se da la vuelta y derrama Su amor en nuestros corazones por medio del Espíritu Santo (Romanos 5:5). Al ser un recipiente del amor de Dios, te verás fortalecido más allá de tu capacidad natural para amar. En ese lugar de abundancia, puedes amar a Dios y al prójimo libremente.

EL GRAN MANDAMIENTO: AMAR A DIOS

Comenzamos este capítulo con las palabras que Jesús pronunció en el Evangelio de Mateo después de que le preguntaran: "—, ¿cuál es el mandamiento más importante en la ley de Moisés?" (Mateo 22:36). La respuesta de Jesús contiene las dos cosas más importantes que puedes aprender a hacer en esta vida: amar a Dios y amar al prójimo.

> Y Jesús contestó: —"Ama al Señor tu Dios con todo tu corazón, con toda tu alma y con toda tu mente". Este es el primer mandamiento y el más importante. Hay un segundo mandamiento que es igualmente importante: "Ama a tu prójimo como a ti mismo". Toda la ley y las exigencias de los profetas se basan en estos dos mandamientos". (Mateo 22:37-40 NTV)

Amar a Dios se denomina el "Gran Mandamiento" por un motivo. Es nuestro llamamiento supremo y más sublime. Es la razón por la que Dios nos creó en primer lugar: para tener una relación de amor con Él. Según el modelo bíblico, empezamos por amar a Dios y luego amamos a nuestro prójimo como a nosotros mismos.

El mandamiento de amar a Dios se ubica en primer lugar, por encima de cualquier otro amor en nuestras vidas. Se nos dice que amemos a Dios *con todo nuestro corazón, con toda nuestra alma, con toda nuestra mente y con todas nuestras fuerzas* (Marcos 12:30). Esta es una tarea imposible cuando intentamos amar a Dios íntegramente por nuestra propia voluntad. Aquí de nuevo, primero debemos recibir Su amor y, por Su gracia, estaremos capacitados para amarlo plenamente con todo nuestro ser. Cuando le das a Jesús el 100 por ciento de tu vida, el resto se acomodará en su lugar.

Considera esta analogía: cuando te casas, nunca le dirías a tu nuevo cónyuge el día de la boda: "Prometo darte el 99% de mi vida. Pero en ese 1% restante, me reservo el derecho de tener relaciones sexuales con otra persona si quiero". ¿Qué clase de alianza o pacto sería ése? Y, sin embargo, esa es, por desgracia, la actitud que muchas personas tienen hacia Jesús. Entregamos sólo una parte de nuestras vidas a Dios. Podemos saber cómo decir las palabras correctas, cantar las canciones de adoración correctas, y seguir los movimientos en la iglesia los domingos. Pero una vez que llega el lunes por la mañana, volvemos a ser cristianos vacilantes, sin darle a Jesús nuestra devoción del 100 por ciento que sólo Él es digno de recibir.

REGRESAR A TU PRIMER AMOR

Siento la necesidad de hacer hincapié en amar a Jesús porque sólo Él es "la imagen visible del Dios invisible" (Colosenses 1:15). Jesús dijo: "¡Los que me han visto a mí han visto al Padre!" (Juan 14:9). En resumen, no se trata de nosotros. Se trata de Jesús y de Su reino. Tenemos que dejar de centrarnos en nosotros mismos para pasar a centrarnos en Jesús y en el prójimo. Vivir una vida impregnada del amor de Dios permite que eso sea posible.

La revista *Time* ha descrito a la generación del milenio como la más narcisista de la actualidad.[23] Si vas de visita a la casa de un individuo de la generación posguerra, verás fotografías enmarcadas de toda su familia, incluso un retrato del colegio y una foto de su boda. En cambio, si entras en casa de un individuo de la generación del milenio, encontrarás incontables fotos de sí mismo. A pesar de su tendencia al egocentrismo, estas personas tienen potencial para convertirse en la mejor generación. Su principal fuerza radica en su sentido de la justicia. Si se salvan, , Dios puede convertir su pasión en un fervor por la justicia bíblica.

La sociedad está desesperada buscando respuestas, y creo que eso comienza con el hecho de que la iglesia, más allá de la generación, necesita volver a su primer amor. En Apocalipsis 2, Jesús lanza una dura advertencia a los creyentes que comenzaron en el avivamiento pero vieron enfriado su amor por Él: "Pero tengo contra ti que *has abandonado tu primer amor*. Así que ponte a pensar en qué has fallado, y *arrepiéntete, y vuelve a actuar como al principio*. De lo contrario, vendré a ti y, si no te arrepientes, quitaré tu candelero de su lugar" (Apocalipsis 2: 4-5 RVC).

Gran parte de la iglesia actual, como la iglesia de Éfeso, ha perdido su primer amor. La única forma en que podemos

---

[23] Personal de Time. "Millennials: The Me Me Me Generation". *Revista Time*. 20 de mayo de 2013, https://time.com/247/millennials-the-me-me-me-generation/

vivir una vida transformadora es renovando continuamente nuestro amor por Dios. Estamos llamados a vivir en un perpetuo avivamiento personal. El lado práctico de esto es "arrepiéntete y vuelve a practicar las obras que hacías al principio" (NVI). Entonces, ¿qué hiciste cuando acudiste a Cristo por primera vez?

1. Dedica tiempo a la Palabra todos los días.

Si amas a Dios, amarás Su Palabra y estarás hambriento de ella. Como veremos más adelante en el capítulo 7, sumergirse en la Palabra de Dios es primordial para lograr la transformación personal.

2. Pasa tiempo con Dios en oración.

Cuando soplaba la brisa fresca de la tarde, antes de la caída, Adán y Eva oyeron al Señor Dios caminando por el huerto (Génesis 3:8). El deseo de Dios de tener intimidad y comunión con nosotros no ha cambiado desde el Génesis. Cultivar nuestra vida de oración es crucial para mantener la llama de nuestro amor por Jesús ardiendo en nuestros corazones.

3. Sé un miembro activo de la iglesia local.

Dios nunca nos creó para ser llaneros solitarios. No basta con tener una relación con Dios. Nos creó para que nos relacionemos con los demás. Incluso en el caso de Adán, aunque tenía intimidad y comunión con Dios, Dios dijo: "No está bien que el hombre esté solo; le haré una ayuda a su medida" (Génesis 2: 18 RVC).

Amar a Jesús significa amar a la Iglesia, legítimamente denominada como Su Cuerpo, "el Cuerpo de Cristo". Permanecer activamente conectado al Cuerpo te mantendrá en una comunidad donde puedes dar y recibir el amor de Dios con otros creyentes. Tristemente, muchas personas que llegan a conocer al Señor no se involucran en una iglesia local.[24] Sin embargo, siento que un buen seguidor de Jesús será también un buen seguidor dentro del contexto de la iglesia local. Si no formas parte de "recoger" tal como lo indicó Jesús, te encuentras por defecto "desparramando" y no alineado al plan del Señor (Mateo 12:30). Si no estás involucrado en la iglesia ahora, puedes dar el paso para involucrarte y avivar tu primer amor.

4. Comparte tu fe con regularidad.

Hazle saber a la gente que eres un seguidor de Jesús. Compartir tu testimonio renovará tu confianza en Dios mientras cuentas lo que Él ha hecho en tu vida, y sembrará semillas de fe en otros para que lleguen a conocer a Jesús. Me encanta hacer esto, e incluso llevo conmigo un folleto personal que uso para compartir mi testimonio cada vez que viajo.

"EL SEGUNDO ES SEMEJANTE": EL LLAMADO A AMAR AL PRÓJIMO

Si amar a Dios es nuestro llamamiento supremo, amar al prójimo le sigue de cerca. En concreto, Jesús te llama a "amar

---

[24] ""Why Americans Go (and Don't Go) to Religious Services". Pew Research Center. 1 de agosto de 2018. https://www.pewresearch.org/religion/2018/08/01/why-americans-go-to-religious-services/

a tu prójimo como a ti mismo". Amarte a ti mismo es tan natural como respirar; lo haces instintivamente al buscar el mayor bien para tu salud, bienestar y éxito. Dios quiere que tomemos el amor que nos ha dado y amemos a los demás con ese mismo amor divino.

El apóstol Pablo escribe: "Sed, pues, imitadores de Dios como hijos amados. ² Y andad en amor, como también Cristo nos amó y se entregó a sí mismo por nosotros, ofrenda y sacrificio a Dios en olor fragante." (Efesios 5: 1-2 RVR). Como hijos e hijas de Dios, hemos renacido en Su familia para ser como nuestro Padre celestial. Puesto que Jesús representa perfectamente al Padre, debemos imitar su modelo de amor desinteresado y sacrificado. El amor *ágape* es la elección desinteresada por el mayor bien para los demás: dar la vida para servirse los unos a los otros (Juan 15:13; Gálatas 5:13b). Así es como podemos cumplir el mandamiento de "andar en amor".

Una vez escuché a un conocido orador afirmar que no estamos obligados a amar a nuestros padres, sino a honrarlos, explicando que Dios nunca nos ordenó amarlos. Aunque respeto a la persona que dijo esto, no estoy de acuerdo con esta afirmación porque amar a tu prójimo *comienza* con tu familia. Si lo piensas bien, los miembros de tu familia son en realidad tus prójimos más cercanos. Dios quiere que practiquemos el estilo de vida en el que amemos bien a los demás aprendiendo a amar bien a nuestra familia. Esta verdad resuena a lo largo de todas las Escrituras, pero la vemos claramente explicada en el capítulo 5 de Efesios. El marido y la mujer están llamados a ser el modelo de la unidad familiar amándose y sometiéndose el uno al otro (Efesios 5:21).

> Esposos, amen a sus esposas, así como Cristo amó a la iglesia, y se entregó a sí mismo por ella. (Efesios 5:25 RVC)

> Así también los esposos deben amar a sus esposas como a su propio cuerpo. El que ama a su esposa, se ama a sí mismo. (Efesios 5:28 RVC)

> ...cada uno de ustedes ame también a su esposa como a sí mismo y que la esposa respete a su esposo. (Efesios 5:33b NVI)

Como líderes del hogar, los padres deben marcar el rumbo y dirigir sus corazones hacia sus hijos (Malaquías 4:6). Tanto a los padres como a las madres se les dan estas instrucciones eternas para amar a la próxima generación, enseñándoles a andar en los caminos de Dios: "Instruye al niño en su camino, y ni aun de viejo se apartará de él." (Proverbios 22:6 RVR). No existe un mejor regalo que los padres puedan darles a sus hijos que un legado de amar a Dios sobre todas las cosas y amar bien a su familia. He oído decir: "Lo mejor que puedes hacer por tus hijos es amar bien a tu cónyuge". En ese lugar, los hijos se nutren y crecen en un ambiente donde amar y honrar a los padres se convierte en algo instintivo.

> Hijos, obedezcan a sus padres porque ustedes pertenecen al Señor, pues esto es lo correcto. «Honra a tu padre y a tu madre». Ese es el primer mandamiento que contiene una promesa: si honras a tu padre y a tu madre, «te irá bien y tendrás una larga vida en la tierra». (Efesios 6:1-3)

Dios se preocupa por tu familia y quiere que esté marcada por Su amor. Al fin y al cabo, podemos cambiar a la sociedad amando y transformando a nuestra familia. Cuando una familia es transformada por el amor de Dios, cada miembro de esa familia estará capacitado para llevar la transformación a sus esferas de influencia.

Cuando se trata de criar y amar a los hijos, como ya se ha mencionado, Dios espera que los padres sean los principales maestros de rectitud y justicia para sus hijos. A Abraham, que es el padre de nuestra fe, Dios le dijo que tenía que instruir a su familia y a su casa en los caminos de Dios, enseñándoles lo que es recto y justo (ver Génesis 18:19).

Creo que cuando Proverbios 22:6 (RVR) dice: "Instruye al niño en su camino, y ni aun de viejo se apartará de él", el texto no nos está enseñando que, en nuestro rol como padres, simplemente ayudemos a nuestros hijos a cumplir el destino y el potencial que Dios les ha dado. Por supuesto que debemos hacerlo. Pero debemos enseñar "los caminos" de Dios: la justicia y la rectitud.

El Salmo 25 dice: "Señor, dame a conocer tus caminos; ¡Enséñame a seguir tus sendas! Todo el día espero en ti; enséñame a caminar en tu verdad... El Señor es bueno y recto; por eso enseña a los pecadores el camino. El Señor muestra su camino a los humildes, y los encamina en la justicia. Misericordia y verdad son los caminos del Señor para quienes cumplen fielmente su pacto" (Salmos 25: 4-5, 8-10 RVC).

En este salmo en particular, David declara que los caminos de Dios son la rectitud (v.8), la justicia (v.9), la misericordia y la verdad (v.10). Esto es lo que debemos enseñar a nuestros hijos. Este es el camino del Señor, y por supuesto, Jesús es *el* Camino, *la* Verdad y *la* Vida, ¡y nadie puede ir a Dios Padre sino a través de Él (Juan 14:6)! La reforma y el avivamiento son *Jesús* manifestando Su Carácter de rectitud, justicia, amor y verdad a un mundo quebrado y perdido.

LLAMADO A UN MINISTERIO DE AMOR

Creo que Dios me llamó al ministerio de tiempo completo en 1974, un año después de mi conversión. Acababa de recibir el bautismo del Espíritu Santo, un encuentro que describo más adelante en este libro.

Sabía que Dios me estaba llamando, pero no sabía específicamente cuál era mi vocación. En aquel momento, sabía que había tres opciones para mí: 1) un llamado a ser evangelista; 2) un llamado a ser misionero; 3) un llamado a ser pastor, como mi padre. Estaba tan decidido a saberlo que me comprometí a meterme en un armario grande en mi casa en Rockville, Maryland, y no salir de allí hasta que escuchara a Jesús indicando cuál era mi llamado. Esperaba que Él me guiara a ser evangelista, específicamente el próximo Billy Graham. Después de lo que parecieron interminables minutos, escuché al Señor decir: "¡Te he llamado a un ministerio de amor!".

Me sentí sorprendido y decepcionado al mismo tiempo. Sabía que era Dios quien me hablaba, porque aquello era lo último que se me habría ocurrido a mí mismo. En primer lugar, nunca había oído hablar de un ministerio de amor. En segundo lugar, sabía que era una persona muy egoísta. Admitía ser "el primero de los pecadores", y *el pecado* es básicamente *egoísmo.* Sí, muchas personas son engañadas por sus pecados. Pero yo era tan egoísta; lo sabía y lo veía tal como era, y por eso sentí que sería una tarea monumental para mí poder pasar del egoísmo a un "ministerio de amor".

Existe una gran diferencia entre amar al prójimo como a uno mismo y el egoísmo. Lo que Jesús dice en Mateo 22:39 —"Ama a tu prójimo como a ti mismo"— es que no lo pensamos dos veces al cuidar de nosotros mismos. Nos levantamos, nos duchamos, nos vestimos, comemos, dormimos, etcétera. Jesús espera que cuidemos de nuestro prójimo cuando vemos las necesidades en su vida. El egoísmo, sin embargo, es pecado. Es ser narcisista, centrarse en uno mismo y en lo que uno quiere por encima de lo que Dios quiere y de los deseos de los demás. Una de las verdades más grandes que me ha hecho libre (Juan 8:32) es que esta vida no se trata de mí o de ti, ¡sino de Jesús y de los demás!

AMAR A TUS ENEMIGOS

Como ya comentamos brevemente en el capítulo 1, el amor es un elemento central de la idea de *misericordia* que se expresa en el Salmo 89:14, nuestro texto fundamental para entender el avivamiento y la reforma. En Romanos 12:9-16, Pablo comienza presentando las formas específicas de amar a otros creyentes, en paralelo con los aforismos del gran capítulo sobre el amor en 1 Corintios 13. Luego, en Romanos 12:17-21, Pablo da instrucciones claras sobre cómo debemos amar a nuestros enemigos, en paralelo con las enseñanzas de Jesús en el Sermón del Monte (Mateo 5:43-48).

Al vivir en California, donde la mayoría (el 76 por ciento) de los habitantes son demócratas o independientes,[25] me siento constantemente desafiado por el mandamiento de Jesús de amar a mis enemigos, a pesar de que la gente decidió aprobar la Proposición 1, la cual codificó el aborto en nuestra constitución estatal (ver Anexo A para obtener más detalles). Debo odiar ese mal, pero se me ordena amar a las personas que crearon y aprobaron este proyecto de ley.

Ustedes han oído que fue dicho: "Amarás a tu prójimo, y odiarás a tu enemigo." Pero yo les digo: Amen a sus enemigos, bendigan a los que los maldicen, hagan bien a los que los odian, y oren por quienes los persiguen, para que sean ustedes hijos de su Padre que está en los cielos, que hace salir su sol sobre malos y buenos, y que hace llover sobre justos e injustos. Porque si ustedes aman solamente a quienes los aman, ¿qué recompensa tendrán? ¿Acaso no hacen lo mismo los cobradores de impuestos? Y si ustedes saludan solamente a sus hermanos, ¿qué hacen de más? ¿Acaso no hacen lo mismo los paganos? Por lo tanto, sean ustedes perfectos, como su Padre que está en los cielos es perfecto. (Mateo 5:43-48 RVC)

La simple verdad es que no vamos a transformar nuestra nación a menos que su punto de inflexión esté siendo

---

[25] "154-Day Report of Registration". Secretaría de Estado de California. Consultado el 30 de agosto de 2024. https://elections.cdn.sos.ca.gov/ror/154day-presprim-2024/historical-reg-stats.pdf

transformado por el Espíritu de Dios y por Su Palabra. Las vidas transformadas conducen a la transformación de nuestra sociedad. Y ninguna transformación será trascendental sin la fuerza más grande del universo: ¡el amor *ágape* de Dios!

Quiero destacar especialmente la afirmación que el verdadero amor bíblico debe ser sincero o no hipócrita. Además, los verdaderos seguidores de Jesús no debemos tolerar el mal en nuestras vidas ni en la sociedad, sino que, por el contrario, debemos abrazar todo lo *bueno* en nuestras vidas y en la sociedad. Por ejemplo, cuando antes mencioné que debemos amar a nuestros padres, surge la pregunta: "¿Y si mis padres son malvados?" De hecho, escuché hablar de un padre que está involucrado en el tráfico de personas y quería vender a su hija. Afortunadamente, ella logró escaparse y encontrar a Jesús, y ahora se encuentra supervisando un orfanato en un país del tercer mundo. La verdad es que no amamos el mal que practica nadie, pero aun así se nos ordena amar a esas personas por estar caídas y perdidas (que son la mayoría en el mundo) sin dejar de aborrecer el pecado y la maldad que cometen.

Resulta interesante que Pablo utilice las enseñanzas que Jesús da en el Sermón del Monte acerca de amar a nuestros enemigos en sus dos grandes capítulos sobre el amor, 1 Corintios 13 y Romanos 12:9-21. Allí nos instruye que "el amor no se regocija de la injusticia, sino que se alegra con la verdad" (1 Corintios 13:6) y comienza su gran capítulo sobre amar a los enemigos con: "No finjan amar a los demás; ámenlos de verdad. Aborrezcan lo malo. Aférrense a lo bueno" (Romanos 12:9 RVC). Ambos versículos ponen énfasis en que el verdadero amor aborrece la maldad y la injusticia, mientras que ama la verdad y lo que es bueno. A continuación, Pablo da instrucciones sobre cómo amar a nuestros enemigos.

> Nunca paguen a nadie mal por mal. Respeten[i] lo bueno delante de todos los hombres. [18] Si es posible, en cuanto de ustedes dependa, estén en paz con todos los hombres. [19] Amados, nunca tomen venganza ustedes mismos, sino den lugar a la ira *de Dios*, porque escrito está: «Mía es la venganza, Yo pagaré», dice el Señor. [20] «Pero si tu enemigo tiene hambre, dale de comer; y si tiene sed, dale de beber, porque haciendo esto, carbones encendidos amontonarás sobre su cabeza». [21] No seas vencido por el mal, sino vence el mal con el bien. (Romanos 12:17-21)

El problema de la iglesia en general, y de los pastores en particular, es que hemos caído en el cuento de "ser amables" para evitar abordar los males de la sociedad. Por ejemplo, evitamos abordar ciertos temas controversiales, como el aborto o el matrimonio entre personas del mismo sexo. Sin embargo, al guardar silencio sobre esas cuestiones de la vida que son contrarias a los valores bíblicos, no estamos amando verdaderamente a los demás tal como lo indica la Biblia. Ser amable no está en la Biblia, pero decir la verdad con amor sí (ver Efesios 4:11-15).

En nuestra relación con los no creyentes, los cristianos debemos mostrar respeto por el bien moral que vemos en nuestros prójimos no cristianos. Para lograr la reforma, debemos encontrar el delicado equilibrio entre no conciliar con el mal y afirmar lo bueno de la sociedad. Tenemos que encontrar un terreno común sin poner en riesgo nuestros valores. Una cosa sin la otra significa perder la capacidad de cambiar los valores de nuestra cultura.

Creo sinceramente que nuestra nación pudo acabar con la esclavitud porque los que conocieron al Señor en el Avivamiento de Oración de 1857-1858 eran abolicionistas, y los líderes del avivamiento (Jeremiah Lanphier, Charles Finney y los jinetes de circuito metodistas) eran abolicionistas. Por desgracia, este avivamiento de la oración sólo afectó a la parte norte de Estados Unidos, lo que condujo a la Guerra Civil de 1861-1865. Pero el fruto de la reforma fue, en última instancia, la abolición de la esclavitud en Estados Unidos.

En la actualidad, creo que podemos estar de acuerdo con aquellos liberales que tienen sentido común y creen que es un error que el Estado quite los derechos parentales en lo que respecta a cuestiones de transexualidad para nuestros hijos en la escuela primaria. En febrero de 2022, tres miembros del consejo escolar de San Francisco fueron destituidos por dedicar menos tiempo a deliberar sobre la reapertura de escuelas que a cambiar el nombre de escuelas que tenían vínculos con figuras históricas supuestamente "racistas" como Abraham Lincoln y George Washington. Resulta revelador que la mayoría de los padres que votaron en su contra fueran demócratas.[26] Del mismo modo, el movimiento "Con mis

---

[26] Gregory Krieg. "San Francisco voters oust three school board members in recall vote..." CNN. 16 de febrero de 2022. https://www.cnn.com/2022/02/16/politics/san-francisco-school-board-members-recall-election/index.html

hijos no te metas" en América Latina unió a las "mamás oso" tanto de izquierdas como de derechas, y ese movimiento sigue afectando a nuestra nación en la actualidad.[27] (Conoce más sobre los movimientos reformistas modernos en el capítulo 10 y en el anexo B).

En este último tiempo, el presidente Trump y RFK, Jr. pudieron ponerse de acuerdo sobre la paz en Ucrania, el cierre de las fronteras y los problemas de salud con los niños obesos, aunque estaban totalmente alejados en otros asuntos, como por ejemplo cambio climático. Esto es lo que significa "vivir en paz con todos" (Romanos 12:18) y "vivir sabiamente entre los que no creen en Cristo" (Colosenses 4:5).

Entonces, ¿cómo tratamos a los que son malos a nuestro alrededor, a "nuestros enemigos"? Pablo deja claro que debemos actuar con el espíritu contrario. No debemos devolver mal por mal (Romanos 12:17a), sino ver el bien que hay entre nuestros enemigos (Romanos 12:17b). Debemos bendecir y alentar todo lo bueno que veamos. Por ejemplo, Pablo ingresa al siguiente capítulo, Romanos 13, diciendo que debemos honrar y someternos a las autoridades gobernantes. En aquella época, los ciudadanos de Roma acogían con agrado las enseñanzas de los cristianos. Ambos son valores compartidos entre los cristianos y los no creyentes en Roma. Entendiendo que debemos someternos a las autoridades gobernantes siempre y cuando eso no transgreda nuestros valores bíblicos fundamentales, entonces podemos vivir en paz con todos los hombres. Esto es

---

[27] James L. Garlow. *Reversed: From Culturally Woke to Biblically Awake.* Well Versed Publishing, 2024, p.15.

lo que significa la instrucción: "Si es posible, y en cuanto dependa de nosotros, vivamos en paz con todos" (Romanos 12: 18 RVC).

Vivir en paz con todas las personas es una de las razones por las que Jesús vino a morir por nosotros. Vino a traernos paz interior espiritual (Juan 14:27) y paz con los demás, incluso con nuestros enemigos.

Porque Cristo es nuestra paz: de los dos pueblos ha hecho uno solo, derribando mediante su sacrificio el muro de enemistad que nos separaba, pues anuló la Ley con sus mandamientos y requisitos. Esto lo hizo para crear en sí mismo de los dos pueblos una nueva humanidad al hacer la paz, para reconciliar con Dios a ambos en un solo cuerpo mediante la cruz, por la que dio muerte a la enemistad. Él vino y proclamó paz a ustedes que estaban lejos y paz a los que estaban cerca. Pues por medio de él tenemos acceso al Padre por un mismo Espíritu. (Efesios 2:14-18 NVI)

Nosotros, como cristianos, debemos esforzarnos siempre por vivir en paz con nuestros prójimos no creyentes. Si se produce un conflicto, y es inevitable que eso ocurra, entonces debe venir del bando contrario y no de los que aman a Jesús. Tengamos en cuenta que esta directiva del apóstol Pablo fue escrita durante la iglesia del primer siglo, donde los creyentes sufrían una extraordinaria persecución por parte de los romanos. Sin embargo, su compromiso de amar a sus enemigos y no contraatacarlos físicamente hizo que muchos ciudadanos romanos se sometieran masivamente a Jesús como su Señor.

Está claro que la iglesia primitiva tenía un amor sobrenatural por sus enemigos, ya que muchas personas murieron por su fe. ¿Cuál fue la clave para que amaran con tanta entrega a Jesús? La respuesta es el poder del Espíritu Santo. (Puedes leer más sobre el bautismo del Espíritu Santo en el capítulo 11).

Si nunca has recibido este amor antes, o si has nacido de nuevo pero necesitas una nueva llenura del amor de Dios a través del Espíritu Santo, repite esta sencilla oración con fe:

"Padre, vengo a Ti en el poderoso nombre de Jesús. Perdóname por todos mis pecados y por todo mi egoísmo. Entrego mi vida ciento por ciento a Jesús como mi Señor y Salvador. Lléname con Tu Espíritu Santo; lléname con Tu amor. ¡Recibo Tu amor con fe! En el nombre de Jesús. Amén".

Capítulo 3:

DEL ORGULLO A
LA HUMILDAD

*"Si se humilla mi pueblo sobre el cual es invocado
mi nombre, si oran y buscan mi rostro y se vuelven
de sus malos caminos, entonces yo oiré desde los
cielos, perdonaré sus pecados y sanaré su tierra."
(2 Crónicas 7:14 RVA).*

Recuerdo la primera vez que vi al Dr. C. Peter Wagner. Corría el año 1984, y yo me estaba preparando para matricularme en el Seminario Fuller tras haberme mudado a Pasadena, California. Como Peter era profesor en la Escuela de Misión Mundial de Fuller, llamé a su oficina para ver si podía conocerlo.

Para mi sorpresa, Peter me invitó a almorzar con él y su esposa, Doris. Tomó la iniciativa de ordenarme un sándwich en un pequeño local frente a su oficina. Cuando me preguntó qué quería beber, le dije que quería una Coca-Cola Diet, así que sacó una en un santiamén. No tenía idea de que así empezaría una relación que duraría más de tres décadas. Desde mis primeras interacciones con Peter, su humildad y su corazón de servidor me impresionaron.

Además de su cargo en el Seminario Fuller, Peter Wagner fue también misionero, misionólogo, teólogo, escritor, profesor y especialista en el crecimiento eclesiástico. Y a nivel más personal, se convirtió en mi mentor, mi padre espiritual y mi apóstol. Admiraba profundamente la forma en que Peter siempre demostraba su amor por sus hijos e hijas espirituales, brindándonos su apoyo en cada uno de nuestros llamamientos. Con el tiempo, Peter formó parte del Consejo del Harvest Internacional Ministry y fundó la Universidad Wagner, de la que ahora tengo el privilegio de ser rector internacional.

El amor de Peter por el aprendizaje era constitutivo de su persona, y le apasionaba escribir sus propios libros durante la mayor parte de su vida. Escribió más de 77, casi un libro por cada año que vivió. Sus escritos abarcaron una inmensa variedad de temas: dones espirituales, crecimiento eclesiástico, oración y guerra espiritual, avivamiento y reforma, ministerio en el lugar de trabajo, apóstoles y profetas, riqueza del reino e incluso chistes.

De todas las contribuciones de Peter como autor, uno de los libros que más me impactó fue su libro sobre la humildad. Tras su publicación en 2002, recuerdo ver cómo Peter alzaba su libro delante de una iglesia y decía: "Acabo de escribir un nuevo libro que me llena de orgullo. Se llama *La Humildad*".

El libro de Peter se centra en el rol central que tiene la humildad en el cumplimiento del Gran Mandamiento. Al revestirnos de humildad ante Dios, podemos extender esa misma actitud a nuestras interacciones con los demás. La humildad, por lo tanto, es una de las claves de la transformación interior, y es un ingrediente crucial para vivir una vida que también aporte transformación a la sociedad.[28]

LA HUMILDAD PRECEDE AL AVIVAMIENTO Y A LA REFORMA

En mi perspectiva actual, creo que la humildad es fundamental para lo que el Espíritu de Dios le está diciendo a la Iglesia. El versículo con el que se inicia este capítulo, 2 Crónicas 7:14, marca el sentir para este tiempo: "si mi pueblo, sobre el cual se invoca mi nombre, se *humilla* y ora, y busca mi rostro, y se aparta de sus malos caminos, yo lo escucharé desde los cielos, perdonaré sus pecados y sanaré su tierra". Si queremos ver a nuestra nación transformada (nuestra tierra sanada), todo comienza con nosotros, como pueblo de Dios, humillándonos ante la poderosa mano de Dios. El toque de la trompeta en esta hora es aleccionador pero necesario. Dios quiere que nos humillemos y nos arrepintamos de nuestros pecados, porque el juicio comienza en la casa de Dios (1 Pedro. 4:17). Este es el comienzo del avivamiento histórico, cuando la iglesia regresa a Dios y es avivada por el Espíritu Santo.

Intercessors For America publicó recientemente un artículo con puntos de oración en sintonía con este tiempo actual, el cual estará marcado por una mayor sacudida y un mayor avivamiento. Uno de los puntos clave radica sobre la humildad:

La humildad es precursora de la búsqueda de Su perdón y restauración. Implica una admisión de culpa y

---

[28] C. Peter Wagner. *Humility*. Ventura, CA: Gospel Light, 2002.

una confesión de pecado en santo temor del castigo que merecemos. *La humildad también significa dependencia intencional de Dios y obediencia a Sus preceptos y propósitos para nosotros.* Es la condición del corazón que resulta necesaria para orar y buscar Su rostro con un corazón puro y con el motivo correcto.[29]

No podría estar más de acuerdo. Si la humildad precede a la transformación personal y social, entonces tenemos todos los motivos para buscar y cultivar corazones humildes que estén alineados con el corazón de Dios. Sin embargo, esto no es nada fácil. Incluso para los creyentes que llevan años caminando con Dios, la humildad requiere una confianza continua en el Espíritu Santo y la voluntad de renunciar a nuestros propios planes para que se instaure el gobierno y el reinado de Dios.

DESARRAIGAR EL ORGULLO

El mayor obstáculo para llevar una vida de humildad, y el pecado más odioso en la vida de uno, es el pecado del orgullo. En Proverbios 8:13, Dios declara explícitamente que odia el orgullo, la arrogancia y el mal camino (ver también Proverbios 6:16-17). Las Escrituras afirman: "El Señor detesta a los orgullosos. Ciertamente recibirán su castigo" (Proverbios 16:5). El lenguaje que rodea al orgullo es siempre severo, porque el orgullo es el polo opuesto de la humildad.

---

[29] "Fanning the Flames of Revival" Intercesores por América. Febrero 2023. https://ifapray.org/wp-content/uploads/2023/02/Fanning-the-Flames-of-Revival-pg.pdf

Si profundizamos aún más, el orgullo es el pecado de satanás. C.S. Lewis escribió célebremente: "Fue por el orgullo que el diablo se convirtió en diablo".[30] La Biblia muestra que el orgullo es lo que causó la caída de satanás (ver Isaías 14:1-15). El orgullo es tan satánico y omnipresente que todos los demás pecados parecen palidecer en comparación. C.S. Lewis expone este tema en su clásico *Mero Cristianismo*:

> Hay un vicio del que ningún hombre en el mundo está libre; que todos en el mundo detestan cuando lo ven en otra persona; y del que casi nadie, excepto los cristianos, se imagina que es culpable... El orgullo conduce a todos los demás vicios: es un estado mental completamente anti-Dios.[31]

Podemos llegar al veredicto de que el orgullo es completamente anti-Dios porque puede demostrarse que es *anti-Cristo*. En otras palabras, el espíritu de orgullo es opuesto a quien es Jesucristo. Si queremos ver un avivamiento y una reforma por parte de Jesús, debemos venir con el espíritu opuesto al orgullo de satanás, con humildad y con un carácter como el de Cristo.

JESÚS ES LA HUMILDAD ENCARNADA

Mi querido amigo Bill Johnson ha dicho en varias ocasiones: "Jesucristo es la teología perfecta".[32] A lo largo de los

[30] C.S. Lewis. *Mere Christianity*. Nueva York: HarperCollins, 2001, p.122.
[31] Ibídem, p. 120-122.
[32] Bill Johnson. *Jesus Christ is Perfect Theology*. Shippensburg, PA: Destiny Image, 2016.

Evangelios y del Nuevo Testamento, aparece el tema recurrente de la suprema humildad de Cristo. El apóstol Pablo escribe en Filipenses 2:4-5: "Que cada uno de vosotros estime. mire y se preocupe no [meramente] por sus propios intereses, sino también cada uno por los intereses de los demás. Que haya en ustedes esta misma actitud, propósito y mente [humilde] que hubo en Cristo Jesús: [Que Él sea vuestro ejemplo de humildad]".

Jesús es el máximo modelo de humildad. Filipenses 2:7-11 continúa con la descripción acerca de cómo es la humildad semejante a la de Cristo:

Se despojó a Sí mismo [de todos los privilegios y de la dignidad que le correspondía], para asumir la apariencia de siervo (esclavo), al hacerse semejante a los hombres y nacer como ser humano. Y después de aparecer en forma humana, *se rebajó y humilló [aún más]* y llevó su obediencia hasta el extremo de la muerte, ¡hasta la muerte de cruz! *Por eso [porque se rebajó tanto]* Dios lo enalteció y le concedió el nombre que está sobre todo nombre, para que en (ante) el nombre de Jesús se doble toda rodilla, en el cielo, en la tierra y debajo de la tierra, y toda lengua [franca y abiertamente] confiese y reconozca que Jesucristo es el Señor, para gloria de Dios Padre.

Detengámonos un momento y no pasemos por alto estas verdades conocidas mientras consideramos esto: Jesús, el Rey de todos los reyes, se humilló a Sí Mismo para nacer en un cuerpo humano en un "establo". Jesús no llegó a la tierra como un adulto. Nació como un bebé indefenso y dependiente. El lugar más elevado de honor y exaltación pertenece a Jesús, porque Su humildad es igualmente incomparable. Nosotros, que somos autosuficientes, no sólo debemos acudir a Cristo como niños pequeños, humildes y dependientes, sino que además debemos mantener esa mentalidad durante toda nuestra vida. Juan 15:5 declara que, alejados de Jesús, no podemos hacer nada. Y en griego, ¡"nada" significa *nada*! Como miembros del Cuerpo de Cristo, también debemos recordar que nos necesitamos unos a otros (1 Corintios 12:12-27).

Desde el primer grito de Jesús en Belén hasta Su último grito en el Calvario, Él nos ha dado el regalo de Su amor incondicional (Juan 3:16). Jesús no vino a ser servido, sino a servir a otros (Marcos 10:45). Llegó a un pesebre, no a un trono. Vivió como un siervo, no como un gobernante. Lo dio todo, no sólo un poco. Su destino era la cruz. Su determinación fue Su amor por nosotros. Su razón fue salvarnos a ti y a mí. ¡*El Rey* vivió como un humilde siervo amante de Dios y de la gente! Por eso la Palabra dice que debemos "imitar a Dios" (Efesios 5:1).

Pero, ¿por qué llegó Jesús con una humildad tan manifiesta? La clave es que satanás, Adán y Eva cayeron a causa del orgullo. El orgullo gobernó el mundo. Esa era la principal potestad que actuaba en cada imperio, nación geopolítica y grupo étnico. Jesús vino con el espíritu opuesto. Cuando nos movemos con orgullo, estamos reforzando las obras de las tinieblas, pero cuando caminamos en humildad, estamos reforzando la obra de Dios.

DIOS VALORA LA HUMILDAD

De todos los atributos con los que Jesús podría caracterizarse, Él elige la humildad. Jesús dice en Mateo 11:28-30: «Vengan a mí todos los que están cansados y llevan cargas pesadas, y yo les daré descanso. Pónganse mi yugo. Déjenme enseñarles, *porque yo soy humilde y tierno de corazón*, y encontrarán descanso para el alma. Pues mi yugo es fácil de llevar y la carga que les doy es liviana».

Como Creador de todas las cosas, Dios sabe lo que necesitamos para vivir una vida abundante, el tipo de vida que Él desea para nosotros. Cuando actuamos con orgullo, nos sentimos agobiados y cansados. La humildad, por el contrario, nos libera y da descanso a nuestras almas. Al acudir a Jesús y aprender de Él, nos pareceremos más a Él porque dependemos de Su fuerza. En consecuencia, llevaremos un yugo más fácil y una carga más ligera.

La humildad es un camino para parecerse más a Cristo. También es un conducto para la gracia y el favor de Dios en nuestras vidas. Santiago 4:6 promete: "Y él da gracia con generosidad. Como dicen las Escrituras: «Dios se opone a los orgullosos pero da gracia a los humildes»". Asimismo, 1 Pedro 5:5 ofrece esta exhortación: "y todos vístanse con humildad en su trato los unos con los otros, porque «Dios se opone a los orgullosos pero da gracia a los humildes»". Estos dos pasajes se hacen eco de uno de los Proverbios: "El Señor se burla de los burlones, pero brinda su favor a los humildes" (Proverbios 3:34 RVC). Otra versión de ese mismo versículo dice: "Él se burla de los burladores, pero muestra su *favor* a los humildes" (NVI).

No sé tú pero yo necesito la gracia de Dios. Necesito Su favor en mi vida. Me animo a decir que hoy no sería quien soy si no fuera por la gracia de Dios (1 Corintios 15:10). Si la humildad me asegura que recibiré mayor gracia de Dios Padre, entonces puedes apuntarme cualquier día a "Humildad 101" en el reino. Esto puede parecer básico y fundamental pero es un aspecto necesario no sólo para comenzar bien, sino también para "correr la carrera con paciencia" y finalizar bien.

¿Cuántos de ustedes desean una intimidad con Dios? ¿Cuántos de ustedes quieren que la presencia de Dios habite en ustedes? Elige la humildad. En Isaías 57:15 (NVI), el Señor dice: "Yo habito... con el contrito y humilde de espíritu, para reanimar el espíritu de los humildes y alentar el corazón de los quebrantados". Varios capítulos después, en Isaías 66:2 (NVI), dice: "Yo estimo a los pobres y contritos de espíritu, a los que tiemblan ante mi palabra". A lo largo de mi caminar con Jesús, he tenido el deseo de cultivar la amistad con Él. Y como Él dice: "Yo estimo a los humildes", la humildad se convierte en mi prerrogativa.

Dios valora tanto los corazones humildes que elige recompensarlos con muchas bendiciones. Proverbios 15:33, 18:12, y 29:23 todos declaran que la humildad ocurre antes de recibir honor. Proverbios 22:4 amplía esa verdad diciendo: "La verdadera humildad y el temor del Señor conducen a riquezas, a honor y a una larga vida". Observa cómo estas recompensas, riqueza, honor y vida abundante, suelen ser cosas que todo el mundo busca. Aquellos que son orgullosos casi siempre se caracterizan por su afán de dinero, fama y larga vida. Pero en el reino de Dios, Él recompensa a los humildes con eso mismo que el mundo persigue pero que nunca puede satisfacer.

Así como Jesús eligió la humildad y luego fue altamente exaltado por el Padre, hay una promesa similar que resulta asombrosa: "Así que humíllense ante el gran poder de Dios y, a su debido tiempo, él los levantará con honor" (1 Pedro 5:6). El mandato de optar por la humildad va de la mano de nuestra cercanía a Dios. Si nos sometemos a Su poderosa mano, nos refugiaremos bajo la sombra de Sus alas (Salmos 91:4), donde no hay orgullo. Como consecuencia directa, Dios será quien nos ponga en alto (Salmos 91:14), exaltándonos a Su debido tiempo.

Jesús describe esta misma dinámica en los Evangelios: "Pero aquellos que se exaltan a sí mismos serán humillados, y los que se humillan a sí mismos serán exaltados" (Mateo 23:12). No nos equivoquemos: enaltecerse con orgullo siempre precipitará una caída (Proverbios 16:18). Pero humillarte te llevará a la exaltación divina (Santiago 4:10). Este principio rige no sólo para los individuos, sino también para la iglesia corporativa. Creo que el avivamiento y la reforma llegarán a quienes clamen humilde y sinceramente en oración para ser testigos de un mover de Dios.

Repitamos juntos esta oración:

"Padre celestial, gracias por enviar a tu Hijo, Jesús, como modelo de lo que es la humildad. Hoy me arrepiento de todo mi orgullo. Elijo humillarme ante Ti. Por Tu gracia, concédeme el poder de vivir la vida de un líder siervo. Creo que si me humillo bajo Tu poderosa mano, Tú me levantarás a su debido tiempo (1 Pedro 5:6). Te lo ruego en el nombre de Jesús, ¡amén!"

ENSAYO: CÓMO DESARROLLAR LA HUMILDAD

1. La humildad es una elección.

Un corazón humilde no representa una mera descripción, como cuando uno dice "ese hombre es humilde". La llamada bíblica a la humildad es prescriptiva. En otras palabras, es un mandamiento, lo que significa que podemos elegir obedecer o desobedecer. Hay que elegir caminar humildemente con Dios.

Volviendo a 1 Pedro 5:5, vemos la instrucción de "todos vístanse con humildad en su trato los unos con los otros". Vestirse es una decisión consciente (¡que espero que realices todos los días!). Si podemos decidir qué tipo de ropa nos pondremos cada mañana, también podemos decidir si elegiremos permanecer humildes u obrar con orgullo.[33] Santiago 4:10 nos insta a tomar esa decisión: "Humíllense delante del Señor, y él los levantará con honor".

2. Arrepiéntete del orgullo y camina en el temor de Dios.

Ya hemos hablado de que el orgullo es exactamente lo contrario a la naturaleza de Dios. El orgullo es un pecado grave

---

[33] C. Peter Wagner. *Humildad*. Ventura, CA: Gospel Light, 2002, p.10.

que debemos abordar rápidamente, arrepentirnos y abandonar cada vez que nos detectemos que está entrando en nuestras vidas. Esto requiere un espíritu continuo de humildad y a menudo implica la toma de responsabilidad y transparencia en el contexto del discipulado.

Conjuntamente con el arrepentimiento, caminar en el temor de Dios nos alejará del orgullo y nos mantendrá humildes ante Dios. Una sana comprensión sobre el temor de Dios supone una visión correcta de Dios y de nosotros mismos en relación con Él. Implica vivir con reverencia santa ante quién es Jesús. Para profundizar un tanto más, el temor de Dios es odiar lo que Jesús odia. Proverbios 8:13 (NTV) dice: "todos los que temen al Señor odiarán la maldad. Por eso odio el orgullo y la arrogancia, la corrupción y el lenguaje perverso." Al mismo tiempo, el temor al Señor es amar lo que Él ama. La Escritura nos lo expone en Miqueas 6:8, que dice: "Oh pueblo, el Señor te ha dicho lo que es bueno, y lo que él exige de ti: que hagas lo que es correcto, que ames la compasión y que camines humildemente con tu Dios".

3: Elige ser un siervo.

En el reino de Jesús, la humildad es la vía rápida hacia la grandeza. Elegir ser un siervo es el llamado **más** alto de un seguidor de Jesús. En Mateo 20:25-28 (NVI) leemos:

> Jesús los llamó y dijo: —Como ustedes saben, los gobernantes de las naciones oprimen al pueblo y los altos oficiales abusan de su autoridad. Pero entre ustedes no debe ser así. Al contrario, el que quiera hacerse grande entre ustedes *deberá ser su*

servidor y el que quiera ser el primero *deberá ser esclavo* de los demás, así como el Hijo del hombre no vino para que le sirvan, sino para servir y para dar su vida en rescate por muchos.

Jesús fue el perfecto líder siervo. Antes de dar Su vida por nuestra redención, Jesús lavó los pies de Sus discípulos (Juan 13), una tarea que sólo el siervo o esclavo más bajo estaba encargado de hacer.[34] También considera lo que dice Mateo 12:18 (RVC): "Éste es mi siervo, a quien he escogido; mi Amado, en quien se complace mi alma. Pondré mi Espíritu sobre él, y a las naciones anunciará juicio". Fíjate que Jesús nos srivió motivado por la gracia y el amor que recibió del Espíritu Santo. Nosotros también tenemos el Espíritu Santo que ha sido derramado en nuestros corazones (Romanos 5:5), y también debemos demostrar humildad por medio del amor, sirviéndonos los unos a los otros (Gálatas 5:13).

Esta fue una gran lección que Dios me enseñó mediante John Dawson en 1992. John estaba renunciando al comité de Love LA, una organización que fue fundada por Jack Hayford y Lloyd Ogilvie (el Pastor Principal de la Iglesia Presbiteriana de Hollywood), el Obispo Charles Blake y el Obispo Ken Ulmer. Cuando John Dawson fue seleccionado para ser el Presidente de JUCUM, me ofrecieron ocupar su lugar en el comité de Love LA. Me sentí totalmente intimidado al ser aceptado para aquel rol.

---

[34] Mike Cosper. "What's The Deal With Footwashing" Crossway. 20 de noviembre de 2014. https://www.crossway.org/articles/whats-the-deal-with-footwashing/

Cuando le pedí un consejo a John, **él** me dijo: "Sé un servidor. Sirve al comité y a los pastores de Los Ángeles. Si haces esto, tendrás éxito". Apliqué ese principio durante mi participación en Love LA, como también lo he aplicado en cada posición que el Señor me ha otorgado desde aquel entonces. Ya sea en la Iglesia Harvest Rock, en Harvest International Ministry, en la Universidad Wagner, o en cualquier otro lugar, he intentado ser un siervo para aquellos a quienes Dios ha confiado a mi esfera de ministerio.

4: Sométete a los demás.

La humildad se desarrolla mejor en el contexto de la comunidad. Aprender a amar y a servir a los demás implica también "cultivar entre ustedes la mutua sumisión, en el temor de Dios". (Efesios 5: 21 RVC). En el plano nuclear, esto significa obedecer sumisamente a los padres (Efesios 6:1-2).

Esta historia ha existido desde hace ya un tiempo, pero revela una lección que **aún** debemos aprender. Se trata de la historia de un muchacho enérgico que no paraba de ponerse de pie en el banco durante un servicio religioso. Su madre, exasperada, le dijo: "**¡Quédate quieto y siéntate ahora mismo!**". Tras una breve pausa, el niño finalmente obedeció y dijo: "Puede que esté sentado por fuera, pero estoy de pie por dentro". Porque Dios mira el corazón, la humildad debe cultivarse interiormente para que nuestro comportamiento exterior siga el ejemplo.

Más allá de la esfera de tu hogar, creo que la humildad también significa ser obediente a la autoridad espiritual. Primera de Pedro 5:5 (RVC) dice: "También ustedes, los jóvenes, muestren respeto ante los ancianos, y todos ustedes, practiquen el mutuo respeto. Revístanse de humildad, porque: «Dios resiste a los soberbios, pero se muestra favorable a los humildes.»". Hebreos 13:17 dice: "Obedezcan a sus líderes espirituales y hagan lo que ellos dicen. Su tarea es cuidar el alma de ustedes y tienen que rendir cuentas a Dios. Denles motivos para que la hagan con alegría y no con dolor. Esto último ciertamente no los beneficiará a ustedes" (mi paráfrasis). Al llevar una vida con humildad, podrás vivir con el amor que Dios te ha dado por los demás al tener una relación correcta con ellos.

Dios quiere ungirte para que seas un avivador y un reformador. Pero antes de que puedas asumir la autoridad, Dios quiere que aprendas a *estar bajo* la autoridad. Nuestras mentes independientes y orientadas hacia la libertad rechazan esa idea, pero ese es un principio tan importante que la Biblia nos da un mandato claro acerca de que debemos someternos unos a otros por reverencia a Cristo (Efesios 5:21).

Capítulo 4:

DE LA POCA FE
A LA FE DE DIOS

Porque en el evangelio se revela la justicia de Dios,
que de principio a fin es por medio de la fe, tal como está
escrito: «El justo por la fe vivirá». (Romanos 1:17 RVC)

Así que la fe proviene del oír, y el oír proviene
de la palabra de Dios.
(Romanos 10:17 RVC)

La fe es esencial para todo seguidor de Jesús. Las Escrituras dejan claro que fue *por la fe* recibimos el don de la salvación de Dios (Efesios 2:8). Si estás leyendo este libro, lo más probable es que hayas recibido la gracia de Dios y la salvación por medio de la fe. Lo que quizá no sepas es que la fe también es un don de Dios. Es una gracia concedida por el Espíritu Santo.

Pablo utiliza la terminología de la fe como un don de Dios. Romanos 12:3 (NTV) dice: "Sean realistas al evaluarse a ustedes mismos, háganlo según la medida de fe que Dios les haya dado". En 1 Corintios 12:7-9, Pablo escribe:

"A cada uno de nosotros se nos *da* un don espiritual para que nos ayudemos mutuamente. A uno el Espíritu le da la capacidad de dar consejos sabios; a otro el mismo Espíritu le da un mensaje de conocimiento especial. A otro el mismo Espíritu le da gran fe..." Craig Keener, un querido amigo y brillante estudioso del Nuevo Testamento, explica en su comentario sobre 1 Corintios 12: "'Fe' como don distintivo probablemente se refiere, como opinaban algunos padres de la iglesia, a una fe extraordinaria, que mueve montañas". Y va a hacer falta una fe extraordinaria, que mueva montañas, para lograr la transformación de las naciones.

Jesús habla de esta fe que mueve montañas en Marcos 11:22, y es interesante que comience con la frase "Tengan fe en Dios". Este versículo puede traducirse del griego como "Tengan fe *de* Dios". Eso tiene sentido, ya que Pablo enseña que la fe es un don del Espíritu Santo, y es Dios quien nos concede una medida de fe.

El ministerio de sanidad de Charles Price se revolucionó cuando este último recibió la revelación de que la fe es una gracia de Dios. Allí continúa diciendo en *La Fe Real*:

> La revelación ha respondido a mis preguntas. Ha resuelto mis problemas. Ha profundizado mi amor por mi Señor y ha fortalecido la entrega de mi corazón y mi vida a Él. Ha revolucionado mi ministerio de sanación, porque me ha revelado la impotencia del yo y la necesidad de la presencia, el amor, la gracia y la fe de Jesús.[35]

---

[35] Charles S. Price. *The Real Faith*. Jawbone Digital. Edición Kindle, p.3.

Muchas veces, esta gracia o don de la fe proviene de la revelación de la Palabra de Dios. La fe viene al oír, y más específicamente, al oír la palabra *rhema* (reveladora) de Dios.

LA GRACIA DE LA FE PROVIENE DE LA PALABRA RHEMA DE DIOS

Entonces, ¿cómo se ve la fe que mueve montañas? Quiero compartir una historia personal que ilustra la forma en que el Señor me entregó Su fe para que pueda ver un gran avance en mi camino. Esta vida de fe ha sido una realidad constante en mi viaje con Jesús, desde el primer día que le entregué mi vida hasta hoy.

En estos 51 años de caminar con Dios, he escuchado Su voz audible en una sola oportunidad. Fue en 1979, cuando Dios me habló de la persona con quien me iba a casar. Antes de que saques conclusiones precipitadas, quiero dejar claro que no considero que oír la voz audible de Dios sea un indicio de espiritualidad. Por el contrario, fue casi como si Dios tuviera que recurrir a hablarme con voz audible porque yo estaba demasiado obstinado en escoger algo diferente a Su perfecta voluntad para mi vida. Aunque también han adoptado otras formas, la mayoría de mis *rhemas* han sido Escrituras que salen de las páginas de la Biblia.

Después de ser radicalmente salvado y liberado, hice un voto de celibato de que no me iba a casar. Debido a mis antecedentes inmorales, sentí que tenía que hacer este voto para vivir con santidad y pureza moral. El Señor sabía que tenía que hacer algo dramático para llamar mi atención y hacerme cambiar el rumbo.

Un día, mientras volvía en coche desde la casa de mi amigo, de repente oí estas palabras resonando en mis oídos: "¡Te casarás con Sue Roxas!". Mi reacción inicial fue sorpresiva hasta para mí mismo. Golpeé el volante con la mano y vociferé un "¡no!" rotundo al Señor. Después de todo, había hecho un voto de celibato para Él. Aun así, Dios empezó a cambiar mi corazón. Pero sabía que el mayor obstáculo era que mi padre nunca bendeciría mi unión con una mujer que no fuera coreana.

Unos días más tarde, estaba almorzando con mi amigo profeta, James Golden. Él dejó de comer lo que tenía en el plato y dijo: "Oh, Dios mío. Jesús me acaba de decir que te vas a casar con Sue Roxas". (A través de los años, he recibido muchas palabras *rhema* proféticas provenientes de profetas de confianza). Al día siguiente, estaba esperando para tener una reunión con Jim Wilson, un amigo a quien discipulaba. Estaba estacionado frente a University Blvd., una calle muy transitada donde circulaban cientos de autos. Hice una simple oración: "Señor, si es tu voluntad que me case con Sue, por favor confírmamelo". En cuanto terminé de orar, Sue pasó en coche, giró la cabeza hacia mí y nos miramos. Más tarde, me preguntó qué hacía estacionado frente a University Blvd. ¡Esto no se puede inventar! Dios confirmará sobrenaturalmente la palabra con circunstancias que es una gracia de Su parte.

Con el transcurso de varios días, Dios ya nos había proporcionado cinco confirmaciones importantes, una de las cuales fue un detalle menor (sólo bromeo): ¡cuando el Espíritu Santo también dio una palabra *rhema* a Sue acerca de que nos casaríamos! Pero la última confirmación requeriría un milagro, porque creía que cualquier cristiano debía presentar una propuesta de matrimonio para que sus padres la bendijeran, especialmente si ellos también eran creyentes. Esa era parte de mi manera de honrar a mis padres tal como enseña la Biblia. Lo que me dificultaba las cosas era el hecho de que mis padres eran coreanos tradicionales, y yo sabía que mi padre, que en el mejor de los casos era nacionalista y, en el peor, racista, no daría su aprobación.

Así que me armé de valor y les pedí a mis padres que se sentaran para contarles algo importante. Cuando estuve sentado en la mesa de la cocina frente a ellos, les dije con confianza que quería casarme con Sue, que es filipina. Mi padre me miró severamente y me dijo: "No voy a bendecir esto. No puede provenir del Señor. Ella no es coreana". Su desagradable racismo se manifestó ante mis ojos.

Aunque esperaba esa respuesta, me sentí decepcionado. Rápidamente le contesté: "Papá, el único fundamento bíblico para que podamos estar igualmente unidos es si ella es creyente o no. Y Sue no solo no es atea, sino que además ama a Jesús".

"No importa", replicó. "Dios está hablando a través de mí ahora. No bendeciré esto".

No iba a dejar que la conversación acabara ahí, así que empecé a pensar rápidamente. "Papá, eres pastor", continué. "Ni siquiera has orado al respecto".

"No necesito orar por ello", replicó. "Ya sé que no es la voluntad de Dios".

Así transcurrió nuestro alocado debate durante algún tiempo. Tras llegar al final de ese acalorado diálogo, ofrecí mi última súplica: "Papá, lo único que puedo hacer es pedirles a ti y a mamá que oren".

Mi padre dijo: "No sólo oraremos, sino que además ayunaremos durante el fin de semana". Los coreanos son conocidos por su ferviente intercesión. Así que, cuando mi padre me dijo que iba a orar y a ayunar, supe que *realmente* iba a orar y a ayunar. Mis padres se fueron entonces a un retiro de tres días, en una gran casa de vacaciones que tenían en Virginia Occidental, para acudir al Señor y consultarle sobre el asunto. A menudo utilizaban esta propiedad como casa de oración y centro de retiros para la iglesia, pero en aquel fin de semana trascendental, se trató de algo personal.

Pero Sue y yo también nos comprometimos a orar. Era lo más natural, ¡sobre todo porque nuestro futuro juntos estaba en juego! Nos dimos cuenta de que Dios nos había hablado a ambos, así que pensamos: *"Vamos a creer que esto proviene de Él y por eso va a bendecir nuestro matrimonio".* Este fue nuestro momento para aprender en tiempo real que "la fe viene por oír, es decir, por oír la palabra [*rhema*] de Dios" (Romanos 10:17). No tenía dudas de que Dios me había hablado para decir que casarme con Sue era Su voluntad. La palabra *rhema* encendió la fe en mí, a la que me aferré mientras oraba para que Dios cambiara el corazón de mi padre.

Nunca olvidaré cuando mis padres me llamaron para cenar ni bien regresaran de su retiro. Para ser sincero, estaba muy asustado. No tenía certeza de cómo iban a salir las cosas. Mi padre era tan testarudo y estaba tan arraigado a sus costumbres tradicionales coreanas que temía que me dijera: "He orado y ayunado con respecto al asunto. Hice lo que me pediste. Y la palabra sigue siendo 'no'". Mientras estaba sentado en la mesa, en mi mente se repetía el peor de los escenarios. No pude comer nada durante la comida.

Finalmente, mi padre dio a conocer el veredicto: "Oramos al respecto. Dios nos habló y dijo que esto proviene del Señor. Así que damos nuestra bendición". ¡Gracias, Jesús! ¡Le diste a mi papá una palabra *rhema* para tener fe en este matrimonio! ¡Es pura gracia! Se trata todo de Jesús y de Su fe que se derrama abundantemente en nuestros corazones.

¡Quería gritar "¡aleluya!" y bailar alrededor del comedor de mis padres! Fue uno de los mayores milagros que había presenciado en toda mi vida. Y desde entonces todo ha sido un gran viaje de fe. Eso ayudó a preparar el escenario para lo que Dios planeaba hacer en el futuro. No tenía ni idea en 1979 de que Dios nos llamaría a mudarnos a Los Ángeles unos años más tarde, un destino que quedaba 3.000 millas de casa y donde no conocíamos a nadie, todo por un sueño profético.

RESUMIENDO: ¿QUÉ ES LA FE?

Durante el avivamiento que irrumpió en Toronto y en nuestra iglesia en 1994, fuimos testigos de milagros asombrosos. Por ejemplo, se abrieron ojos ciegos, un dedo amputado creció con una uña nueva, y la gente se sanó de enfermedades incurables como la esclerosis múltiple (EM) porque la presencia manifiesta de Dios era muy densa y tangible. Pero luego iba a otros lugares, teniendo plena fe y estando lleno del Espíritu Santo, para hacer un servicio de sanidad, pero regresaba a casa desanimado porque solo unas pocas personas eran sanadas. Me sentía avergonzado por la falta de resultados, pero el Señor me dijo que aquello no sucedía por mí sino por la incredulidad de la gente en la reunión. Con esto no quiero condenar a nadie. Sin embargo, creo que todos estaremos de acuerdo en que la fe es absolutamente indispensable para ver todo, desde un avance personal hasta la toma de nuestras ciudades por parte de Dios.

Entonces, ¿cómo podemos incrementar la fe? En esta instancia, quiero decir que a todos se nos ha dado una medida de fe (Romanos 12:3). Al mismo tiempo, también creo que la fe, al igual que un músculo, puede desarrollarse y debemos crecer de fe a una fe mayor. He aquí tres verdades que me han ayudado personalmente aumentar la fe.

1. La fe es una realidad presente.

La fe es tan importante que la Biblia nos da una definición de ella. El undécimo capítulo de Hebreos comienza con esta afirmación: "La fe demuestra la realidad de lo que esperamos; es la evidencia de las cosas que no podemos ver" (Hebreos 11:1 NTV).

La esperanza es muy importante en relación con la fe. Es una de las "tres grandes cuestiones" que Pablo destaca en su famoso capítulo sobre el amor. En 1 Corintios 13:13 (NTV), él escribe: "Tres cosas durarán para siempre: la fe, la esperanza y el amor; y la mayor de las tres es el amor". La esperanza está en el futuro. La esperanza es la espera confiada del bien por parte de un Padre celestial bueno y amoroso. Pero la fe es contar con la realidad de lo que esperas *ahora*. Es la "evidencia" o "convicción" (RVC) de que tienes lo que esperas. ¡Lo tienes ahora!

2. La fe surge al oír una palabra rhema.

"Así que la fe proviene del oír, y el oír proviene de la palabra [rhema] de Dios". (Romanos 10:17 RVC)

En el Nuevo Testamento, hay dos términos griegos que se traducen como "palabra" en nuestras Biblias españolas: *logos* y *rhema*. La palabra griega *rhema* se utiliza cuando Jesús dijo: «Escrito está: No sólo de pan vive el hombre, sino de toda palabra que sale de la boca de Dios» (Mateo 4:4 RVC). *El logos* es la palabra escrita ("Escrito está..."). El *rhema* es la palabra profética que "sale de la boca de Dios" y que habla a nuestros corazones. Este *rhema* llega a una persona de muchas maneras diferentes.

Mencione previamente cómo Dios me dio la palabra audible de que iba a casarme con Sue. Pero eso no es muy común. La mayoría de las palabras *rhema* surgen simplemente al leer la Biblia o mediante la suave y apacible voz del Espíritu Santo (Juan 10:27). También pueden venir a través de sueños, visiones, puertas abiertas, puertas cerradas, consejos de hombres y mujeres de Dios, etcétera. Un gran libro acerca de cómo Dios nos habla es *Oír la Voz de Dios Hoy*, de mi buen amigo James Goll.

Por supuesto, es un hecho que cada "palabra" que escuchamos de Dios tiene que basarse en la Palabra de Dios, la Biblia. La Biblia es la fuente más importante del *rhema* de Dios. Esto puede sonar sencillo, pero a menudo, cuando necesito un avance, simplemente leo las promesas de Dios que pertenecen a lo que estoy contendiendo. Leo hasta que la palabra escrita se convierta en el *rhema* profético que necesito para mi avance.

Por ejemplo, hace años sufría una importante lesión en la articulación temporomandibular (ATM) relacionado con un tipo de artritis en esa zona. Medité sobre dos versículos durante más de un año: Isaías 53:5 (RVC), que dice: "Y por su llaga seremos sanados", y Marcos 11:24 (RVC), que dice: "Por tanto, les digo: Todo lo que pidan en oración, crean que lo recibirán, y se les concederá". Citaba estos dos versículos cada vez que me veía la cara en el espejo. Aquel fue un compromiso de responsabilidad personal que hice para meditar constantemente en la Palabra de Dios hasta que se convirtiera en *rhema* para mí. Pasó aproximadamente un año y medio hasta que supe que tenía la sanidad. Fue un hecho en mi mente y en mi corazón. Efectivamente, me desperté después de una noche de descanso, bostecé, y mi boca se abrió con extensión completa y ¡sin dolor! ¡Gracias, Jesús! Desde aquel entonces, mi articulación temporomandibular fue sanada.

En 2020, cuando mi abogado Mat Staver me aconsejó demandar al gobernador Gavin Newsom por la discriminación contra la iglesia durante el confinamiento, yo estaba filosóficamente de acuerdo con Mat. Por ejemplo, el gobernador Newsom dijo que las clínicas de aborto, los dispensarios de marihuana, las licorerías, un club de striptease en San Diego y otras tantas cosas eran esenciales, pero no lo era la iglesia local. Aun estando de acuerdo intelectualmente con Mat, necesitaba ante todo un *rhema* de Dios, para poder demandar al Gobernador Newsom. ¡No se puede demandar al gobernador sin escuchar a Dios!

Por aquel entonces, estaba leyendo un libro que citaba a Josué 1:9, y aquel versículo se convirtió en una palabra *rhema* para mí: "Escucha lo que te mando: esfuérzate y sé valiente. No temas ni desmayes, que yo soy el Señor tu Dios, y estaré contigo por dondequiera que vayas (RVC)". Esa palabra me dio la fe y la confianza para perseverar, aunque al principio perdimos el caso en los tribunales inferiores. Pero por la gracia de Dios, nuestro caso llegó hasta la Suprema Corte, y allí ganamos por 6 a 3 el 5 de febrero de 2021, lo que incluyó un acuerdo de 1,3 millones de dólares por parte del estado de California para pagar nuestras facturas legales. Toda la gloria pertenece a Jesús, y por supuesto, ¡teníamos un gran abogado que nos representaba!

3. El rhema puede surgir al escuchar o leer un testimonio.

"Pues el testimonio de Jesús es el espíritu de la profecía...." (Apocalipsis 19:10 RVC)

"Pero el que profetiza les habla a los demás para edificarlos, exhortarlos y consolarlos". (1 Corintios 14:3)

Un testimonio es cualquier relato sobre el avance que una persona tuvo en el pasado que trae fe en el presente. Por ejemplo, leer o escuchar acerca de un avivamiento en el pasado puede darte fe para un avivamiento en el presente. Es por eso que me encanta leer la historia de la iglesia y biografías, porque genera fe para el presente y el futuro. La profecía está destinada a traer fe; es decir, edifica y anima tu fe. En ese sentido, escuchar o leer sobre el testimonio de la sanidad de otra persona te dará fe para atravesar una enfermedad o dolor similar.

Una de las sanidades más poderosas de las que he sido testigo fue cuando oré por una persona no cristiana llamada Sharon Trainer, quien padecía una enfermedad incurable llamada distrofia simpática refleja (DSR). Esta afección causa un dolor insoportable y constante en los pies o en las manos. Sharon acudió a la reunión de la iglesia porque había leído un folleto en la puerta de un supermercado local, en el que se anunciaba un servicio de sanación. Ella había sido tratada por algunos de los mejores médicos y hospitales de la ciudad de Filadelfia durante casi 20 años pero sin obtener ninguna solución. Tenía un goteo de morfina como método paliativo sólo para soportar su dolor.

Cuando oré por Sharon, Dios me dio una palabra de conocimiento y me comunicó que la mujer había sido abusada sexualmente cuando era niña y era ese trauma lo que le generaba todos esos males. Oré por aquella mujer reprendiendo ese espíritu, y luego se cayó bajo el poder del Espíritu Santo, lo que también se conoce como "ser tumbado" o "descansar" en el Espíritu. Mientras yacía en el suelo, Sharon se dio cuenta de que ya no le dolían los pies. Fue algo cómico porque ella fue la última en levantarse del suelo e irse. No quería moverse porque temía, según sus palabras, "contraarretar" la sanación. Finalmente, condujo hasta su casa y se acostó.

A la mañana siguiente, Sharon se despertó pensando que la sanación había sido simplemente un sueño vívido durante la noche. Pero cuando se levantó de la cama, apoyó los pies en el suelo y notó que seguía sin sentir dolor. Entonces se dio cuenta de que estaba totalmente curada. Se levantó y corrió por toda la casa, despertando a todo el mundo y gritando: "¡Estoy curada! ¡Estoy curada!". Sharon llamó al pastor de la iglesia donde se había sanado. El Pastor Jack fue a su casa de inmediato y guió a toda la familia hacia el Señor.

A lo largo de los años, he compartido este testimonio en Inglaterra, Bakersfield, California, y Honolulu, Hawái. Cada vez que hablé sobre este hecho, alguna persona que estaba allí escuchando en cada uno de esos lugares fue sanado de esta enfermedad incurable. ¡Gloria a Jesús, que es nuestro gran Sanador y Médico!

Rhema surge tras ensayar victorias y avances pasados. Cuando David, el joven pastor, se ofreció como voluntario para enfrentarse al gigante Goliat, dijo: "¿Tú sólo hablas por hablar?" (1 Samuel 17:29 RVC). En esencia, David estaba diciendo: "Tengo una historia en la que Dios me concedió victorias pasadas y también me dará la victoria sobre Goliat".

> Todavía añadió David: «El Señor me ha librado de las garras de leones y de osos, y también me librará de este filisteo.» Y Saúl le respondió: «Ve, pues, y que el Señor te acompañe.» (1 Samuel 17:37 RVC).

Recuerdo cuando nuestra iglesia necesitaba 13 millones de dólares para comprar el edificio Ambassador Auditorium en 2004, pero teníamos la cuenta bancaria vacía. Para ese entonces habíamos gastado todos nuestros ahorros, por el motivo de realizar siete grandes eventos. En su mayoría eran eventos en estadios, excepto TheCall D.C. y TheCall Nueva York, que tuvieron lugar en el D.C. Mall y en Flushing Meadow Park, respectivamente. Dios nos había proporcionado los 10 millones de dólares que necesitábamos de 2000 a 2003 para estos eventos de oración por el reino. Por nuestra historia pasada con Dios, yo sabía que

Él proveería fielmente el dinero que necesitábamos para comprar este emblemático edificio de artes escénicas en la primavera de 2004. Y efectivamente, Jehová Jireh llegó justo a tiempo. Esto nos conduce a la verdad más importante sobre la fe.

4. La fe consiste en una relación íntima con Dios Padre.

La fe surge de una relación con un Padre celestial fiel y amoroso. La Biblia no dice "tener fe en la fe", sino "tener fe en *Dios*" (Marcos 11:22). El escritor de Hebreos dice que la "fe hacia Dios" forma parte de las enseñanzas elementales de Cristo (Hebreos 6:1). Abraham, quien se reconoce como el padre de todos los que creen (Romanos 4:16), era conocido sobre todo como amigo de Dios. La Biblia dice: "...Abrahán creyó a Dios, y eso le fue contado por justicia», por lo que fue llamado «amigo de Dios»" (Santiago 2:23).

Jesús dijo que si tienes hijos y te piden pan, no les vas a dar una piedra. "Así que si ustedes, gente pecadora, saben dar buenos regalos a sus hijos, cuánto más su Padre celestial dará buenos regalos a quienes le pidan" (Mateo 7:11 NTV). Vemos cuán generoso es nuestro Padre celestial por esta declaración en Lucas 12:32 (NTV): "Ustedes son un rebaño pequeño. Pero no tengan miedo, porque su Padre ha decidido darles el reino". Por el contrario, Herodes Antipas, un rey mundano, prometió a su hijastra que le daría hasta la mitad de su reino (Marcos 6:23). Pero Dios Padre se complace en darnos *todo el* reino a nosotros, sus hijos e hijas. Esta es una promesa importante que sostengo ante el Señor para la transformación de la sociedad.

Él quiere que el gobierno de Su reino venga a través de nosotros, es decir, Su "justicia, paz y alegría en el Espíritu Santo" (Romanos 14:17). Con los dos versículos anteriores sobre el reino de Dios, lo que quiero es centrar nuestra fe en lograr la transformación de las naciones.

FE PARA TRANSFORMAR LAS NACIONES

En primer lugar, debemos hacer frente a la incredulidad cuando se trata de discipular a toda una nación. La Biblia nos enseña que las historias del Antiguo Pacto son para ayudarnos a aprender sobre los errores del pasado (ver Hebreos 3-4). Una de las verdades más importantes es cómo la incredulidad impidió a la nación de Israel conquistar la tierra de Canaán en Números 13.

> Pero los que habían ido con él dijeron: «No podemos atacar a ese pueblo, porque ellos son más fuertes que nosotros.» Además, entre los hijos de Israel hablaron mal de la tierra que habían explorado, y hasta dijeron: «La tierra que recorrimos para explorarla se traga a sus habitantes. Toda la gente que allí vimos son hombres de gran estatura. Allí vimos también gigantes. Son los hijos de Anac, esa raza de gigantes. Ante ellos, a nosotros nos parecía que éramos como langostas; y a ellos también así les parecíamos.» (Números 13:31-33 RVC)

Toda esa noche la congregación comenzó a gritar y llorar. Todos los hijos de Israel se quejaron

contra Moisés y Aarón, y toda la multitud les dijo:
«¡Cómo quisiéramos haber muerto en Egipto, o
morir en este desierto! ¿Para qué nos ha traído el
Señor a esta tierra? ¿Para morir a filo de espada,
y para que nuestras mujeres y nuestros niños sean
tomados prisioneros? ¿Acaso no sería mejor que
regresáramos a Egipto?» Y unos a otros se decían:
«Designemos un capitán, y volvámonos a Egipto.»
(Números 14: 1-4 RVC).

Ten en cuenta que Dios había liberado a la nación de
Israel con una mano poderosa, incluso al dividir el Mar
Rojo, y sin embargo su incredulidad les impidió poseer la
Tierra Prometida. Sólo Josué y Caleb pudieron entrar en la
tierra con una nueva generación de israelitas.

Hasta Jesús se vio limitado al hacer muchos milagros en
su ciudad natal de Nazaret debido a la incredulidad de los
ciudadanos. Mateo 13:58 (RVC) nos dice: "Y por la incredulidad de ellos no hizo allí muchos milagros". Este versículo
me deja atónito. Sabemos que Jesús es Dios, y Jesús tenía una
fe perfecta. Sin embargo, en este caso, Jesús no pudo sanar
a los enfermos.

El contexto de este versículo es que Jesús había regresado
a Nazaret, y tal como hizo en otras ciudades y pueblos, entró
en la sinagoga para enseñar la Palabra de Dios. Al principio,
la gente se asombró de Su sabiduría. También habían oído
hablar de los milagros que Jesús hacía en otros pueblos. Pero
en lugar de preguntarse si Jesús era el Mesías venidero, lo
que habría iniciado su camino de fe, empezaron a racionali-
zar y reducir a Jesús a su familiaridad.

¿Acaso no es éste el hijo del carpintero? ¿No se llama su madre María, y sus hermanos son Jacobo, José, Simón y Judas? ¿No están todas sus hermanas con nosotros? ¿De dónde, pues, le viene todo esto?» Y les era muy difícil entenderlo. Pero Jesús les dijo: «No hay profeta sin honra, sino en su propia tierra y en su propia familia.» (Mateo 13: 55-57 RVC)

En esencia, ellos decían: "Conocemos a Jesús desde que era pequeño. Es hijo de José. Conocemos a su familia. No es más que un carpintero. ¿Quién se cree que es?"

La Biblia dice que Sus palabras son Espíritu y vida (Juan 6:63). En la versión de Lucas sobre Su rechazo en Nazaret, al principio la gente fue conmovida en su espíritu. "Todos hablaban bien de él y se quedaban asombrados de las palabras de gracia que emanaban de sus labios". (Lucas 4: 22 RVC). Pero entraron en familiarización, racionalización e incredulidad. "Un momento", se decían unos a otros, "¿acaso no es éste el hijo de José?". No sólo rechazaron a Jesús como el Mesías, sino que lo consideraron un hereje y trataron de empujarlo por un precipicio cuando pasó por en medio de ellos (ver Lucas 4:28-30).

La incredulidad, según las Escrituras, es *pecado*. Hebreos 3:12 ofrece esta exhortación: "Por lo tanto, amados hermanos, ¡cuidado! Asegúrense de que ninguno de ustedes tenga un corazón maligno e incrédulo que los aleje del Dios vivo". Billy Graham dice:

La incredulidad es un pecado porque es un insulto a la veracidad de Dios. "Todo el que cree en el

Hijo de Dios sabe en su corazón que este testimonio es verdadero. Los que no lo creen en realidad llaman a Dios mentiroso porque no creen el testimonio que Él ha dado acerca de su Hijo" (1 Juan 5:10). Es la incredulidad la que cierra la puerta al cielo y la abre al infierno. Es la incredulidad la que rechaza la Palabra de Dios y rechaza a Cristo como Salvador. Es la incredulidad la que hace que los hombres hagan oídos sordos al Evangelio y nieguen los milagros de Cristo.[36]

Hoy, humillémonos para arrepentirnos y dar un paso de fe. Dios nos ha dado la autoridad para tomar el territorio que nos ha prometido. Pidamos a Dios sabiduría y fe para transformar nuestra tierra.

Ora conmigo:

"Padre, nos presentamos ante Ti con arrepentimiento y humildad. Perdónanos por nuestra incredulidad. Nos has dado la autoridad para pisotear serpientes y todo el poder del enemigo. Atamos a satanás y a sus secuaces en el poderoso nombre de Jesús. Oramos por el avivamiento, la reforma y la salvación de nuestra nación. En el nombre de Jesús, amén".

---

[36] Billy Graham. *Paz con Dios: The Secret Happiness*. Thomas Nelson. Kindle Edition, p.56.

Capítulo 5:

DEL CONOCIMIENTO
A LA SABIDURÍA

*para que el Dios de nuestro Señor Jesucristo, el Padre de
gloria, les dé espíritu de sabiduría y de revelación en el
conocimiento de él. (Efesios 1:17 RVC)*

*Sobre él reposará el espíritu del Señor; el espíritu de
sabiduría y de inteligencia; el espíritu de consejo y de poder,
el espíritu de conocimiento y de temor del Señor.
(Isaías 11:2 RVC)*

*U*na mañana abrí mi computadora portátil para ponerme al día con una letanía de correos electrónicos
que tenía sin leer, cuando de repente mi iPhone zumbó
con un mensaje de texto entrante de mi amigo Ed Silvoso:
"Tengo que reunirme contigo. Es urgente".

Corría el mes de noviembre de 2017, y yo acababa de
regresar a casa tras un viaje alrededor del mundo para visitar nuestras iglesias internacionales de Harvest International
Ministry (HIM). Mi agenda solo me permitía estar en la ciudad una semana, con el tiempo justo para lavar la ropa y ver

a mis nietos antes de partir para recorrer todo el mundo en otro viaje ministerial repleto de actividades.

Volví a mirar el mensaje de Ed. "Necesito verte cara a cara", insistió. Como sabía que Ed me escribía desde San José, California, le respondí con un pedido pragmático: "¿Podemos hablar por FaceTime o Zoom?".

La respuesta de Ed apareció en mis notificaciones al instante: "Esto es muy personal. Necesito verte cara a cara, y no tienes que pagarme el vuelo. Conseguiré mi propio transporte. Sólo dime dónde nos vemos".

Antes de enviarle cualquier otro mensaje, bajé a buscar a Sue en la cocina y le conté todo de aquel intercambio. "Esto no es propio de Ed", empezó a decir. "Él no es el tipo de persona que va a tomarse un avión hasta aquí sólo para hablarnos de algo ya sabido. Tienes que reunirte con él". Estuve de acuerdo con el discernimiento de Sue de que se trataba de una reunión importante.

Como sabía que Ed era de Argentina, un país que adora la carne, quedé en encontrarme con él en un restaurante de primera categoría de nuestra zona. Más tarde, esa misma semana, hice el corto trayecto hasta el restaurante y le di un abrazo a mi amigo ni bien entró por la puerta. Ed y yo formábamos parte del grupo "Eagles Vision Apostolic Team" (EVAT) de Peter Wagner, y pasamos la primera hora tratando de ponernos al día porque nos conocíamos desde hacía años.

Finalmente, no pude contener más mi impaciencia. Le hice la pregunta: "Ed, ¿qué te hizo venir volando hasta aquí de un momento a otro? ¿Cuál es la palabra que tienes para darme?".

Ed, a su vez, procedió a hacerme varias preguntas. En primer lugar, me preguntó: "¿Has visto cumplida la visión que Dios te dio cuando estabas en Maryland?"". De vez en cuando, yo le contaba el sueño que tuve en 1982 y que me condujo hasta Los Ángeles para una gran cosecha, y él sabía que formaba parte de mi camino de fe.

Yo le respondí: "Sabes, Ed, podría racionalizarlo y decir que sí. Porque lo hemos visto realizarse globalmente a través de HIM, ya que la cosecha está llegando a Filipinas, a Kenia y a la India. Y también hemos tenido un avivamiento, como ya sabes, con el nacimiento de nuestra iglesia en 1994, y cuando entramos en reuniones prolongadas en 1995, y también hemos visto a miles de personas renovadas y refrescadas. Pero, ¿hemos visto un avivamiento como una gran cosecha en los días del Movimiento de Jesús? La respuesta es que no".

Ed asintió y dijo: "Ya vas a verlo". Y luego continuó con la segunda pregunta: "¿Quién es el padre espiritual del norte de California?".

"Hay varios, pero yo diría que Bill Johnson".

Ed estuvo de acuerdo conmigo y luego me hizo la tercera pregunta: "¿Quién es el padre espiritual en el sur de California?".

Le respondí: "Jack Hayford".

"Jack solía serlo", dijo Ed, "pero se ha retirado". (Jack fue mi pastor, y desde entonces, partió a casa para estar con el Señor el 8 de enero, a la edad de 88 años. Fue un honor para mí conocer al Pastor Jack y participar en su servicio conmemorativo en febrero de 2023).

Tras pensarlo un momento, volví a intentarlo: "En ese caso, diría que el difunto John Wimber".

"No, está muerto".

Finalmente, dije: "No lo sé".

Ed me miró a los ojos y me dijo: "Eres tú. Y la palabra que tengo para ti es que si retornas tu corazón a California, Dios te va a conceder una estrategia apostólica para ver el avivamiento y la transformación en California".

Sinceramente, la palabra me resultó incomprensible, al igual que cuando Cindy Jacobs me profetizó que fundaría HIM dos décadas antes. En ese momento, me sentí un poco avergonzado de que Ed dijera eso de mí. Quería ser franco con mi amigo, así que le dije lo que pensaba: "Eso no tiene sentido, porque me estoy centrando en el ministerio internacional y viajo por todo el mundo. Y siento que el mundo es mi parroquia ahora que ya no soy pastor principal". (El año anterior, había entregado la Iglesia Harvest Rock a mi hijo Gabe y a mi nuera Monica para que la dirigieran).

"No te estoy diciendo que vaya a tener sentido", respondió Ed. "Sólo te estoy diciendo lo que el Señor me dijo que compartiera contigo".

Al reconocer la palabra, comencé a orar sobre ella en los días siguientes. Tomé la frase "estrategia apostólica" para referirme también a la "sabiduría apostólica", porque reconocí que no era la estrategia del hombre sino la sabiduría de Dios de lo que Ed me estaba hablando.

Lo próximo que supe fue que, después de un año, mi hijo renunció a su puesto pastoral en diciembre de 2018 porque Dios estaba redirigiendo su camino vocacional. En enero de 2019, Sue y yo estábamos de vuelta al mando de la Iglesia Harvest Rock como pastores principales.

Un año más tarde, el confinamiento por el COVID cogió a todo el mundo por sorpresa en la primavera de 2020. Tenía planeados seis viajes internacionales que se cancelaron inmediatamente debido a la pandemia. No podía viajar a ninguna parte aunque quisiera. Entonces, me vi obligado a centrarme en la única esfera de ministerio que me quedaba: *California*.

Fue durante ese tiempo que experimenté una gracia sobrenatural, un deseo insaciable de conocer a Dios, de comprender Sus caminos y de adentrarme en la Palabra como nunca antes. En la práctica, predicaba todas las semanas y dedicaba más de 20 horas a la preparación del sermón, además de mi tiempo habitual de oración y estudio de las Escrituras. A medida que me adentraba en Su Palabra, sentía que la sabiduría crecía en mí. Al sumergirme de nuevo en la Palabra y buscar al Espíritu Santo, ingresé en la vía rápida de sabiduría del Señor. En retrospectiva, puedo decir que probablemente logré mayor sabiduría entre 2019 y 2024 (al momento de escribir este libro) que en los 45 años anteriores de caminar con el Señor.

La Palabra de Dios explotó en mi vida, y fue el espíritu de sabiduría y revelación (Ef. 1:17) lo que me dio un entendimiento de las Escrituras que antes no tenía. Esta es otra clave importante para transformar el mundo. Tenemos que salir del humanismo, o sabiduría del hombre, y entrar en la sabiduría sobrenatural de Dios que Él nos ha concedido a través de la mente de Cristo (1 Corintios 2:16).

EL PENSAMIENTO GRIEGO FRENTE AL PENSAMIENTO HEBREO

A veces se requieren cambios de paradigma en áreas con raíces profundas, que trascienden el reconocimiento simple a primera vista. La filosofía griega del pensamiento platónico, o dualismo, es uno de esos problemas que ha influido notablemente en la iglesia. No se trata de un fenómeno nuevo. Más bien, ha tenido una influencia lenta pero constante durante los últimos dos milenios.

Unos 400 años antes de Cristo, el filósofo griego Platón causó sensación en el mundo antiguo como líder del pensamiento, siguiendo los pasos de Sócrates y convirtiéndose en mentor de Aristóteles. Antes de exponer las preocupaciones que tengo sobre el pensamiento platónico, permítanme decir que la *verdad es la verdad*, y estos filósofos griegos descubrieron una medida de la verdad, la lógica y el pensamiento racional que han beneficiado tremendamente al mundo occidental. Por ejemplo, el pensamiento griego aportó equilibrio y racionalidad a ciertos aspectos del extremismo religioso. Concretamente, el mundo islámico prácticamente no se vio afectado por el pensamiento griego y, como resultado, tenemos el extremismo de la sharía y el yihadismo que han provocado el terrorismo, incluso el genocidio de 1.200 mujeres y niños que fueron atrozmente asesinados el 7 de octubre de 2023 en Israel, cerca de la franja de Gaza.

Los griegos también contribuyeron con la fundación de una forma democrática de gobierno que ayudó a dar forma a nuestra nación. Nuestros padres fundadores tomaron la esencia de la democracia y construyeron de manera brillante una república constitucional, con división de poderes entre el congreso, el poder ejecutivo y el poder judicial. En una república constitucional, el pueblo vota a los dirigentes que elaboran las leyes. Sin embargo, los líderes no pueden hacer cualquier ley que les plazca porque la Constitución restringe severamente su poder legislativo, evitando así el surgimiento de líderes totalitarios.

Pero he aquí surge una de mis preocupaciones sobre el pensamiento platónico. Uno de los principios subyacentes de la enseñanza de Platón era el dualismo. Esta mentalidad proponía que el mundo debía entenderse en dos categorías separadas: el mundo natural y el mundo espiritual, es decir, lo superior y lo inferior. El dualismo divide la realidad en el reino de lo tangible (materia física) y lo intangible (ideas e ideales). El valor atribuido a cada uno conlleva un fuerte sesgo: el mundo material es malo y sólo el mundo espiritual es bueno. Estos dos mundos no sólo son diferentes, sino que además están intrínsecamente desconectados el uno del otro.[37]

Esta forma griega de pensar puede parecer atractiva e incluso "cristiana". Tal es así, que esa forma de pensar resulta natural para muchos cristianos de hoy en día debido a la influencia de Agustín de Hipona (actual Argelia, 396-430 d.C.) y Tomás de Aquino (1225-1274). Estos dos teólogos ayudaron a dar forma a la retórica que ha sido utilizada durante gran parte de la historia eclesiástica. El problema es que el pensamiento griego platónico es, en última instancia, incompatible con el pensamiento hebreo basado en las Escrituras.[38]

El dualismo es una falsa dicotomía. En Génesis 1, Dios llamó enfáticamente *bueno* al mundo material que creó. En cada día de la creación, Él declaró que "era bueno". Según la visión hebrea del mundo, los humanos somos seres

---

[37] Wagner, C. Peter. *Esto Cambia Todo*. Baker Publishing Group. Kindle Edition, p.129-130.
[38] Ibid.

integrales. Por lo tanto, somos tanto espirituales como terrenales. Somos almas vivas que habitamos cuerpos físicos formados del polvo de la tierra. Dios nos creó para experimentar el cielo en la tierra. Los dos aspectos de la creación, tanto espiritual como el físico, deben estar en armonía, no divididos.

Esto resulta especialmente importante porque entendemos quién es Jesús. Jesús es ciento por ciento Dios y ciento por ciento hombre. Juan 1:14 (NVI) nos dice: "Entonces la Palabra se hizo hombre y vino a vivir entre nosotros". Jesús se convirtió en un ser humano con un cuerpo físico. No vino como una aparición fantasmal o como un ser puramente espiritual. Bajó en forma carne, murió físicamente y resucitó. Lo hizo para redimirnos por completo: en espíritu, en alma y en cuerpo.

Al igual que la dicotomía que observamos durante los días del Movimiento de Jesús, el pensamiento platónico ha engañado a la iglesia hasta el día de hoy. "El evangelio y todos los asuntos espirituales son buenos", dirán algunos cristianos. "¿Pero el mundo, el gobierno, los sistemas escolares y las estructuras hechas por el hombre? ¡Olvídate de ellos! Nosotros tan sólo esperamos el rapto".

Del error del dualismo ha surgido la separación de lo sagrado y lo secular, el clero y el laicado, la iglesia y el estado. En su esencia, eso no es bíblico. Todos los creyentes son reyes y sacerdotes (ver Apocalipsis 1:6, 5:10; 1 Pedro 2:9; Éxodo 19:6). Todo aquello en lo que participamos es sagrado. No hay separación entre lo sagrado y lo secular cuando toda nuestra vida está consagrada a Dios. Realizar este cambio de paradigma nos ayudará a entender nuestro llamado a influir y a transformar la sociedad para la gloria de Dios.

LOS FUNDAMENTOS DE LA SABIDURÍA

Como he compartido en mis historias anteriores, la Palabra de Dios es esencial para caminar en sabiduría. El libro de Proverbios, un libro completo de la Biblia dedicado a la sabiduría, proporciona un maravilloso punto de partida para cualquier discusión sobre la sabiduría divina. Los dos primeros capítulos de Proverbios comienzan así:

> Estos son los proverbios de Salomón, hijo de David, rey de Israel. El propósito de los proverbios es *enseñar sabiduría* y disciplina, y ayudar a las personas a comprender la inteligencia de los sabios. Su propósito es enseñarles a vivir una vida disciplinada y exitosa, y ayudarles a hacer lo que es correcto, justo e imparcial... *El temor del Señor* es la base del verdadero conocimiento, pero los necios desprecian la sabiduría y la disciplina. (Proverbios 1:1-3, 7 NTV)

Aunque le puse a este capítulo el título "Del conocimiento a la sabiduría", no estoy en contra del conocimiento en sí mismo. Sin embargo, sí creo que el conocimiento sin sabiduría puede conducir a una nación hacia el retroceso y no hacia la reforma. Por ejemplo, los científicos de los Centros para el Control y Prevención de Enfermedades y de los Institutos Nacionales de Salud tenían más doctorados y maestrías en comparación con otros países, pero carecían de la sabiduría cuando recomendaron el confinamiento de nuestra nación durante el COVID-19. La verdadera sabiduría proviene del conocimiento de Dios, y *ese* es el conocimiento que necesitamos.

> *Hijo mío*, si *recibes mis palabras y en tu mente guardas mis mandamientos, si tu oído está atento a la sabiduría* e inclinas tu corazón a la prudencia... entonces sabrás lo que es *temer al Señor*, y hallarás el conocimiento de Dios. (Proverbios 2:1-2, 5 RVC)

Hay dos lecciones importantes que sobresalen de estos versículos. Explorémoslas.

1. Llegarás a la sabiduría abrazando el temor del Señor.

Caminar en el temor del Señor puede describirse como tener una reverencia santa de Dios. Temer al Señor en un sentido bíblico es tener una visión correcta de Dios, una visión correcta de uno mismo y una visión correcta del pecado. Aquellos que temen a Dios reconocen Su valor supremo y Su preeminencia; y debido a ello es que son humildes. Han recibido Su abundante amor y perdón, por lo que nunca querrán hacer nada que entristezca Su corazón. Por el contrario, serán hacedores de la Palabra, actuando en la sabiduría de Dios y deseando "hacer lo que es recto, justo y parcial" (Proverbios 1:3 NTV). Como escribe John Bevere en su asombroso libro *GranDIOSo*, el temor del Señor nos hace querer *acercarnos* a Dios, no alejarnos de Él.[39] Dice además que el

---

[39] John Bevere, *The Awe of God* (GranDIOSo Thomas Nelson, 2023. Ebook, p.12-13.

temor del Señor implica amar lo que Dios ama y odiar lo que Él odia. "El temor del Señor *es* aborrecer el mal; yo aborrezco la soberbia y la arrogancia, el mal camino y la boca perversa" (Proverbios 8:13 RVC).

2. Otra clave para alcanzar la sabiduría es meditar en la Palabra de Dios.

En mi lectura, estos pasajes de Proverbios 2 no sólo se refieren a la palabra escrita (*logos*), sino también a la palabra reveladora (*rhema*). Cuando dice: "si inclinas tu corazón a la prudencia" (Proverbios 2:2 RVC), creo que podemos entender esto en el contexto del Nuevo Pacto de escuchar la voz del Espíritu Santo.

En el Evangelio de Juan, Jesús dijo a los 12 discípulos: "Pero el Espíritu Santo, a quien el Padre enviará en mi nombre, los consolará y les enseñará todas las cosas, y les recordará todo lo que yo les he dicho" (Juan 14: 26 RVC). Durante tres años, Jesús les había enseñado acerca del reino de Dios, día tras día. Aun así, Él reconoció que todavía había mucho más que necesitaba ser enseñado: "Me queda aún mucho más que quisiera decirles, pero en este momento no pueden soportarlo" (Juan 16:12). Por eso Jesús se explayó sobre el papel del Espíritu Santo como maestro de ellos:

Cuando venga el Espíritu de verdad, *él los guiará a toda la verdad.* Él no hablará por su propia cuenta, sino que les dirá lo que ha oído y *les contará lo que sucederá en el futuro.* Me glorificará porque les contará todo lo que reciba de mí. Todo lo que pertenece al Padre es mío; por eso dije: "El Espíritu les dirá todo lo que reciba de mí". (Juan 16:13-15 NTV)

En este pasaje, se hace hincapié en que Jesús sigue enseñándonos Su Palabra, aunque ahora lo hace a través del Espíritu Santo. Observa cómo el Espíritu nos recuerda lo que Jesús dijo (Juan 14:26) y nos dice lo que vendrá en los días venideros (Juan 16:13). Por lo tanto, nuestra relación con el Espíritu Santo nos mantendrá con los pies en la tierra, meditando en el *logos* de la Palabra de Dios, mientras le permitimos que nos hable *rhema* profético sobre el futuro. El Espíritu Santo está deseoso de enseñarnos hoy si tan sólo prestamos nuestros oídos para escuchar. "¡El que tenga oídos para oír, que escuche y entienda!" (Mateo 11:15 NTV).

LA SABIDURÍA DE DIOS CREÓ EL MUNDO

La sabiduría no es sólo un bonito "agregado" en nuestro caminar con Dios. Resulta fundamental para la identidad y la naturaleza de Dios, y nosotros, como creyentes que hemos renacido, participamos ahora de su naturaleza divina (2 Pedro1:4). Dios es el Creador de todas las cosas, y la Biblia revela que fue Su *sabiduría* la que creó el mundo tal como lo conocemos. Esta verdad es evidente a lo largo de todas las Escrituras:

> Con *sabiduría*, el Señor fundó la tierra; con inteligencia, el Señor afirmó los cielos. (Proverbios 3:19 RVC)

El Señor hizo la tierra con su poder y la preserva con su *sabiduría*. Con su propia inteligencia desplegó los cielos. (Jeremías 51:15 NTV)

Oh Señor, ¡cuánta variedad de cosas has creado! Las hiciste todas con tu *sabiduría*; la tierra está repleta de tus criaturas. (Salmos 104:24 NTV)

En Proverbios 8, la sabiduría se personifica a medida que vemos "desde adentro" cómo fue que Dios creó el mundo. He resaltado tres puntos de los versículos a continuación. Recuerda que la Sabiduría es la voz que habla aquí.

1. La Sabiduría existía con Dios antes de la creación.

El Señor me formó desde el comienzo, antes de crear cualquier otra cosa. Fui nombrada desde la eternidad, en el principio mismo, antes de que existiera la tierra. Nací antes de que los océanos fueran creados, antes de que brotara agua de los manantiales. Antes de que se formaran las montañas, antes que las colinas, yo nací, antes de que el Señor hiciera la tierra y los campos, y los primeros puñados de tierra. (Proverbios 8:22-26 NTV)

2. La Sabiduría estuvo presente durante la creación.

Estaba presente cuando él estableció los cielos, cuando trazó el horizonte sobre los océanos. Estaba ahí cuando colocó las nubes arriba, cuando estableció los manantiales en lo profundo de la tierra. Estaba ahí cuando puso límites a los mares, para que no se extendieran más allá de sus márgenes. Y también cuando demarcó los cimientos de la tierra. (Proverbios 8:27-29 NTV)

3. La sabiduría desempeñó un papel activo en la creación.

Yo era la *arquitecta* a su lado. Yo era su constante deleite, y me alegraba siempre en su presencia. ¡Qué feliz me puse con el mundo que él creó; cuánto me alegré con la familia humana!. (Proverbios 8:30-31 NTV)

El versículo 30 nos dice que la sabiduría estaba junto a Dios Padre como una "arquitecta". Otras traducciones de la Biblia expresan esta idea como "un maestro artesano", "un hábil trabajador" (NTV) o "su maestro artista" (TPT).

En general, estas tres descripciones deberían sonar familiares para cualquiera que haya leído el Nuevo Testamento: La Sabiduría (1) existía con Dios antes de la creación, (2) estuvo presente durante el acto de la creación, y (3) tuvo un papel activo en la creación de todas las cosas. Esto se parece mucho a la descripción de *la Palabra* en el Evangelio de Juan.

En el principio *la Palabra ya existía*. La Palabra estaba con Dios, y *la Palabra era Dios*. El que es la Palabra existía en el principio con Dios. Dios *creó todas las cosas por medio de él*, y nada fue creado sin él. La Palabra le dio vida a todo lo creado, y su vida trajo luz a todos. (Juan 1:1-4 NTV)

Juan el Amado comienza su Evangelio con la afirmación radical de que Jesús era la Palabra de Dios desde la eternidad. Este lenguaje es intencionado porque muestra explícitamente la divinidad de Cristo y su papel en la creación de todas las cosas, algo que únicamente Dios puede hacer. La primera de Corintios 1:30 (NTV) afirma esta conexión y declara explícitamente que Jesús *es* la sabiduría divina: "Dios los ha unido a ustedes con *Cristo Jesús*. Dios hizo que *él fuera la sabiduría misma* para nuestro beneficio. Cristo nos hizo justos ante Dios; nos hizo puros y santos y nos liberó del pecado". La Nueva Versión Internacional lo expresa de esta manera: "Pero gracias a él ustedes están unidos en Cristo Jesús, a quien Dios ha hecho nuestra sabiduría, justificación, santificación y redención".

A la luz de esto, podemos entender que caminar con sabiduría es tener la mente de Cristo (1 Corintios 2:16). Ser sabio es ser como Jesús, pensar como Él. Tener sabiduría es estar lleno de Él, lleno de Su Espíritu Santo. Cuando el profeta Isaías describe siete atributos del Espíritu Santo que caracterizarían al Mesías, uno de ellos es el Espíritu de sabiduría, y otro, como era de esperar, es el temor del Señor.

> Sobre él reposará el espíritu del Señor; *el espíritu de*
> *sabiduría* y de inteligencia; el espíritu de consejo y
> de poder, el espíritu de conocimiento y de *temor del*
> *Señor*. (Isaías 11:2 RVC)

Si queremos crecer en sabiduría, debemos cultivar una relación viva y dinámica con Jesús. El apóstol Pablo oró así por la iglesia de Éfeso, "para que el Dios de nuestro Señor Jesucristo, el Padre de gloria, os dé un espíritu de sabiduría y de revelación en el conocimiento de Él" (Efesios 1:17). La sabiduría comienza y termina con el conocimiento de Dios, cuya sabiduría es infinita.

Así como la sabiduría de Dios es creativa y activa por naturaleza, nosotros debemos desempeñar un papel activo en la revelación de Su sabiduría en la tierra de hoy. El propósito de Dios era que, *a través de la Iglesia*, "se diera a conocer su multiforme sabiduría a los principados y poderes en los lugares celestiales" (Efesios 3:10 RVC). Porque fuimos hechos a Su imagen, estamos llamados a reflejar la sabiduría de Dios Padre en la sociedad, como la luna refleja la luz del sol. Esa sabiduría se verá a través del trabajo transformador de la *Ekklesia*, los llamados por Dios, a medida que hacemos avanzar Su reino en nuestros montes de cultura.

EL REINO DE SALOMÓN: UN PROTOTIPO DE TRANSFORMACIÓN

¿Por qué es tan importante la sabiduría? La Palabra de Dios revela que la sabiduría es la clave para transformar la sociedad. De todos los reyes de Israel en el Antiguo Testamento, es el reino de Salomón el que nos proporciona un prototipo de cómo la sabiduría genera una nación transformada.

Salomón fue uno de los hijos del Rey David, un arquetipo del Mesías venidero. Además de ser un prolífico músico y adorador del corazón de Dios, David fue reconocido como rey guerrero. Desde luchar contra animales salvajes cuando era un joven pastor hasta matar al gigante Goliat, reuniendo a sus hombres valientes en la Cueva de Ádulam o dirigir los vastos ejércitos de Israel, David era un luchador que solía ir de batalla en batalla. Si David estableció un reino de poderío militar victorioso, Salomón (cuyo nombre significa "pacífico") estableció un reino de paz y bendiciones extremas. ¿Cómo se produjo este cambio tan drástico?

Poco después de comenzar su reinado, el Rey Salomón tuvo un dramático encuentro en sueños en el que el Señor básicamente le ofrecía *carta blanca*. La Biblia dice: "Esa noche, el Señor se le apareció a Salomón en un sueño y Dios le dijo: —¿Qué es lo que quieres? ¡Pídeme, y yo te lo daré!" (1 Reyes 3:5). La respuesta de Salomón fue reveladora, pues tenía un corazón de repleto de humildad y hambre de conocer a Dios:

> Ahora, oh Señor mi Dios, tú me has hecho rey en lugar de mi padre, David, pero soy como un niño pequeño que no sabe por dónde ir. Sin embargo, aquí estoy en medio de tu pueblo escogido, ¡una nación tan grande y numerosa que no se puede contar! *Dame un corazón comprensivo* para que pueda gobernar bien a tu pueblo, y sepa la diferencia entre el bien y el mal. Pues, ¿quién puede gobernar por su propia cuenta a este gran pueblo tuyo? (1 Reyes 3:7-9 (NTV)

La frase hebrea del versículo 9, aquí traducida como "un corazón comprensivo", es literalmente "un corazón que *escucha*". Salomón sabía que Dios era la fuente de la sabiduría, y se negó a confiar en su propio entendimiento humano cuando empezó a asumir la monumental responsabilidad de gobernar una nación. En pocas palabras, Salomón sabía que necesitaba escuchar a Dios para caminar en sabiduría, y Dios estaba más que dispuesto a cumplir esta petición.

Al Señor le agradó que Salomón hubiera hecho esa petición. Y Dios le dijo: —Como has pedido esto... *discernimiento* [literalmente, *oído*] para administrar justicia voy a concederte lo que has pedido. Te daré *un corazón sabio y prudente*, como nadie antes de ti lo ha tenido ni lo tendrá después. (1 Reyes 3:10-12 NVI)

Salomón no sólo recibió una infusión divina de sabiduría, sino que Dios también le dio lo aquello que no había pedido: riqueza, honor y larga vida (1 Reyes 3:13-14). Como puedes ver, la sabiduría, es decir un corazón en sintonía con la voz de Dios, hizo que Salomón prosperara de un modo sin precedentes. El Rey Salomón gobernó con tanta justicia y rectitud que la nación de Israel se convirtió en un centro de abundancia, bienestar y éxito. ¡La nación prosperó tan radicalmente que el oro y la plata llegaron a ser tan comunes como las piedras en Jerusalén! (2 Crónicas 1:15). Gracias a la sabiduría sin límites de Dios, la fama de Salomón se extendió rápidamente a las naciones circundantes (1 Reyes 4:29-34), hasta el punto de que los dignatarios reales deseaban ansiosamente venir y comprobar por sí mismos el fruto de la sabiduría de Salomón (1 Reyes 10:1-13).

La transformación de Israel fue tan completa que Salomón hizo esta sorprendente observación: "Pero ahora que el Señor mi Dios me ha dado paz por todos lados y no tengo enemigos, ni nada que temer" (1 Reyes 5:4 RVA). Desmenucemos esta afirmación para comprender mejor lo que había sucedido en el reino de Salomón.

1. "El Señor mi Dios me ha dado paz en todo el territorio…"

En primer lugar, la nación descansaba de la guerra. Por lo tanto, Salomón no tuvo que seguir los pasos de su padre como comandante militar, defendiendo constantemente a la nación de intrusos beligerantes. Un líder verdaderamente sabio y fuerte no sólo ganará las guerras, sino que evitará que se produzcan en primer lugar. El reino de Salomón prosperó gracias a la sabiduría piadosa de ser un pacificador (ver Mateo 5:9).

2. "No hay calamidades"

Luego, sabemos que la sociedad se transformó porque no había maldad ni injusticia. La sabiduría se conecta nuevamente con el temor del Señor, ya que Salomón escribiría: "Todos los que temen al Señor *odiarán la maldad*" (Proverbios 8:13). Gobernar una nación con sabiduría divina significaba inculcarle los valores del reino de Dios, conducir a la rectitud (vida recta) y a la justicia, y eliminar las influencias malignas del ámbito cultural.

Imagínate vivir en una nación en la que prácticamente no haya delincuencia, y así te darás una idea. Hemos visto ecos de esta realidad a lo largo de la historia de los avivamientos, por ejemplo, durante el Avivamiento Galés (1904-1905). Los historiadores nos cuentan que los tribunales y las cárceles de toda Gales estaban vacíos, ¡y la policía no tenía nada que hacer aparte de ir a la iglesia![40]

---

[40] R.T. Kendall. *The Presence of God: Discovering God's Ways Through Intimacy With Him*. Charisma House, 2017. Ebook, p.141.

3. "No hay adversarios..."

Para ir un paso más allá, debemos darnos cuenta de que la palabra hebrea para "adversario" es en realidad la palabra *satanás*. Dicho de otro modo, sabemos que satanás todavía existía, pero no se le daba lugar para que el tuviera el derecho legal de atacar. No podía causar estragos en Israel porque había justicia en toda la tierra. Es ese el nivel de transformación por el que estoy orando para mi nación, y creo que Dios quiere que eso ocurra en todo el mundo a medida que "discipulamos a las naciones" con los valores de Su reino.

LA SABIDURÍA HA EDIFICADO SU CASA

En resumen, la sabiduría de Dios es esencial para transformar nuestro mundo. Sin Su sabiduría divina, ninguna familia, empresa, iglesia o nación puede construirse correctamente. Proverbios 9, que fue escrito por el rey Salomón, lo deja claro:

> *La Sabiduría edificó su casa; labró sus siete pilares.* Preparó un gran banquete, mezcló los vinos y puso la mesa. Envió a sus sirvientes para que invitaran a todo el mundo. Ahora llama desde el lugar más alto con vista a la ciudad: «Entren conmigo», clama a los ingenuos. Y a quienes les falta buen juicio, les dice: «Vengan, disfruten mi comida y beban el vino que he mezclado. Dejen atrás sus caminos de ingenuidad y empiecen a vivir; aprendan a usar el buen juicio» (Proverbios 9: 1-6 NTV).

Así como el rey Salomón necesitó sabiduría para construir un templo, un palacio y una nación imponentes (1 Reyes 10:4-5), nosotros también necesitamos mirar a Dios como nuestra fuente constante de sabiduría para poder construir bien. Cada una de nuestras vidas y ministerios son piezas del macro rompecabezas de Dios. Nuestras decisiones para construir con sabiduría forman parte de la visión más amplia de retornar nuestra nación a Dios y transformarla en una "nación de ovejas" recta (ver Mateo 25:31-33). En su primera carta a la iglesia de Corinto, el apóstol Pablo escribió:

> Pues ambos somos trabajadores de Dios; y ustedes son...*el edificio de Dios.* Por la gracia que Dios me dio, yo eché los cimientos *como un experto en construcción.* Ahora otros edifican encima; pero cualquiera que edifique sobre este fundamento tiene que tener mucho cuidado. Pues nadie puede poner un fundamento distinto del que ya tenemos, que es Jesucristo. (1 Corintios 3:9-11)

Al fin y al cabo, Jesús mismo está edificando su Iglesia, que nos incluye a ti y a mí (Mateo 16:18). Necesitamos sintonizar con Su voz y conocer Su sabiduría íntimamente para ser colaboradores eficaces y construir juntos Su reino. Unámonos en oración:

> *"Padre Celestial, Tu Palabra dice que si carezco de sabiduría, puedo pedir con confianza y esperar que Tú respondas generosamente a mi oración (Santiago 1:5-6). Así que, por*

fe, te pido que me llenes de Tu sabiduría divina. Jesús, dame un corazón oyente para que pueda conocer Tu voz íntimamente. Espíritu Santo, ayúdame a construir Tu reino en mi esfera de influencia, ¡todo para Tu gloria y en el poderoso nombre de Jesús!".

Capítulo 6:

DEL EVANGELIO
DE LA SALVACIÓN
AL EVANGELIO DEL REINO

Y se predicará la Buena Noticia acerca del reino por todo
el mundo, de manera que todas las naciones[a] la oirán; y
entonces vendrá el fin. (Mateo 24:14 NTV)

Que tu reino venga pronto.
Que se cumpla tu voluntad en la tierra como se
cumple en el cielo. (Mateo 6:10 NTV)

*E*l evangelio, en general, significa buenas noticias. Específicamente para los cristianos, es la buena noticia de que Jesús murió por nuestros pecados, fue sepultado y resucitó al tercer día, tal como se enumera aquí:

Además, hermanos, les anuncio el evangelio que les prediqué, que es el mismo que ustedes recibieron y en el cual siguen firmes. Por medio de este evangelio serán salvados, siempre y cuando retengan la palabra que les he predicado. De no ser así, habrán creído en vano. En primer lugar, les he enseñado lo mismo que yo recibí: Que, conforme a las Escrituras, Cristo murió por nuestros pecados; que también, conforme a las Escrituras, fue sepultado y resucitó al tercer día. (1 Corintios 15:1-4 RVC)

Justo cuando escribía este párrafo, vi de repente un destello plateado en el suelo, al lado de la cómoda que estaba en la habitación de mi hotel. Me incliné para verlo más de cerca, y era un pequeño pendiente en forma de cruz que posiblemente había olvidado alguien que se había alojado en el hotel antes que yo. Dios usó esto como una confirmación pequeña pero significativa de que tenía que empezar con las buenas nuevas sobre la muerte sacrificial de Jesús en la cruz. Billy Graham dijo una vez que si tuviera la oportunidad de empezar de nuevo, "predicaría más sobre la cruz y la sangre de Cristo; ahí es donde radica el poder".[41]

Pablo comienza su famoso capítulo sobre la resurrección de Cristo afirmando que Jesús "conforme a las Escrituras, Cristo murió por nuestros pecados" (1 Corintios 15:3). Me pregunto si Pablo estaba pensando en Isaías 53, el famoso pasaje del Mesías sufriente y Su muerte sacrificial en la cruz. Cuando comprendamos lo que Jesús hizo por nosotros en la cruz, entenderemos por qué le decimos al Evangelio "las buenas nuevas".

---

[41] Greg Laurie. "Billy Graham and His Last Crusade" Harvest Ministries. 19 de noviembre de 2010. https://harvest.org/resources/gregs-blog/post/billy-graham-and-his-last-crusade/

La pregunta es: ¿por qué tuvo que morir Jesús para perdonar y salvar a la humanidad del pecado y de la muerte eterna? Durante muchas décadas, los teólogos han intentado explicar la expiación, y se han escrito volúmenes de libros al respecto. Sin embargo, permíteme darte humildemente mi opinión sobre por qué Jesús murió por nosotros.

Dios dijo a Adán en Génesis 2:16-17 (RVC): "Puedes comer de todo árbol del huerto, pero no debes comer del árbol del conocimiento del bien y del mal, porque el día que comas de él ciertamente morirás". La mayor tragedia de la historia de la humanidad es que Adán y Eva desobedecieron y se rebelaron contra Dios cuando comieron del fruto prohibido. Como consecuencia, el pecado, la muerte y todo mal entraron en este mundo, y satanás se convirtió en el gobernante de este mundo.

Dios desea perdonar y mostrar misericordia, pero también es un Dios justo y no puede mentir. La única respuesta es una sustitución. La única solución era que un inocente se ofreciera como voluntario para morir física y espiritualmente para liberarnos de los pecados del mundo. ¿Pero quién está cualificado para ello? Debería ser alguien inocente. Tendría que ser alguien que realmente nos amara, porque ciertamente no nos lo debería: moriría voluntariamente. Debería ser alguien de tal importancia que su muerte y sufrimiento tuvieran un impacto en el mundo entero para toda la historia.

La única persona cualificada es el mismísimo Dios, y es exactamente eso lo que ocurrió. El Dios que creó el universo vino con el propósito de ser ejecutado en tu lugar para que pudieras tener vida. Jesús, Dios Hijo, tuvo una muerte espantosa, pero también murió con el corazón destrozado. Él estuvo separado de la unidad e intimidad con el Dios Padre. Pues Dios hizo que Cristo, quien nunca pecó, fuera la ofrenda por nuestro pecado, para que nosotros pudiéramos estar en una relación correcta con Dios por medio de Cristo (2 Corintios 5:21). Y quien se arrepienta de sus pecados y crea en lo que Jesús hizo por él en la cruz, nacerá de nuevo. El Espíritu de Dios entrará en el creyente y le dará una nueva vida.

EL INTERCAMBIO DIVINO

A lo largo de los años, he dado un ciclo de sermones en mi iglesia al que nombré "El Gran Intercambio" o "El Intercambio Divino", que se basaba en el siguiente pasaje de Isaías:

> Con todo, él llevará sobre sí nuestros males, y sufrirá nuestros dolores, mientras nosotros creeremos que Dios lo ha azotado, lo ha herido y humillado. Pero él será herido por nuestros pecados; ¡molido por nuestras rebeliones! Sobre él vendrá el castigo de nuestra paz, y por su llaga seremos sanados. Todos perderemos el rumbo, como ovejas, y cada uno tomará su propio camino; pero el Señor descargará sobre él todo el peso de nuestros pecados... Pero al Señor le pareció bien quebrantarlo y hacerlo padecer. Cuando se haya presentado a sí mismo como ofrenda para la expiación de pecado, (Isaías 53: 4-6, 10 RVC)

Antes de que podamos apreciar la magnífica Buena Noticia de lo que Jesús hizo por nosotros en la cruz, tenemos que examinar más de cerca la mala noticia acerca del pecado de la humanidad. Esto es como un joyero que no muestra un diamante brillante con un fondo blanco, sino con un fondo de terciopelo negro para que contraste. Para poder apreciar la belleza del Evangelio, es decir la forma en que Dios por Su misericordia nos salvó de nuestro pecado, tenemos que ver el pecado tal como es.

Isaías describe intencionalmente a la humanidad como "ovejas descarriadas". La Biblia tiene más de una docena de descripciones del pecado, como "errar el blanco" y "estar destituido de la gloria de Dios", pero Isaías utiliza la descripción del egoísmo y la iniquidad: *"nos apartamos cada cual por su camino"* y *"la iniquidad de todos nosotros"* (Isaías 53:6 RVC).

El pecado es esencialmente egoísmo. Hemos dado la espalda a Dios y nos hemos convertido en nuestro propio dios, haciendo lo que nos agrada sumamente. La palabra hebrea que resume esto es la palabra *awon*, y se traduce aquí como iniquidad. Quizá la palabra más parecida en español sea *rebelión*, no contra el hombre sino contra Dios. En hebreo, la iniquidad también implica el castigo que viene como consecuencia del pecado. Por ejemplo, cuando Dios declara el castigo por el asesinato de Caín a su hermano Abel, Caín grita: "¡Mi castigo es demasiado grande para soportarlo!". (Génesis 4:13). La palabra *castigo* en hebreo es la misma palabra para iniquidad, *awon*. Se puede traducir como "el castigo por mi iniquidad".

Ahora que hemos cubierto las malas noticias, echemos un vistazo a las buenas noticias del intercambio divino.

Intercambio divino n.º 1

El primer intercambio divino tuvo lugar cuando Jesús "se hizo pecado" con nuestros pecados para que pudiéramos ser rectos con Su rectitud. La Biblia dice: "Sin embargo, el Señor puso sobre él los pecados de todos nosotros" (Isaías 53:6). Jesús no sólo se identificó con nuestro pecado, sino que también soportó todas las malas consecuencias de nuestra rebelión. Al igual que el chivo expiatorio que se llevó los pecados de Israel y nunca más volvió a Israel, así también Jesús se llevó nuestros pecados y las consecuencias de nuestros pecados, para nunca más volver a nuestras vidas.

Pablo lo dice así: "Al que no cometió ningún pecado, por nosotros Dios lo hizo pecado, para que en él nosotros fuéramos hechos justicia de Dios" (2 Corintios 5:21 RVC). En esencia, Jesús fue hecho pecado con nuestra pecaminosidad para que nosotros pudiéramos ser rectificados con Su rectitud y santidad. La verdad acerca de la cruz es que se produjo un intercambio divino. Jesús cargó los pecados y las malas consecuencias sobre Sí Mismo para que tú pudieras quedar perdonado y totalmente liberado de los efectos del pecado. Por eso se le llama las buenas nuevas. Sin embargo, ¡hay más (inserta aquí la voz de un comercial de televisión)!

Intercambio divino n.º 2

Vinculado con la asunción de nuestro pecado, el segundo intercambio divino tuvo lugar cuando Cristo asumió nuestras enfermedades para que pudiéramos ser sanados y caminar en salud divina. Las Escrituras relatan en Isaías 53:4-5: "Sin embargo, fueron nuestras debilidades las que él cargó [literalmente, *nuestra enfermedad*]; fueron nuestros dolores los que lo agobiaron [literalmente, *nuestras dolencias*]. Y pensamos que sus dificultades eran un castigo de Dios, ¡un castigo por sus propios pecados! Pero él fue traspasado por nuestras rebeliones y aplastado por nuestros pecados. Fue golpeado para que nosotros estuviéramos en paz; fue azotado para que pudiéramos ser sanados". Jesús tomó nuestras enfermedades, dolencias y dolores físicos para que "por Sus llagas" (por Sus heridas) fuéramos sanados.

La aplicación física del intercambio divino se confirma en el Nuevo Testamento. Mateo hace un comentario sobre Isaías 53:4 en Mateo 8:16-17 (RVC) y dice: "Al caer la noche, le llevaron muchos endemoniados, y él, con su sola palabra, expulsó a los demonios y sanó a todos los enfermos. Esto, para que se cumpliera lo dicho por el profeta Isaías: «Él mismo tomó nuestras enfermedades, y llevó nuestras dolencias.»". El contexto deja claro que este pasaje se refiere a enfermedades físicas y no a penas y aflicciones emocionales. En resumen, ¡Jesús resultó herido para que nosotros pudiéramos sanarnos físicamente!

Intercambio divino n.º 3

Finalmente, el tercer intercambio se observa en Isaías 53:10 (RVC): "Cuando se haya presentado a sí mismo como ofrenda para la expiación de pecado". El contexto de esta declaración son las ordenanzas mosaicas para las diversas ofrendas de pecado. Una persona traía un animal (ya fuera una cabra, una oveja o un toro, dependiendo de lo que pudiera pagar) y le entregaba el animal de sacrificio al sacerdote.

El sacerdote ponía las manos sobre la cabeza del animal y transfería los pecados de la persona al animal, y luego sacrificaba el animal ante el Señor. El pecado de la persona, una vez transferido, se declararía como perdonado mediante el sacrificio del animal.

En la cruz, Jesús se convirtió en el Cordero de Dios que quitó los pecados de la humanidad y murió por todos nosotros. El escritor de Hebreos dice: "Lo que sí vemos es que Jesús, que fue hecho un poco menor que los ángeles, está coronado de gloria y de honra, a causa de la muerte que sufrió. Dios, en su bondad, *quiso que Jesús experimentara la muerte para el bien de todos*" (Hebreos 2:9 RVC). Jesús murió nuestra muerte para que pudiéramos recibir Su vida. Pablo dice: "Porque *la muerte* que Él murió, al pecado murió una vez para siempre; pero *la vida* que Él vive, para Dios la vive" (Romanos 6:10 RVC), para que todo el que crea en él no se pierda, sino que tenga vida eterna (Juan 3:16).

Hay muchos otros intercambios divinos que se produjeron en la cruz. Jesús se hizo maldición en la cruz para liberarnos de todas las maldiciones, y así podemos entrar a una vida de bendición. (Gálatas 3:13). En 2 Corintios 8:9 también leemos: "Ustedes conocen la gracia generosa de nuestro Señor Jesucristo. Aunque era rico, por amor a ustedes se hizo pobre para que mediante su pobreza pudiera hacerlos ricos". Este último versículo merece más atención, y por eso dedico un capítulo entero a este intercambio divino más adelante en este libro.

A continuación, veamos por qué la buena nueva se llama el evangelio *del reino*.

EL REINO

El evangelio del reino se llama buena nueva porque el intercambio divino, o lo que el escritor de Hebreos llama nuestra "gran salvación" (Hebreos 2:3), no puede realizarse a menos que uno entre al reino de Dios. Entonces, ¿cómo se entra en el reino? Jesús le dijo a Nicodemo en Juan 3:5 (RVC): "De cierto, de cierto te digo, que el que no nace de agua y del Espíritu, no puede entrar en el reino de Dios". Por agua, Jesús se refería al bautismo en agua, que es el lavado exterior de un arrepentimiento interior que Jesús exigió y predicó en Mateo 4:17: "Arrepiéntanse de sus pecados y vuelvan a Dios, porque el reino del cielo está cerca".

Juan el Bautista, en Marcos 1:4-5 (RVC), ofrece una explicación más completa sobre las exigencias del reino: "Juan se presentó en el desierto, y bautizaba y proclamaba el bautismo de arrepentimiento para el perdón de pecados. Toda la gente de la provincia de Judea y de Jerusalén acudía a él, y allí en el río Jordán confesaban sus pecados, y Juan los bautizaba". Lo que Jesús y Juan predicaban es que uno no puede entrar en el reino sin antes arrepentirse de sus pecados, y luego Jesús añade que también hay que *creer* en el evangelio. Vemos esto en Marcos 1:14-15 (RVC):

> Después de que Juan fue encarcelado, Jesús fue a Galilea para proclamar el evangelio del reino de Dios. Decía: «El tiempo se ha cumplido, y el reino de Dios se ha acercado. ¡*Arrepiéntanse*, y *crean* en el evangelio!».

En el cristianismo actual, la idea de "creer en Jesús" se ha diluido en una creencia facilista. Creer en el evangelio no sólo implica lograr un entendimiento mental ante la verdad de la muerte y la resurrección de Jesús. El énfasis está en aceptar a Jesús como tu *Salvador*. Resulta sorprendente verificar que la Biblia nunca dice las palabras "el evangelio de salvación". Creer en el sentido del Nuevo Testamento es entregarse totalmente al gobierno y reinado de Dios. El énfasis de la Biblia radica en el hecho de que Jesús es el *Señor*.

El título *Señor* aparece más de 7.000 veces en la Biblia, mientras que la palabra *Salvador* aparece 37 veces. Por supuesto, Jesús es nuestro Salvador, pero el énfasis está primero en Su Señorío, y *luego* Él se convierte en tu Salvador. Romanos 10:9 dice: "Si declaras abiertamente que Jesús es el Señor y crees en tu corazón que Dios lo levantó de los muertos, serás salvo". Creer en Jesús significa obedecerlo a Él y a Sus mandamientos. Por eso las palabras *creer* y *obedecer* se usan indistintamente en Juan 3:36:

> "Los que *creen* [*pisteuo*] en el Hijo de Dios tienen vida eterna. Los que no *obedecen* [*apeitheo*] al Hijo nunca tendrán vida eterna, sino que permanecen bajo la ira del juicio de Dios".

Cuando accepté a Cristo en la época del Movimiento de Jesús, se hacía énfasis y se proclamaba el Señorío de Jesús. Eso significaba que predicábamos en contra de la noción de "Ven a Jesús como tu Salvador y luego hazlo tu Señor". En cambio, el mensaje era: "Ven a Jesús como tu Señor y así Él *se convertirá* en tu Salvador". Creo que hemos perdido el mensaje del evangelio del reino y lo hemos reemplazado por evangelio de la salvación. Como resultado, muchos que profesan conocer a Jesús, en realidad nunca han sido verdaderamente salvados.

Tras convertirme en pastor durante el Movimiento de Jesús, un joven se acercó a la sala de consejería y me pidió que orara por él para que fuera bautizado en el Espíritu Santo y hablara en lenguas. Después de dar una breve enseñanza sobre la doctrina del bautismo del Espíritu Santo, oré por él, pero nada sucedió. Entonces retrocedí y le pedí a este joven que me contara cómo conoció a Jesús.

Empezó diciendo: "Un día fui a una iglesia bautista", algo que me sonó familiar porque soy hijo de un pastor bautista. "El pastor predicó el Evangelio y dijo: «Si quieres entregar tu vida a Jesús, levanta la mano». Así que levanté la mano y luego nos pidió a los que la habíamos levantado que repitiéramos esta oración. Yo hice la oración. Y luego, básicamente dijo: «Felicitaciones a todos los que repitieron esta oración. Han renacido»".

Pensé: "*Hasta aquí todo bien*". "¿Cómo era tu vida antes?", le pregunté. "Y ahora dime cómo has cambiado".

En ese momento, el joven bajó la mirada, casi avergonzado. Dijo: "¿Mi vida anterior? Era alcohólico. Me drogaba, pero mi principal problema era el alcoholismo".

"¿Y cómo era eso?"

"Me emborrachaba todas las noches", confesó. "Compraba una caja de cervezas cada día y me la bebía entera".

El primer pensamiento que me vino a la mente fue: *Vaya. Eso es mucho líquido. Debe haber ido al baño cada hora.* (No lo dije en voz alta, por supuesto).

"De acuerdo", respondí. "¿Había algo más? ¿Vivías una vida de inmoralidad?"

"Sí", me dijo. "Me acostaba con mi novia. Pero también me acostaba con chicos y chicas. Era bisexual".

Reconocí su transparencia y le pregunté: "Dime, ¿qué pasó después de entregar tu vida a Jesucristo?".

En ese momento, el joven desvió de nuevo la mirada, mirando al suelo avergonzado.

"¿Ha cambiado algo?", pregunté.

"La verdad es que no".

"¿Sigues emborrachándote?"

"Sí", admitió. "Sigo bebiendo una caja de cervezas al día".

Entonces le dije: "Bueno, ¿y tu vida moral?".

"Sigo practicando la bisexualidad", me dijo.

¡Me quedé atónito! Aunque aprecié su honestidad, realmente me conmocionó que no hubiera ningún cambio en su vida después de rezar "la oración del pecador".

Fue entonces cuando le di al joven mi veredicto: "Tengo buenas y malas noticias. Permíteme darte primero la mala noticia: *no eres salvo*. Nunca te has convertido. Porque si alguien se convierte al cristianismo, se transforma en una persona nueva; la vida antigua ha pasado y una nueva vida ha comenzado, como dice en 2 Corintios 5:17. Pero la buena noticia es que *puedes ser salvo*". Entonces, compartí el Evangelio con él. "Tienes que entregar todo tu corazón a Jesucristo. Tienes que arrepentirte de estos pecados. Eso significa es que vas a tener que *odiar* el pecado. Vas a tener que dejar de beber. No comprar más una caja de cervezas al día. También tienes que ser célibe hasta que te cases".

Con humildad, el joven aceptó hacerlo. Entonces, por primera vez, entregó su vida a Jesucristo. Cuando vi su fe en ese momento, oré para que Dios lo llenara con el Espíritu Santo, y luego aquel joven comenzó a hablar en lenguas y terminó convirtiéndose en uno de los líderes de los grupos pequeños en nuestra iglesia en Maryland, antes de que nos mudáramos al sur de California. Además, se casó, tuvo varios hijos y consiguió un trabajo muy exitoso. Su historia se convirtió en un poderoso testimonio que he compartido por décadas, debido al fruto que ha crecido en su vida como resultado de un verdadero arrepentimiento.

Esto es solo un pequeño ejemplo que muestra dónde se encuentran actualmente varias personas en la iglesia estadounidense. Muchos supuestos cristianos andan por ahí pensando que son salvos, pero en realidad no han entrado al reino. Esto es el resultado de nunca haber escuchado *el evangelio del reino*, sino solo el evangelio de la salvación y la creencia facilista. Es por esto que necesitamos entender completamente lo que significa el reino de Dios, o el reino de los cielos.

DEFINICIÓN DEL REINO

Tanto Jesús como Juan el Bautista comenzaron su ministerio predicando el evangelio del reino. La palabra *reino* aparece 157 veces en el Nuevo Testamento. Cuando comparas la palabra *iglesia* en los cuatro Evangelios (Mateo, Marcos, Lucas y Juan), donde aparece sólo una vez en Mateo 16:18 y dos veces en Mateo 18:17, puedes empezar a comprender que el reino es una verdad teológica muy importante en la Biblia.

La palabra *reino* significa el gobierno y reinado de Dios, o el reino gobernado por Dios. Significa el Señorío o Reinado de Dios. Uno de los pasajes más importantes sobre el reino de Dios se encuentra en el Antiguo Testamento, en el libro de Isaías. Allí se nos ofrece una teología básica del reino.

> Porque un niño nos ha nacido, ¡un hijo nos ha sido concedido! Sobre sus hombros llevará el principado, y su nombre será «Consejero admirable», «Dios fuerte», «Padre Eterno» y «Príncipe de paz». La extensión de su imperio y la paz en él no tendrán límite. Reinará sobre el trono de David y sobre su reino, y lo afirmará y confirmará en la justicia y el derecho, desde ahora y para siempre. Esto lo hará el celo del Señor de los ejércitos. (Isaías 9:6-7 RVC)

Esta profecía describe siete características del reino:

1. Jesús el Mesías inaugurará la era del reino con su nacimiento y su vida. "Porque un niño nos ha nacido, ¡un hijo nos ha sido concedido!" (Isaías 9:6 RVC).

2. El gobierno o el reino descansará sobre Sus hombros. "Sobre sus hombros llevará el principado" (Isaías 9:6 RVC). Él es el líder, el Rey, y será quien cargará con la responsabilidad de ver Su reino establecido así en la tierra como en el cielo.

3. Su reino comenzará siendo pequeño, pero crecerá hasta cubrir toda la tierra. "La extensión de su

imperio"... (Isa. 9:7 RVC). Él es la pequeña roca que surgió de la nada y aplastó la estatua en Daniel 2:35b: Pero la piedra que hirió a la imagen se hizo un gran monte que llenó toda la tierra. Jesús nació en un pesebre y comenzó Su ministerio con las palabras: "Arrepiéntanse de sus pecados y vuelvan a Dios, porque el reino del cielo está cerca" (Mateo 4:17). Su reino ha ido avanzando y expandiéndose por toda la tierra desde entonces, y continuará haciéndolo hasta que, "...el mundo ya es el reino de nuestro Señor y de su Cristo, y él reinará por siempre y para siempre" (Apocalipsis 11:15).

4. Su reino es eterno. "La extensión de su imperio y la paz en él no tendrán límite" (Isaías 9:7a RVC). El salmista dice: "Pues tu reino es un reino eterno; gobiernas de generación en generación" (Salmos 145:13).

5. Jesús es el Mesías que el profeta Natán profetizó al Rey David en 2 Samuel 7:12-16 (RVC):

> Cuando te llegue el momento de ir a descansar con tus padres, yo elegiré a uno de tus propios hijos y afirmaré su reinado. Será él quien me edifique un templo, y afirmaré su trono para siempre. Yo seré un padre para él, y él me será un hijo. Si se porta mal, lo corregiré como corrige todo padre a sus hijos, pero jamás le negaré mi misericordia, como se la negué a Saúl, a quien quité de tu presencia. Tus descendientes vivirán seguros, y afirmaré tu trono, el cual permanecerá para siempre.

6. Su reino se establecerá con paz, rectitud y justicia. "La extensión de *su* imperio y la paz en él no tendrán límite. Reinará sobre el trono de David y sobre su reino, y lo afirmará y confirmará en la justicia y el derecho, desde ahora y para siempre. Esto lo hará el celo del Señor de los ejércitos…" (Isaías 9:7 RVC). El apóstol Pablo lo resume en Romanos 14:17: "Pues el reino de Dios no se trata de lo que comemos o bebemos, sino de llevar una vida de bondad, paz y alegría en el Espíritu Santo".

7. **En resumen: entramos en el reino de Su rectitud, paz y gozo a través del arrepentimiento y la entrega total ante el Señorío de Jesús.**

Si nunca has convertido plenamente a Jesús en el Señor de tu vida, o si quieres asegurarte de que realmente eres salvo, repite esta oración conmigo de todo corazón:

"Padre Celestial, te doy gracias por enviar a Jesús, quien murió por mis pecados y luego resucitó. Quiero tomar una decisión de calidad al arrepentirme de todos mis pecados y rendir mi vida 100 por ciento a Tu amoroso Señorío. Por Tu gracia, te amaré con todo mi corazón, te obedeceré radical e inmediatamente, y confiaré en Ti todos los días de mi vida. En el nombre de Jesús, amén".

UN REINO ESPIRITUAL, NO FÍSICO

"Respondió Jesús: «Mi reino no es de este mundo. Si mi reino fuera de este mundo, mis servidores lucharían para que yo no fuera entregado a los judíos. Pero mi reino no es de aquí.»" (Juan 18:36 RVC)

El pueblo judío, incluidos los discípulos de Jesús, esperaban que el Mesías estableciera un reino geopolítico, físico, en el que instauraría su trono tras vencer a los tronos paganos de los enemigos de Dios. Concretamente, en la época de Jesús, querían ver al Mesías arrojar al César de su trono y vencer al odiado Imperio Romano, sustituyendo al César por Jesús el Mesías.

Aunque Jesús enseñó acerca de Su reino durante tres años y otros 40 días después de Su resurrección, Sus discípulos todavía pedían que se instaurara un reino físico. "Entonces los que estaban reunidos con él le preguntaron: «Señor, ¿vas a devolverle a Israel el reino en este tiempo?»" (Hechos 1: 6 RVC). Jesús da una respuesta enigmática al decir: "«No les toca a ustedes saber el tiempo ni el momento, que son del dominio del Padre»" (Hechos 1:7 RVC). Esa frase suena similar a la respuesta que da al referirse a Su segunda venida en Mateo 24:36: "«Sin embargo, nadie sabe el día ni la hora en que sucederán estas cosas, ni siquiera los ángeles en el cielo ni el propio Hijo. Solo el Padre lo sabe»". Al juntar estos dos fragmentos, creo que Jesús establecerá Su reino perfecto en la tierra cuando regrese en Su segunda venida.

Sé que algunos eruditos han llegado a la conclusión de que, como Mateo escribía para un público judío, no quería deshonrar el nombre de Dios, por lo que Jesús utilizó el sinónimo de *cielo* en lugar de *Dios* en todo su evangelio. Independientemente de si eso es correcto o no, tanto Dios como el cielo tienen que ver con la esfera espiritual y con la realidad. Dios es primero un Espíritu, y aquellos que lo adoran deben adorarlo en Espíritu y en verdad. El cielo es una esfera invisible del mundo espiritual. Los judíos creían en tres cielos diferentes: (1) la atmósfera y la galaxia, (2) el segundo cielo donde habitan satanás y sus secuaces, (3) el tercer cielo al que Dios se refiere como Su trono en Isaías 66:1 (RVC): "Así ha dicho el Señor: «El cielo *es* mi trono, y la tierra *es* el estrado de mis pies»".

Lo que interpreto es que el reino de Dios estaba sobre el universo, pero Dios, en Su soberanía, quiso que el hombre cogobernara con Él sobre la tierra (Génesis 1:28). Sin embargo, cuando el hombre pecó, satanás el usurpador tomó los reinos de este mundo y se convirtió en el dios de este siglo (2 Corintios. 4:4), el gobernante de este mundo (Juan 14:30), y el príncipe de la potestad del aire (Efesios 2:2).

Así pues, parece haber tres etapas en la llegada del reino.

1. El período de la Antiguo Pacto, que podemos llamar la preparación del Rey venidero y de Su reino.

2. La era del reino, que está marcada por la primera venida de Jesús y la expansión de Su reino en los "últimos días" (Hechos 2:17).

3. El perfeccionamiento del reino en la segunda venida de Cristo (Apocalipsis 11:15).

Es durante este tiempo presente, la segunda fase del reino, que Dios espera que traigamos Su reino a la tierra como es en el cielo a través del avivamiento y la reforma de la sociedad.

SU REINO GOBIERNA Y REINA SOBRE TODA LA TIERRA

Tal como lo mencioné anteriormente, mi mentor y padre espiritual fue el Dr. C. Peter Wagner. Una de las verdades que él me enseñaba era que todo creyente en Jesús debe tener "una mentalidad de reino y un corazón de reino". Lo que quería decir con esto es que el gobierno de Dios no sólo rige sobre nuestras vidas individuales o sobre la iglesia. Debemos darnos cuenta de que el gobierno y la voluntad de Dios deben extenderse sobre toda la tierra tal como es en el cielo. La clave aquí es *sobre la tierra*. ¿Cómo es eso?

Permíteme explicarlo al abordar uno de los argumentos que muchas personas creen con respecto a la separación de la iglesia y el estado. El razonamiento es que nosotros, como creyentes, debemos centrarnos en la iglesia y en la familia, y permitir que el estado se centre en las instituciones sociales que dirige, como el gobierno, la educación y los medios de comunicación. Pero Peter Wagner enseñó que el gobierno de Dios debe estar sobre cada esfera de la sociedad, *incluyendo* el gobierno, la educación y los medios de comunicación. Dios no sólo reina sobre ti, tu familia y la iglesia, sino que también reina sobre todas las instituciones y esferas de la sociedad.

Jesús nos enseñó a orar para que el reino de Dios (Su gobierno) y Su voluntad se hagan en la tierra como en el cielo. En el capítulo inicial, determinamos cómo es el cielo: perfecto en la rectitud y justicia de Dios. Por lo tanto, Su voluntad es ver Su rectitud y Su justicia extender sobre toda la tierra como un puro reflejo de las realidades del cielo.

Usemos el gobierno como ejemplo, ya que la gente tiene una opinión bastante dividida sobre la participación que deberían tener los cristianos en el monte del gobierno. Traer el reino de Dios en la tierra significa traer rectitud y justicia al gobierno, y eso implica arreglar aquellas áreas que fueron destruidas por el pecado y por este mundo caído.

Por supuesto, el camino hacia la reforma comienza con la oración. Pero también tenemos que ser hacedores de la Palabra. Estamos llamados a ser activistas cristianos al votar conforme a la Biblia e incluso al presentarnos como candidatos a cargos locales o nacionales, tal como nos guíe y dirija el Espíritu Santo. Otros pueden ser llamados a ser voluntarios como veedores en las urnas o asistir al consejo escolar para expresar su posición sobre temas relevantes.

Una de las mejores formas de ejercer la autoridad del reino es al transmitir la verdad con amor, tanto a los principados y potestades que gobiernas las tinieblas como a los no creyentes, así que exploremos el poder de la verdad en el próximo capítulo.

Ora conmigo:

> *"Padre Dios, hago una nueva consagración para buscar primero Tu reino y Tu justicia. Concédeme el poder de Tu Espíritu para hacer lo que es correcto y caminar en obediencia radical a Ti. Reino de Dios, ven e invade cada área de mi vida, mi ciudad y mi nación, en el poderoso nombre del Rey Jesús".*

Capítulo 7:

DE LA IGNORANCIA
A UNA VISIÓN BÍBLICA
DEL MUNDO

Estudia constantemente este libro de instrucción.
Medita en él de día y de noche para asegurarte de
obedecer todo lo que allí está escrito. Solamente entonces
prosperarás y te irá bien en todo lo que hagas.
(Josué 1:8 NTV)

Cuando llegué a conocer a Jesucristo en 1973, tenía por delante una empinada curva de aprendizaje. Durante mi época como adicto y traficante de drogas, mi mente se había alterado gravemente por el consumo diario de drogas, no sólo porque fumaba marihuana sino que además ingería drogas duras. Había abandonado la escuela secundaria y me había frito el cerebro con ácido y fenciclidina (tranquilizantes para cerdos). Como consecuencia, no podía pensar con claridad. Antes de abandonar la escuela, había muchos días en los que era incapaz de recordar cómo deletrear o escribir. Era un caso perdido.

Una vez que fui salvo y liberado de las drogas, volví a la escuela para cursar mi último año. (También me corté el pelo, ¡lo que convenció a mi papá de que estaba diciendo la verdad acerca de haberme salvado). Las clases se habían reiniciado y me encontraba aprendiendo a vivir como una nueva creación en Cristo. Eso significaba que iba a *tratar* de sacar buenas notas. Por la gracia de Dios, me fue muy bien en mi último año, ¡y mi promedio de calificaciones subió a un impresionante 2.0! Mirando en retrospectiva, me doy cuenta de que entré en la Universidad de Maryland por los pelos.

En el transcurso de mi primer año caminando con Dios, todavía no reconocía la importancia de meditar sobre Su Palabra. Sin embargo, todo cambió cuando recibí el bautismo del Espíritu Santo en 1974. Poco después, el Espíritu me llevó a leer Josué 1:8, que dice: "Procura que nunca se aparte de tus labios este libro de la ley. *Medita en él de día y de noche*, para que actúes de acuerdo con todo lo que está escrito en él. Así harás que prospere tu camino, y todo te saldrá bien.".

Para mí, meditar sobre la Palabra de Dios consiste en leer a modo de oración un fragmento selecto de las Escrituras, masticarlo, citarlo audiblemente, repasar una y otra vez el mismo versículo y los mismos pasajes a lo largo del día, pedirle al Espíritu Santo que me dé revelaciones sobre los pasajes, y luego visualizar cómo todo aquello se aplica a mi vida. La palabra *meditar* puede significar muchas cosas dependiendo del contexto del versículo. Puede significar esperar encontrarse con Dios (Génesis 24:63), meditar en el corazón (Sal. 77:6), o bien hablar, imaginar o tener algo en mente. [42]

---

[42] *International Standard Bible Encyclopedia, Volume III*. Editado por Geoffrey W. Bromiley. Eerdmans Publishing Company, 1979, p.305.

En mi caso personal, elijo un versículo o pasaje importante de las Escrituras que quiero memorizar. Primero, pronuncio la Palabra en voz alta. Luego, personalizo el versículo poniendo mi nombre o los pronombres personales donde corresponda. Empiezo a observar ese pasaje por la mañana y me acuesto citándolo y repasándolo mentalmente. También escribo mis oraciones a diario. A menudo, el Señor me hace escribir a máquina un versículo que acabo de memorizar, y luego utilizo mi software bíblico para comprobar la precisión con la que he registrado el versículo. Al corregir los errores, refuerzo el versículo en mi espíritu y en mi mente. Mi objetivo es ser uno con la Palabra de Dios. La Biblia dice que Jesús y Su Palabra son uno. (Juan 1:1). A medida que me uno con la Palabra, me fundo o logro una relación más íntima con Jesús.

Cuando era un joven creyente, escuché una ilustración que todavía utilizo hoy en día acerca del modo en que una vaca mastica su alimento. Al mascar la hierba, la vaca tiene varios estómagos para digerirla. Mastica y regurgita el bolo alimenticio, lo mastica de nuevo, lo traga, y pasa por el proceso varias veces antes de poder digerir el bolo alimenticio y convertirlo en una parte de sí. En *eso* consiste la meditación.

Una clave para meditar sobre la Palabra es memorizar un pasaje de modo tal que, aunque no tengas la Biblia a mano, puedas repasarlo a lo largo del día. Yo solía coger fichas de 5 por 8, las cortaba en cuatro secciones y escribía un versículo en cada una. Luego las envolvía en una goma elástica para sacarlas a lo largo del día. Pero en la actualidad, con los teléfonos inteligentes y las aplicaciones de la Biblia, tienes la posibilidad de sacar tu teléfono para leer el pasaje bíblico sobre el que estás meditando. Más allá del método, te insto a fijarte la meta de memorizar las Escrituras.

EL ARTE PERDIDO DE MEMORIZAR LAS ESCRITURAS

Cuando era una joven creyente, el Espíritu Santo me dijo que si memorizaba las Escrituras (un capítulo de la Biblia por semana), Él sanaría mi mente. Mientras buscaba a Dios a diario, cada versículo se convirtió en mi mandato. Tenía hambre de conocer más a Dios y deseaba desesperadamente sanar mi mente. De 1974 a 1975, memoricé fielmente un capítulo de la Biblia por semana. Uno de los dones que Dios me ha concedido es ser muy rutinario. La gente dirá que es disciplina, pero una vez que decido fijarme una meta, hago lo que sea necesario para cumplirla. Por la gracia de Dios, logré memorizar 55 capítulos en 55 semanas.

Hoy en día, siempre que me toca enseñar frente a un grupo de personas, cito las Escrituras constantemente. La gente suele preguntarme: "¿Cómo es que aprendiste tantos versículos de la Biblia?". Bueno, muchos de esos versículos son los que memoricé durante mi segundo año completo de caminar con el Señor. Y efectivamente, Dios sanó mi mente, tal como lo había prometido. Al absorber la Palabra de Dios y meditar sobre ella una y otra vez, me abrí al poder transformador y restaurador de una mente renovada (Romanos 12:2).

Lo cierto es que tenía un deseo voraz de conocer a Dios cuando acudí a Cristo. Así fue que pude sanar mi mente y también conocer Su Palabra. La transformación no fue la motivación principal, pero *fue* lo más importante que me sucedió durante esa épica. También empecé a pensar de la misma forma en que piensa Dios. La sabiduría de Dios venía a mí. Si tenía un problema, me preguntaba: "¿Qué versículo bíblico se aplica a esta situación?". Si no se me veía a la mente ningún versículo, buscaba una palabra clave en mi concordancia bíblica y encontraba un pasaje que hablara de mi situación.

Tras terminar la secundaria, decidí estudiar Historia en la Universidad de Maryland. Ahora que mi mente estaba restablecida, podía recordar fechas importantes, citas y cronologías históricas. Empecé a sacar sobresalientes en la universidad, aunque no en todas las asignaturas; seguía bastante atrasado en otras áreas, como por ejemplo en inglés, donde necesitaba clases particulares para lograr el nivel esperado en gramática y ortografía. Para cuando fui al Seminario Fuller a cursar mi nivel de posgrado, completé mi Maestría en Divinidad y Doctorado en Ministerio, y terminé con un promedio general de alrededor de 3.9. Fue así como Dios me llevó de un promedio de 2.0 a casi 4.0, por lo que le concedo toda la gloria a Él.

El principio es claro: meditar sobre la Palabra de Dios te hará exitoso y próspero. Dios me mostró esa realidad en un nivel micro, mientras bendecía mis calificaciones y me hacía prosperar con mis estudios. Creo que esto es parte de lo que significa amar a Dios *con toda la mente* (Mateo 22:37). Todas nuestras facultades mentales son concedidas por Dios, y como es de esperar, Él quiere que usemos nuestras mentes para amarlo. Meditar sobre la Palabra de Dios y actuar conforme a ella son formas cruciales de llevarla a la práctica. La verdad escrita en Josué 1:8 que me condujo a la transformación personal puede hacer eso mismo por usted, y también mucho más.

CONOCER A DIOS, SUS MODOS Y SU SABIDURÍA

A muchos de nosotros nos apasiona introducir cambios en la sociedad, pero primero debemos empezar a hacerlo en nuestras propias vidas. Tal como yo aprendí a meditar sobre la Palabra de Dios cuando era un nuevo creyente, todos los creyentes (jóvenes y mayores) debemos incorporar esta verdad a nuestra vida cotidiana. En mi caso, lo más destacado de mi día es destinar tiempo a la Palabra de Dios y a la oración cada mañana. Mantener este hábito ha hecho que mi amor por Jesús siga ardiendo en todas las etapas de mi vida y de mi ministerio.

Cuando amas a Dios, que es ilimitado y eterno, querrás conocerle y descubrir nuevas facetas de Su Ser. Cuando conozcas la Palabra de Dios, lo conocerás a Él. Entenderás mejor Sus caminos. ¿Cómo debes tratar a un compañero de trabajo que te ofende? ¿Cómo debes tratar a los miembros de tu familia que te irritan? ¿Cómo debes responder a alguien que te pide dinero en la acera? Familiarízate con la Palabra de Dios y encontrarás las respuestas que buscas. Conocer la naturaleza y el carácter de Jesús nos brinda la capacidad de imitarlo. Esto forma parte de nuestro camino para parecernos más a Cristo y vivir nuestra fe en comunión con los demás.

Como vimos en un capítulo anterior, la Palabra de Dios también nos permite acceder la fuente inagotable de Su sabiduría, que es una clave para ver la transformación. Colosenses 3:16 (RVC) nos dice: "La palabra de Cristo habite ricamente en ustedes. Instrúyanse y exhórtense unos a otros con toda sabiduría; canten al Señor salmos, himnos y cánticos espirituales, con gratitud de corazón". Me gusta cómo este versículo se refiere específicamente a "la palabra de Cristo". Jesús mismo *es* la Palabra (Juan 1:1), y Él *es* nuestra sabiduría (1 Corintios 1:30). Aquí nuevamente, en el contexto de la comunidad, se nos llama a sumergirnos en la Palabra de Dios y permitir que impregne nuestras vidas.

Según el versículo anterior de Colosenses, el propósito de cantar la Palabra de Dios es ayudarnos a memorizarla. Durante la época del Movimiento de Jesús, el grupo musical *Scripture in Song*, fundado por David y Dale Garratt de Nueva Zelanda, lideró la creación de un nuevo género de música de adoración cristiana. Sus prolíficos álbumes nos ayudaron a memorizar y conocer la Palabra de Dios, al adaptar las Escrituras a los sonidos modernos de aquella época. Cada generación tiene un sonido único lanzado por una nueva ola de líderes de la alabanza, y creo que aquellos que integran la Palabra en su música serán los que logren un impacto eterno en su generación.

TOMAR NUESTRA TIERRA PROMETIDA

Una de las cosas que más me gustan de la Palabra de Dios es su dinamismo y sus múltiples capas. Así como la promesa del capítulo 1 de Josué puede aplicarse a nivel personal, también tiene implicaciones más amplias para el mundo en que vivimos. El contexto de los primeros versículos del libro de Josué nos da una pista sobre el panorama más amplio que Dios tenía en mente.

Tras la muerte de Moisés, Dios designó a un joven líder llamado Josué para dirigir la nación de Israel (Josué 1:1-2). El Señor le dice enfáticamente a Josué que "sea fuerte y muy valiente" al recibir su asignación divina para los días venideros (Josué 6-7, 9). Al ser sucesor del hombre que habló "cara a cara con Dios" y escribió toda la Torá, Josué tenía un hueco difícil de llenar.

Recuerda que en aquel entonces el pueblo de Dios acababa de emerger tras 40 años en el desierto y aún no había entrado en la tierra de Canaán, el territorio que Dios les había prometido. De hecho, todavía tendrían que luchar con uñas y dientes para derrotar a 31 reyes y tomar posesión de la Tierra Prometida (Josué 12:24). Josué era el nuevo líder del ejército de Israel, y Dios sabía exactamente qué órdenes militares darle. Leamos los tres versículos siguientes teniendo eso en mente:

> Pero tienes qué esforzarte y ser muy valiente. Pon mucho cuidado y actúa de acuerdo con las leyes que te dio mi siervo Moisés. Nunca te apartes de ellas, ni a la derecha ni a la izquierda, y así tendrás éxito en todo lo que emprendas.

> Procura que nunca se aparte de tus labios este libro de la ley. Medita en él de día y de noche, para que actúes de acuerdo con todo lo que está escrito

en él. Así harás que prospere tu camino, y todo te saldrá bien.

Escucha lo que te mando: Esfuérzate y sé valiente. No temas ni desmayes, que yo soy el Señor tu Dios, y estaré contigo por dondequiera que vayas. (Josué 1: 7-9 RVC)

Observa los mandamientos que Dios repite en los versículos 7 y 8. Josué, y todo Israel con él, deben *meditar* sobre la Palabra de Dios y *observar* y *poner en práctica* la Palabra. La obediencia a estos mandamientos les garantizará el éxito en todo lo que emprendan. También incluye la promesa de la presencia permanente del Señor: "porque el Señor tu Dios está contigo dondequiera que vayas" (Josué 1:9). Así, la fuerza y el valor de Josué procederían de su intimidad con Dios, no de su propio poder.

En particular, obedecer este mandamiento permitiría a Josué y a la nación de Israel conquistar la tierra que les estaba destinada. Creo que esto es una metáfora para nosotros hoy. Josué 1:8 nos da una imagen de lo que se necesita para ver una transformación nacional. ¿Significa eso que nos esperan muchas batallas? Más te vale creerlo. Por supuesto, no estamos librando una guerra física, "Pues no luchamos contra enemigos de carne y hueso" (Efesios 6:12), pero el principio sigue siendo válido. En la escala macro, Dios ya ha ganado la guerra, pero en el aquí y ahora, hay batallas que aún continúan librándose. La estrategia clave consiste en conocer la Palabra de Dios y meditar en ella para actuar y lograr la victoria.

CONOCER A DIOS Y OBEDECER SUS MANDAMIENTOS

La Palabra de Dios es esencial para conocer y amar a Dios. Cuando tienes un amor genuino por Dios, la Biblia dice que obedecerás Sus mandamientos. Esto es central a la idea de no solo *escuchar* la Palabra de Dios sino *hacer* Su Palabra. Amar a Dios es obedecer a Dios y, por lo tanto, obedecer Su Palabra. Durante la Última Cena, Jesús repitió esta verdad varias veces mientras hablaba con sus amigos más cercanos:

> Si me aman, obedezcan mis mandamientos. (Juan 14:15 RVC)

> El que tiene mis mandamientos, y los obedece, ése es el que me ama; y el que me ama, será amado por mi Padre, y yo lo amaré, y me manifestaré a él. (Juan 14:21 RVC)

> Jesús le respondió: «El que me ama, obedecerá mi palabra; y mi Padre lo amará, y vendremos a él, y con él nos quedaremos a vivir». (Juan 14:23 RVC).

> El que no me ama, no obedece mis palabras; y la palabra que han oído no es mía, sino del Padre que me envió. (Juan 14:24 RVC).

El sentido no podría quedar más claro. No podemos decir que amamos verdaderamente a Dios si faltamos al respeto e ignoramos sus mandamientos. Se necesita un corazón humilde para someternos y vivir en obediencia a Su Palabra en todo momento. Afortunadamente, el poder del Espíritu Santo y la gracia de Dios sobre nuestras vidas son los catalizadores para que se produzca esta transformación personal. Cuando continuamente acudimos al amor que Dios siente por nosotros, tendremos todo lo que necesitamos para corresponder ese mismo amor por Él. Amar a Dios al meditar en Su Palabra es un gozo y un privilegio, y veremos el fruto de actuar según la Palabra a medida que sigamos la guía del Espíritu Santo a lo largo de nuestras vidas.

UNA VIDA FRUCTÍFERA GRACIAS A UNA VISIÓN BÍBLICA DEL MUNDO

Como ya hemos dicho, según Josué 1:7-8, nuestro mandato es meditar sobre la Palabra y actuar en consecuencia. He aquí mi paráfrasis de estos dos versículos: "Mantén Mi Palabra constantemente delante de ti. Habla de ella y piensa en ella las veinticuatro horas del día. Recuérdala a cada momento de cada día. Reflexiona sobre lo que te he dicho. Luego pon en práctica Mi Palabra, su totalidad, en cada área de tu vida. Lleva una vida de obediencia a Mi Palabra".

¿Cuál es el resultado? Dios dice tres veces que *prosperarás* y *tendrás éxito*. Vemos palabras muy parecidas en el primer Salmo:

> Qué alegría para los que no siguen el consejo de malos, ni andan con pecadores, ni se juntan con burlones, *sino que se deleitan en la ley del Señor meditando en ella día y noche*. Son como árboles plantados a la orilla de un río, que siempre dan fruto en su tiempo. Sus hojas nunca se marchitan, *y prosperan en todo lo que hacen*. (Salmo 1:1-3 RVC)

Meditar sobre las palabras de Dios día y noche te conducirá a una vida fructífera. Una parte integral de este proceso es ver cómo la Palabra formará y moldeará tu visión del mundo. Tal como escribe mi buen amigo James Garlow en su libro *ReVersed*, cada persona tiene una visión del mundo, desde el indigente que vive en la calle hasta el ejecutivo que trabaja en Wall Street. Una visión del mundo se forma a través de la educación, la crianza, el entorno, el consumo de medios de comunicación y otros factores a lo largo de la vida.[43] Pero, ¿cómo puedes diferenciar tu propia visión de la visión humanista dominante? Para tener una visión bíblica del mundo, debes ser una persona de la Palabra, lo que te beneficiará de muchas maneras prácticas.

Al meditar sobre la Palabra de Dios, tú podrás...

1. Profundizar en tu relación con Jesús, porque Él *es* la Palabra (Juan 1:1-14).

2. Volvernos más semejantes a Él (2 Corintios 3:18).

3. Transformarte al cambiar la manera de pensar (Romanos 12:2b).

4. No imitar las conductas ni las costumbres de este mundo (Rom. 12:2a).

5. Experimentar prosperidad y éxito sobrenaturales (Josué 1:8).

6. Adquirir sabiduría porque la sabiduría proviene del conocimiento de Su Palabra (Proverbios 2:1-6).

---

[43] James L. Garlow. *Reversed: From Culturally Woke to Biblically Awake*. Well Versed Publishing, 2024, p.21-22.

7. Discernir la verdad en una cultura llena de "noticias falsas" (Juan 16:13-15).

8. Tener una comprensión bíblica de los acontecimientos actuales y de las cuestiones sociales. Esto, a su vez, te ayudará a saber a quién votar. Te insto a que hagas tus deberes y apoyes a los candidatos cuyas políticas y vidas reflejen los valores judeocristianos más que su competencia.

LA BIBLIA HA TRANSFORMADO EL MUNDO

¿Alguna vez te detuviste a pensar en el impacto que ha tenido la Biblia sobre nuestra sociedad? Si empezamos por el ámbito nacional y seguimos hacia el exterior, pronto descubriremos que el alcance del impacto de las Escrituras en el mundo, especialmente en la cultura occidental, es casi ilimitado. Un brillante erudito llamado Dr. Vishal Mangalwadi asumió el reto de investigar este fenómeno global, y los resultados de sus estudios son asombrosos.

El libro de Mangalwadi llamado *El Libro que Dio Forma Al Mundo* explica de qué forma la Biblia ha literalmente moldeado y transformado las naciones a lo largo de la historia de la humanidad. Su libro demuestra que una visión bíblica del mundo forjó el alma de la civilización moderna.[44] Desde la moralidad a la ley y el orden, pasando por los derechos humanos, la dignidad y la libertad, la verdad que se encuentra en la Palabra de Dios ha dejado una profunda huella en innumerables ámbitos de la sociedad que simplemente damos por

---

[44] Vishal Mangalwadi. *El Libro que Dio Forma al Mundo* Thomas Nelson. Kindle Edition, p.17.

sentados. "Ningún historiador del arte puede entender el arte occidental; ningún músico puede entender la música clásica; ningún profesor puede entender idiomas como el inglés, el holandés o el alemán, sin antes entender la Biblia". [45]

¿Por qué las universidades, los hospitales y la medicina moderna son casi universales hoy en día? ¿Por qué la tecnología, la ciencia y la educación han experimentado tantos avances a lo largo de los siglos? Eso se debe a una visión bíblica que se extiende por el mundo, así como a los esfuerzos de los cristianos que actuaron de acuerdo con esa visión. Incluso el despertar moderno de la razón humana, y sus efectos a largo plazo, tiene sus raíces en los principios fundamentales de las Escrituras:

Si Dios es la Verdad, si puede hablarnos con palabras racionalmente comprensibles, entonces la racionalidad humana es realmente significativa. La forma de conocer la verdad es cultivar nuestra mente y meditar sobre la Palabra de Dios. Estos supuestos teológicos constituyeron el ADN de lo que llamamos civilización occidental. [46]

Al producir un hambre sin precedentes por el conocimiento de la verdad, los avivamientos bíblicos [los Grandes Despertares] sacaron a los países protestantes de la pobreza que era crónica en todo el mundo. [47]

[45] Mangalwadi. *This Book Changed Everything*. Pasadena, CA: SoughtAfterMedia, 2019, p.284.
[46] Mangalwadi. *El Libro que Dio Forma al Mundo*, p.82.
[47] Ibídem, p. 89.

Si los efectos positivos de una visión bíblica del mundo son tan trascendentales, ¿qué pasaría si esa visión se invirtiera? Desgraciadamente, no tenemos que mirar muy lejos para ver las repercusiones de esto en nuestro propio país. Las virtudes de la cultura estadounidense han ido decayendo gradualmente a medida que la Palabra de Dios se ha ido devaluando y desalojando de la cultura occidental. Esto ha afectado directamente a la unidad familiar, a nuestro sistema educativo y a las políticas gubernamentales. Tan solo en California, los funcionarios han aprobado tantas leyes y proyectos de ley antibíblicos que verdaderamente no le cabe a uno en la cabeza. Un retorno a nuestras raíces, en la verdad y la práctica de la Palabra de Dios, es necesario para lograr una reforma duradera en nuestra nación.

DE LAS NOTICIAS FALSAS A LA VERDAD DE DIOS

La restauración de una visión bíblica del mundo en nuestra cultura resulta primordial para defender la verdad en una sociedad plagada de noticias falsas. A los estadounidenses se les ha hecho creer que la verdad es relativa y está sujeta a sus sentimientos. Si quieres creer en los 56 géneros disponibles en Facebook,[48] esa es "tu verdad". Sin embargo, para aquellos que tienen ojos para ver, la verdad de Dios es absolutamente indispensable para alejar a la sociedad del caos y la anarquía. Un ejemplo práctico es que la verdad

---

[48] Peter Weber. "Facebook offers users 56 new gender options: Here's what they mean". *The Week*. 8 de enero de 2015. https://theweek.com/articles/450873/facebook-offers-users-56-new-gender-options-heres-what-mean

desarrolla confianza y credibilidad. No se puede hacer un negocio o una transacción sin basarse en la verdad. James Garlow escribe: "Para lograr una visión bíblica del mundo, debemos tener una mente nueva, espiritualmente viva y arraigada en el temor de Dios (Proverbios 9:10). Este es el comienzo de la sabiduría y el entendimiento en toda la vida; en otras palabras, esto es lo que produce una visión adecuada del mundo".[49]

La verdad es algo muy importante para Dios. En Juan 8:31-32 (NTV), Jesús dijo: "Ustedes son verdaderamente mis discípulos si se mantienen fieles a mis enseñanzas; y conocerán la verdad, y la verdad los hará libres". Varios capítulos después, Jesús reveló que Él *es* la verdad: "Yo soy el camino, la verdad y la vida; nadie puede ir al Padre si no es por medio de mí" (Juan 14:6). Esto resuena con el Antiguo Testamento, pues dos de los Diez Mandamientos tienen que ver con la verdad. Éxodo 20:15-16 (NTV) dice: "No robes. No des falso testimonio contra tu prójimo". Luego, en Proverbios 6:16-19, se enumeran siete pecados que son abominables y odiados por el Señor; dos de los siete son "la lengua mentirosa" (17) y "el testigo falso que declara mentiras" (19).

Cada año que pasa, la sociedad nos alimenta con más mentiras. Veamos algunos ejemplos que constituyen la punta del iceberg.

El 22 de marzo de 2022, la Jueza Ketanji Brown Jackson, graduada de Harvard, fue incapaz de definir la palabra "mujer" cuando se le preguntó durante su audiencia de confirmación como jueza del Tribunal Supremo. "¿Puedo dar

---

[49] Garlow, *Reversed*, p.24.

una definición? No, no puedo", dijo. No en este contexto; no soy bióloga.[50] Esta declaración fue muy preocupante, ya que reflejaba la ideología woke (progresista extrema) de Jackson. En la actual cultura de la cancelación, la mujer sintió la necesidad de usar cautela y ser políticamente correcta y evitar cualquier afirmación verdadera y definitiva sobre biología básica. Más allá de su afiliación política, creo que todo el mundo, incluso la Jueza Jackson, sabe en el fondo que una mujer se define como una persona adulta de sexo femenino con dos cromosomas X. Decir lo contrario es completamente irracional y alejado de la realidad.

Otro titular que sigue la misma línea es la mentira de que los hombres pueden menstruar.[51] El transexualismo nos quiere hacer creer que no se puede definir qué es una mujer y busca convencernos de que un hombre puede ser una mujer si desea serlo. Este tipo de ideología extrema, que enturbia las fronteras entre la virilidad y la feminidad, me preocupa no sólo como pastor, sino como padre de cuatro hijos adultos y abuelo de nueve nietos. (Permíteme detenerme un momento para decirles a quienes puedan padecer disforia de género que lo siento y que mi corazón está con ustedes. La confusión que muchos sienten sobre su identidad es una realidad que debemos reconocer y abordar. En última instancia, creo que esta confusión proviene de la presencia del pecado en nuestro quebrantado planeta, y la Biblia nos ofrece la

---

[50] Alexa Moutevelis. "Outrage after Ketanji Brown Jackson says she 'can't' define the word woman…". *Fox News*. 23 de marzo de 2022. https://www.foxnews.com/media/outrage-ketanji-brown-jackson-tells-senators-woman-bizarre

[51] Chloe Atkins. "For transgender men, pain of menstruation…" *NBC News*. 11 de enero de 2020. https://www.nbcnews.com/feature/nbc-out/transgender-men-pain-menstruation-more-just-physical-n1113961

respuesta a nuestro pecado y quebranto a través de la obra salvadora de Jesucristo).

Las mentiras constantes se extienden desde los roles individuales de género hasta la crisis a gran escala que afecta a la frontera sur de Estados Unidos. En abril de 2024, el Secretario de Seguridad Nacional de Estados Unidos, Alejandro Mayorkas, mintió descaradamente ante el Congreso al afirmar que la frontera sur era "lo más segura posible".[52] Apenas tres meses antes, admitió que más del 85% de los inmigrantes ilegales detenidos en la frontera entre Estados Unidos y México son liberados en suelo estadounidense.[53] Como resultado de la política de fronteras abiertas de la administración Biden-Harris, nuestras fronteras permanecieron abiertas de par en par para la entrada de fentanilo, el crimen organizado, el terrorismo interno y el tráfico de personas. Esto es indudablemente malvado. Vimos una afluencia de más de 10 millones de inmigrantes ilegales en la presidencia de Biden, pero esas estadísticas son sólo estimaciones. [54]

En su toma de posesión, el presidente juró sobre la Biblia defender a la Constitución y a nuestro país de los enemigos tanto nacionales como extranjeros. Pero con sus políticas incoherentes que dejaron las fronteras del sur abiertas de

---

[52] Josh Christenson. "Mayorkas tells Congress border 'as secure as it can be'…" *New York Post.* 16 de abril de 2024. https://nypost.com/2024/04/16/us-news/mayorkas-tells-congress-border-is-as-secure-as-it-can-be-cannot-recall-saying-over-85-of-migrants-are-released-into-us/
[53] Adam Shaw, Bill Melugin y Griff Jenkins. "Mayorkas tells Border Patrol agents…" *Fox News.* 8 de enero de 2024. https://www.foxnews.com/politics/mayorkas-tells-border-patrol-agents-illegal-immigrants-released-into-us-sources
[54] Merrill Matthews. "Illegal immigrants double under Biden—and that's just the start." *The Hill.* enero 23, 2024. https://thehill.com/opinion/4423296-matthews-illegal-immigrants-double-under-biden-and-thats-just-the-start/

par en par, el Presidente Biden hizo todo lo contrario. Creo que esto pretendía ser un ataque directo a modo de represalia contra el Presidente Trump, para hacer exactamente lo opuesto a lo que aquel quería lograr con la construcción del muro fronterizo. El otro factor motivador detrás de la política de fronteras abiertas de los demócratas es comprar votantes desde el exterior. Se trata de un juego de poder, que promete beneficios y asilo a los indocumentados que cruzan la frontera y es una bofetada a todos los inmigrantes respetuosos de la ley que pasan por el proceso de obtener la ciudadanía legítima.

Algunas de las peores noticias falsas han girado en torno a toda la carrera política del Presidente Trump. La investigación de cuatro años sobre la colusión rusa era todo mentira, pero Nancy Pelosi y el Congreso juraron que era verdad. Dijeron que el 6 de enero de 2021 se produjo una insurrección. Como alguien que estuvo presente en Washington, D.C., ese día (no dentro del edificio del capitolio), yo mismo puedo decir que esa afirmación también era mentira.

También podríamos hablar del gran ataque del Departamento de Justicia (DOJ) contra el Presidente Trump. En su juicio de mayo de 2024 en Nueva York, Trump fue acusado de 34 cargos por un jurado compuesto en un 95% por demócratas, un juez demócrata cuya hija dirige una empresa de recaudación de fondos que apoya al Presidente Biden, y un fiscal de distrito que hizo campaña con la promesa de encarcelar a Trump.[55] El injusto veredicto de ese juicio fue

---

[55] James Gordon "Donald Trump rips '95 percent Democrats' hush money trial jury…" *Daily Mail*. 22 de abril de 2024. https://www.dailymail.co.uk/news/article-13338619/Trump-rips-hush-money-jury-contempt-hearing.html; Theo

una parodia de la justicia. Fue además de un claro indicio de las repercusiones que surgen cuando la verdad está ausente del sistema judicial.

LA VERDAD ABRE LA REFORMA

La buena noticia es que la verdad puede revertir el daño causado por la mentira. La reforma se desbloquea cuando nos convertimos en personas que siguen la Palabra de Dios e influenciamos a la sociedad con la verdad de Jesucristo. *La proclamación* de la verdad es un factor importante que no puede pasarse por alto.

La Biblia dice que debemos "hablar la verdad con amor" (Efesios 4:15). Al igual que en el Salmo 89:14, volvemos a ver el amor y la verdad emparejados en las Escrituras. Lo primordial es que se nos llama a amar a la gente, aunque también debemos alzar la voz y declarar la verdad. Esta responsabilidad comienza desde la iglesia. Tal como lo señalé anteriormente, muchos pastores no están predicando todo el plan de Dios. Tenemos tanta cobardía en los púlpitos, que los sermones rehúyen la verdad de la Palabra de Dios con respecto a temas controvertidos. Es por eso que necesitamos un avivamiento: para que la iglesia sea avivada por el Espíritu de Verdad.

A medida que se proclama la verdad, dicha verdad desarrollará valores bíblicos en las vidas individuales, y esos

---

Burman. "Did Alvin Bragg Campaign on a Promise…" *Newsweek.* 31 de mayo de 2024. https://www.newsweek.com/did-alvin-bragg-promise-trump-prosecution-hush-money-guilty-conviction-1906705; Robin Levinson-King y Kayla Epstein. "Who is Juan Merchan…" BBC. 31 de mayo de 2024. https://www.bbc.com/news/world-us-canada-65182727

valores bíblicos *que se experimentan en la vida* conducirán a un cambio cultural. La esencia de nuestra cultura se convierte en una cultura del reino, no en una cultura mundana. Los cambios en nuestra cultura permitirán así que se modifiquen las leyes de la tierra. Se aprobarán leyes justas y divinas porque la gente estará de acuerdo, unida por una narrativa cultural basada en la verdad. Así, el poder de proclamar y actuar conforme a la Palabra de Dios puede producir una reforma duradera en la sociedad.

SER HACEDOR DE LA PALABRA

Al final del Sermón del Monte, Jesús concluye con estas palabras: "A cualquiera que me oye estas palabras, *y las pone en práctica*, lo compararé a un hombre prudente, que edificó su casa sobre la roca. Cayó la lluvia, vinieron los ríos, y soplaron los vientos, y azotaron aquella casa, pero ésta no se vino abajo, porque estaba fundada sobre la roca" (Mateo 7:24-25 RVC). Escuchar la verdad es una parte esencial al seguir a Jesús, pero es sólo el punto de partida. Dicho de otro modo, ir a la iglesia una vez a la semana y aceptar mentalmente un mensaje bíblico no es suficiente. A la hora de la verdad, tendrás que actuar en base a lo que has escuchado para demostrar que eres un verdadero discípulo de Cristo.

Tanto el escuchar como el poner en práctica la palabra de Cristo resultan fundamentales para que tu vida tenga cimientos firmes. En su epístola, Santiago, el hermano del Señor, se hace eco del sentimiento del Sermón del Monte: "Pero *pongan en práctica la palabra*, y no se limiten sólo a oírla, pues se estarán engañando ustedes mismos" (Santiago 1:22 RVC). Nuestra fe debe ser vivida, no sólo pensada. Permite que la Palabra de Dios pinte tu visión del mundo e influya cada decisión que tomes. Al asociarnos con el Espíritu Santo y obedecer Su Palabra, encontraremos un gozo, una satisfacción y un éxito inconmensurables a medida que cosechamos los frutos de caminar con Dios (Salmos 103:1-5). Al ser hacedores de la Palabra, traeremos un cambio transformador tanto a nuestras propias vidas como a las vidas de los demás.

Ora conmigo:

> *"Padre Celestial, gracias por Tu Palabra. Dame más hambre de Tu Palabra, como nunca antes. Jesús, quiero conocerte más. Ayúdame a meditar sobre Tus caminos y sobre Tu sabiduría en cada circunstancia. Espíritu Santo, ayúdame a ser hacedor de la Palabra. Por Tu gracia, te seguiré y obedeceré, hoy y todos los días de mi vida. En el nombre de Jesús, ¡amén!"*

Capítulo 8:

DE GANAR ALMAS
A DISCIPULAR NACIONES

Jesús se acercó y dijo a sus discípulos: «Se me ha dado
toda autoridad en el cielo y en la tierra. Por lo tanto,
vayan y hagan discípulos de todas las naciones, bautizán-
dolos en el nombre del Padre y del Hijo y del Espíritu
Santo. Enseñen a los nuevos discípulos a obedecer todos
los mandatos que les he dado. Y tengan por seguro esto:
que estoy con ustedes siempre, hasta el fin de los tiempos».
(Mateo 28:18-20 NTV)

*G*anar almas ha formado parte de mi modus operandi
desde el primer día en que fui seguidor de Jesús. A
partir de mi conversión en 1973, he compartido apasionada-
mente las buenas nuevas con los que están perdidos en todos
los sitios que puedas imaginarte. Comparto mi testimonio
cada vez que viajo (que es a menudo), en el gimnasio, en restaurantes, e incluso por teléfono. También llevo conmigo mi
folleto personal, donde comparto brevemente la historia de
cómo me salvé. Esto ha llevado a muchas personas a entregar

sus vidas a Jesús, incluso a mis hermanos y parientes. Ahora bien, debo reconocer que, como parte principal de mi llamado ministerial, creo que estoy llamado a ser evangelista (Efesios 4:11). Tanto si se nos llama a ser evangelistas como si no, a todos se nos llama a ser testigos de Jesús (Hechos 1:8). Nunca me cansaré de remarcar la importancia que tiene compartir el evangelio con los no creyentes.

Dicho esto, hay muchos más detalles en esta historia. Durante varios años, consideré que la Gran Comisión consistía simplemente en ganar almas y generar discípulos individuales. Gran parte de la iglesia tiene ese paradigma, y la Gran Comisión indudablemente comienza allí. Pero ese no es el plan completo sobre lo que enseña la Biblia.

Mi relación con Peter Wagner, profesor de crecimiento eclesiástico, me abrió los ojos al significado más amplio de Mateo 28:19: "Por lo tanto, vayan y hagan discípulos de todas las naciones". Peter y yo éramos buenos evangelistas (mi padre fue el primer pastor bautista del sur coreano en Estados Unidos en 1958), y sentíamos que eso significaba simplemente que teníamos que ver almas salvadas. Sin embargo, Peter terminó estudiando con Donald McGavran, un misionero convertido en erudito que sirvió en la India durante 60 años. Donald McGavran hablaba de discipular a naciones enteras, no sólo a los individuos dentro de las naciones. Como resultado del cambio de paradigma personal de Peter Wagner en la década de 1990, esa teología de transformación de la sociedad también cristalizó en mi propia vida.

El texto griego koiné sobre la Gran Comisión es esclarecedor. Las palabras clave del versículo 19 son *panta ta ethne*.

En mi Biblia se traducen como "todas las naciones". La última palabra, *ethne*, tiene un significado mucho más rico que el de meras naciones geopolíticas.[56] *Ethne*, o *ethnos* en singular, es de donde proviene el término "grupo étnico". Esta palabra puede definirse mejor como "grupos de personas". Según Peter Wagner, *ethne* se refiere a "grupos de personas que viven unas con otras debido a un cierto conjunto de coincidencias que las unen", lo que incluiría tribus, razas, oficios, gremios y personas de la misma profesión.[57] He llegado a la conclusión de que esto lógicamente incluye a los grupos dentro de los siete montes de la sociedad: iglesia, familia, comercio, educación, gobierno, medios de comunicación, artes y entretenimiento. (Por cierto, recomiendo mi libro *The Reformer's Pledge*, en el que mi buen amigo Lance Wallnau ofrece la mejor sinopsis sobre los siete montes en su capítulo "El mandato de los siete montes").

Para ser claros, la Gran Comisión implica ganar almas y discipularlas, pero también incluye discipular naciones y grupos enteros de personas con los valores bíblicos.[58] Esa es una gran diferencia cuando se consideran las ramificaciones de lo que Jesús nos llama a hacer. Jesús está hablando de transformar la cultura. Está hablando de transformar naciones.

En Mateo 24, Jesús habla de separar las naciones de ovejas de las naciones de cabras en su segunda venida. Frente a este escenario, debemos comprender que cada uno de nosotros

---

[56] "Léxico: Strong's G1484 – *ethnos*". Blue Letter Bible. Consultado el 1 de agosto de 2024. https://www.blueletterbible.org/lexicon/g1484/kjv/tr/0-1/
[57] C. Peter Wagner. *Esto Cambia Todo*. Grupo editorial Baker. Kindle Edition, p.175. (Ver también Hechos 19:24-28 y Apocalipsis 5:9.)
[58] Wagner, *Esto Cambia Todo*, p. 175.

tiene un rol clave a desempeñar para poder ser testigos de cómo la cultura del reino de Dios transforma la sociedad en la que vivimos. No se trata sólo de una idea bonita. Es una llamada a ser reformadores de nuestra cultura. Es un mandato para transformar a grupos de personas y a naciones enteras. Es inculcarles a las naciones la cultura del cielo.

LEY DE LA PRIMERA MENCIÓN EN LA BIBLIA

Observamos cuál es el propósito final y el logro supremo de Dios para Su creación cuando creó al hombre a Su imagen y le asignó "la Gran Comisión" que se menciona en Génesis 1:28. Ten en cuenta que esto es previo a la caída de Adán y Eva, que tiene lugar en el capítulo 3 de Génesis.

> Y los bendijo Dios con estas palabras: «¡Reprodúzcanse, multiplíquense, y llenen la tierra! ¡Domínenla! ¡Sean los señores de los peces del mar, de las aves de los cielos, y de todos los seres que reptan sobre la tierra!» (Génesis 1:28 RVC)

Primero, Dios bendice a Adán y Eva. Más tarde, vemos que bendice a Abraham en Génesis 12, pero esa es la primera vez que Dios bendice a alguien. Este es un buen ejemplo de la Ley de la Primera Mención. Para referirse a bendecir en hebreo se utiliza la palabra *barak*. Se trata de una palabra rica y multifacética que puede tener múltiples significados, como "dar, conceder, traer, invocar, compartir, adorar, alabar, saludar o felicitar", dependiendo del contexto de la palabra.[59] Pero para nuestro contexto, la palabra *bendecir* significa "otorgar favor y bondad desde un corazón de amor".

A partir de esta única palabra, vemos por qué motivo Dios creó a la humanidad. Él creó a Adán y Eva porque Dios es amor (1 Juan 4:8, 16), y quería expresar Su amor por la humanidad y también ser amado por ellos. Ten en cuenta que Dios es perfecto y completo en sí mismo. No *necesita* amor como sí lo necesitamos nosotros, pero Él es amor, y como dice el poema: "El amor en tu corazón no se puso allí para quedarse: ¡el amor no es amor hasta que lo das!" [60]

Así pues, Dios creó a Adán y Eva, pero eso no terminó allí. Él quería una familia, y por eso Su primer mandamiento a Adán y Eva fue que debían "ser fructíferos y multiplicarse" y "llenar la tierra" (Génesis 1:28a). Esta es la Gran Comisión del Antiguo Testamento. Su propósito era crear una gran familia hecha a imagen y semejanza de Dios. En la actualidad, Él todavía quiere tener una gran familia. Aunque el hombre pecó y así se introdujo la muerte en el mundo (Romanos 5:12), Jesucristo, el Hijo de Dios, vino a la tierra para ser el sustituto de nuestros pecados y permitir que aquellos que creemos en Él (rendimos sus vidas a Él) seamos perdonados por nuestros pecados, recibamos Su Espíritu Santo dentro de nosotros y seamos adoptados como Su familia eterna. Jesús nos concede la Gran Comisión en Mateo 28:18-20 por esta misma razón: Él quiere que las naciones formen parte de Su familia.

---

[59] *International Standard Bible Encyclopedia, Volume I*. Editado por Geoffrey W. Bromiley. Eerdmans Publishing Company, 1979, p.523.
[60] https://rodgersandhammerstein.com/song/the-sound-of-music/sixteen-going-on-seventeen-reprise/

Este es el comienzo de la Gran Comisión en Génesis. Pero fíjate que Dios no concluye con que Adán y Eva sean fructíferos y se multipliquen. La siguiente frase de la Gran Comisión es "llenen la tierra" (Génesis 1:28b). ¿Por qué? Adán y Eva estaban en el paraíso, que representa el cielo en la tierra. Vemos que Dios los puso en un lugar específico que Génesis 2:8-15 describe. Dios nunca tuvo la intención de que el cielo en la tierra se limitara a un lugar pequeño. Su deseo con el mandamiento de "llenar la tierra" era que todo el mundo se convirtiera en el cielo en la tierra. Por eso Jesús nos dio la oración más significativa de la Biblia: "Venga a nosotros tu reino. Hágase tu voluntad, así en *la tierra* como en *el cielo*".

Génesis 1:28 confirma el corazón de Dios, no sólo de ver las almas salvadas, sino también de ver naciones transformadas de modo tal que la cultura del cielo impregne la sociedad. Este lado de la Segunda Venida de Jesús nunca será perfecto, pero creo que Él desea que haya el mismo nivel de Su rectitud y de Su justicia en la tierra como en el cielo.

La siguiente palabra en Génesis 1:28c que es crítica en el cumplimiento de la Gran Comisión es la palabra *someter*. La palabra hebrea aquí es *kabash*, que significa "someter al enemigo". Ahora bien, ¿quién es el enemigo en el jardín? Cuando predico, a menudo hago la broma retórica preguntando: "¿Cuántos de ustedes saben que su cónyuge no es el enemigo?". No haría falta aclararlo, pero ten en cuenta que Dios habló sobre este mandamiento sólo a dos personas: Adán y Eva.

La verdad es que satanás es el enemigo, y vemos que ya había sido expulsado del cielo y se encontraba en el jardín en Génesis 3. ¿Por qué Dios, que es todopoderoso e increado, que podría haber destruido a satanás con tan solo una mirada, permitió que satanás y sus secuaces fueran arrojados a la tierra? Creo que fue para que Sus hijos pudieran terminar el trabajo que Él comenzó al vencer a Satanás y a sus demonios. La siguiente palabra en Génesis 1:28d revela mucho del corazón de Dios para Sus hijos, así como Su propósito para nosotros hoy. La palabra es *radah*, que significa "gobernar". Dios Padre quería que Su familia gobernara y reinara junto a Él como corregentes con la Deidad. Pero ya conoces el resto de la historia en Génesis. En lugar de que nosotros venciéramos al enemigo, satanás nos sometió, y se convirtió en el gobernante de este mundo (Juan 14:30). ¡*Pero Dios*!

TODA AUTORIDAD PERTENECE A JESÚS

"...Se me ha dado toda autoridad en el cielo y en la tierra". (Mateo 28:18 NTV)

¿Por qué comenzó Jesús la Gran Comisión haciendo una afirmación que parecía obvia? ¿Acaso Jesús tenía toda autoridad en la tierra antes de la resurrección? Y si no fue así, ¿qué sucedió en la cruz y durante Su resurrección que lo llevó a iniciar Su instrucción final a la iglesia antes de Su ascensión diciendo, "toda autoridad me ha sido dada... en la tierra"?

Creo que Jesús tenía toda la autoridad en el cielo, y que Dios nunca la perdió en aquel lugar. Sin embargo, Dios había delegado su autoridad en el hombre en Génesis 1:28, y cuando el hombre cayó, perdió su autoridad en favor de satanás. Sabemos que satanás tenía autoridad en la tierra por la conversación que mantuvo con Jesús en el desierto. La tercera tentación de Jesús fue así:

De nuevo el diablo lo llevó a un monte muy alto. Allí le mostró todos los reinos del mundo y sus riquezas, y le dijo: «Todo esto te daré, si te arrodillas delante de mí y me adoras». (Mateo 4:8-9 RVC)

Quiero hacer una pausa aquí porque si satanás estuviera mintiendo, si no tuviera autoridad para darle a Jesús sobre "todos los reinos del mundo y sus riquezas", entonces esto no habría sido una tentación real. Pero la verdad del asunto es que satanás se convirtió en "el gobernante de este mundo" (Juan 14:30), "el dios de este siglo" (2 Corintios 4:4), y "el príncipe de la potestad del aire" (Efesios 2:2b).

Entonces Jesús le dijo: «Vete, Satanás, porque escrito está: "Al Señor tu Dios adorarás, y a él sólo servirás"». (Mateo 4:10 RVC)

Entonces, ¿qué ocurrió en la cruz para que Jesús dijera antes de su ascensión: "Toda potestad me es dada en el cielo y en la tierra"? No conocemos exhaustivamente todo lo que sucedió en la cruz, pero varios pasajes importantes de la Biblia nos dan una idea de cómo Jesús recuperó la autoridad que había sido abdicada y perdida por Adán, y lo que esa autoridad recuperada significa para la Ekklesia, es decir la iglesia.

La Biblia dice que antes de ascender al cielo, Jesús descendió primero a las regiones más bajas del infierno. "Y al decir «subiendo», ¿qué quiere decir, sino que también primero había descendido a lo más profundo de la tierra? El que descendió, es el mismo que también ascendió por encima de todos los cielos, para llenarlo todo". (Efesio 4:9-10 RVC) ¿Qué hizo Jesús en el infierno? Definitivamente no fue allí porque había pecado. Jesús nunca pecó. Pero creo que Jesús descendió a ese sitio para recuperar la autoridad que había perdido en el jardín. Colosenses 2:15 (RVC) dice: "Desarmó además a los poderes y las potestades, y los exhibió públicamente al triunfar sobre ellos en la cruz".

Finalmente, Apocalipsis 1:18 (RVC) afirma que Él tiene ahora toda autoridad sobre la muerte y el infierno. "Soy el que vive. Estuve muerto, pero ahora vivo para siempre. Amén. Yo tengo las llaves de la muerte y del infierno".

Sabemos en las Escrituras que las llaves representan autoridad (Mateo16:18-19). Cuando la Iglesia Harvest Rock compró el centro de artes escénicas Ambassador Auditorium en 2004, el dinero fue transferido desde la cuenta de depósito en garantía. Después de firmar los papeles necesarios, el dueño anterior me dio todas las llaves del auditorio. Ahora tenía la autoridad para utilizar el edificio conforme a la voluntad y a los propósitos de Dios.

Eso es lo que hizo Jesús. Una vez más, no entendemos completamente todo lo que ocurrió en la cruz, pero la conclusión es que Jesús tiene "toda autoridad en el cielo y en la tierra", y ahora se la ha devuelto a Sus hijos, la iglesia (Romanos 8:14-17, Gálatas :6-7). Como hijos e hijas de Dios, hemos recibido el reino como herencia y las "llaves del reino" para ejercer autoridad sobre satanás y sus secuaces. Esto no significa que satanás esté completamente vencido; al contrario, todavía tiene poder, y su ira es grande, especialmente en estos últimos días, porque sabe que le queda poco tiempo (Apocalipsis 12:12).

DEL DÍA D AL DÍA V

Una de las mejores analogías que he escuchado a lo largo de los años acerca de cómo debemos ejercer la autoridad y hacer avanzar el reino es la diferencia entre el Día D y el Día V. Son dos de las fechas más importantes en la cronología de la Segunda Guerra Mundial. El Día D ocurrió cuando las Fuerzas Aliadas, incluidas las tan esperadas tropas estadounidenses bajo el mando del Comandante Supremo, el General Dwight Eisenhower, invadieron Normandía el 6 de junio de 1944. Historiadores y estrategas militares coinciden unánimemente en que el exitoso desembarco de las Fuerzas Aliadas en las costas de Normandía, Francia, supuso la victoria efectiva de los Aliados en la Segunda Guerra Mundial. Sin embargo, algunos de los combates más encarnizados tuvieron lugar en los 11 meses que transcurrieron entre el Día D y el Día V, el 8 de mayo de 1945, cuando Alemania se rindió incondicionalmente ante las Fuerzas Aliadas.

Del mismo modo, Jesús también ya ganó la batalla en la cruz. Para nosotros como creyentes, ese fue nuestro día D, esencialmente un trato hecho. Apocalipsis 11:15 nos dice: "Entonces el séptimo ángel tocó su trompeta, y hubo fuertes voces que gritaban en el cielo: «Ahora el mundo ya es el reino de nuestro Señor y de su Cristo, y él reinará por siempre y para siempre»".

Sabemos que nuestro Día V definitivo, cuando Dios destruya a satanás y juzgue la tierra, será en la segunda venida de Jesús (ver Apocalipsis 21 y 22). Hasta ese entonces, Jesús nos ha ordenado discipular a las naciones. Así como las Fuerzas Aliadas usaron todas las armas de guerra para lograr la victoria sobre las Fuerzas del Eje (Alemania, Japón e Italia), nosotros también debemos usar todos los medios para hacer avanzar el reino de Dios. El arma principal con la que contamos es nuestra autoridad concedida por Dios para participar en la guerra espiritual, que es lo siguiente que tenemos que cambiar para conseguir el avivamiento y la reforma.

Sellemos esto juntos en oración:

"Padre, creo que Tú has dado toda autoridad en el cielo y en la tierra a Jesús. Gracias por darme Tu autoridad y Tu Espíritu Santo para que tenga el poder de hacer Tu voluntad en la tierra hoy en día. Oro que mi nación sea bautizada en Tu amor, carácter y poder para que se parezca más al reino de los cielos. En el nombre de Jesús, ¡amén!"

Capítulo 9:

DE LA PETICIÓN A
LA GUERRA ESPIRITUAL

Pues no luchamos contra enemigos de carne y hueso, sino
contra gobernadores malignos y autoridades del mundo
invisible, contra fuerzas poderosas de este mundo tenebroso
y contra espíritus malignos de los lugares celestiales.
(Efesios 6:12 NTV)

Oren en todo tiempo con toda oración y súplica en el
Espíritu, y manténganse atentos, siempre orando por todos
los santos. (Efesios 6:18 RVC)

Nunca olvidaré el día en que conocí a Lou Engle. Fue a finales de los años setenta, cuando formaba parte de un equipo pastoral que supervisaba una iglesia conformada por 2.000 personas en Maryland. Ya había conocido a la esposa de Lou, Therese, quien formaba parte del estudio bíblico Cristianos Activos que Brindan Servicios (ACTS, por sus siglas en inglés) que inauguré en la Universidad de Maryland, y era además miembro de nuestra iglesia. Pero pasó algún tiempo antes de que me presentaran formalmente a Lou.

Para romper el hielo, le pregunté a Lou a qué se dedicaba. Me contestó: "Corto el césped en Leisure World".

"¿Cómo dice?"

"Corto el césped", reiteró Lou.

En mi mente podía visualizar a Leisure World, un gran centro de jubilados de nuestra zona. Tenían hectáreas y hectáreas de terreno. "¿Así que conduces un tractor cortacésped y cortas el césped?". pregunté.

"No, quieren que las líneas sean perfectas", me dijo Lou. "Así que me lleva ocho diarias, todos los días, usar un cortacésped manual para que las líneas queden perfectamente alineadas".

"¿Haces esto ocho horas al día, cinco días a la semana?", pregunté incrédulo.

"Sí".

"Hombre, debe de ser el trabajo más aburrido de la historia", le dije.

"No, es el mejor trabajo", replicó Lou, "porque oro en lenguas todos los días. Simplemente oro y estoy en comunión con Dios".

En ese momento de nuestra conversación, algo hizo clic dentro de mi espíritu. En la estación anterior, yo sabía que Dios me estaba llamando a plantar una iglesia, y podía elegir a 12 personas para que estuvieran en mi equipo. Inmediatamente me dije: "Quiero a Lou en mi equipo". Había escuchado lo suficiente en nuestro breve intercambio para saber que él era el hombre indicado. Yo no tenía demasiado conocimiento porque era un joven pastor, pero sí sabía que la oración era la clave para tener éxito en el ministerio.

Más de 45 años después, puedo decir que Lou fue la mejor contratación que he hecho como pastor. Mirando en retrospectiva, sé que Dios trajo de forma divina a Lou y a Therese a mi vida, y estaré siempre agradecido por nuestra amistad de pacto. Lou ha tenido una enorme influencia sobre mi vida, pero quizá lo más importante de todo es que me enseñó a orar.

Cuando Dios nos llamó a Sue y a mí a trasladarnos a California, invité a Lou y Therese a que nos acompañaran. Ellos aceptaron de corazón. Una vez que llegamos a SoCal en 1984, el avivamiento no estaba estallando como habíamos esperado, y tuvimos que perseverar cuando aparentemente no pasaba nada. Sin embargo, creo que nuestras oraciones en aquella época nos prepararon para lo que ocurrió diez años más tarde.

Nuestra iglesia celebraba una reunión de oración por la mañana temprano todos los días laborables. Vimos un cierto crecimiento en nuestra iglesia, y la presencia de Dios se hizo presente. Mientras tanto, yo estaba atascado en la rutina de la oración personal y necesitaba ser empujado fuera de mi zona de confort. Dios sabía que Lou era la persona indicada para hacerlo.

Un día le dije a Lou: "Te pago para que formes parte del personal y quiero que dirijas la reunión de oración. Yo soy el pastor principal, así que no necesito estar allí".

Lou respondió: "Con el debido respeto, tú eres la persona principal que tiene que estar allí. Porque tú, como pastor principal, tienes que dar ejemplo al resto de la gente de la iglesia, ya que «Mi casa es una casa de oración para todas las naciones»".

En ese momento me invadió la convicción del Señor y me di cuenta de que él decía la verdad. *No puedo simplemente delegar la oración a otros. Necesito ser una persona involucrada en la oración corporativa.* De ese modo, mi hermano de pacto Lou Engle creó el ambiente para que yo me inclinara hacia una oración ferviente, que iba más allá de mi comprensión previa de la oración y la petición.

LLAMADO A SER CASA DE ORACIÓN

> *"Les enseñaba y les decía: «¿Acaso no está escrito: "Mi casa será llamada casa de oración para todas las naciones"? ¡Pero ustedes han hecho de ella una cueva de ladrones!»" (Marcos 11:17 RVC).*

En el momento en que naces de nuevo, eres llamado a orar. Ahora eres un sacerdote en la casa de Dios (ver Apocalipsis 1:6). Te darás cuenta de que Dios no dijo: "Mi casa será una casa de predicación o de comunión", los cuales están bien y de acuerdo con las escrituras. Sino que Jesús quiere dejar claro que el propósito principal de la casa de Dios es orar. "¿No se dan cuenta de que todos ustedes juntos son el templo [o la casa] de Dios y que el Espíritu de Dios vive en ustedes?" (1 Corintios 3:16).

Desde el principio, Dios creó al hombre para que estuviera en comunión con Él. Él caminaba con el hombre en la brisa fresca de la tarde (Génesis 3:8). A través de la oración, Dios se comunica con nosotros, y nosotros con Dios. Al igual que mi relación con Sue, no se trata de una comunicación unidireccional. Al fin y al cabo, la comunicación más profunda consiste en compartir nuestros corazones. Abraham es denominado el padre de nuestra fe porque tuvo una relación íntima con Dios, en la que Dios lo llama Su amigo (Santiago 2:23).

Orar es escuchar a Dios y decir lo que Él quiere que oremos. Jesús dijo en Juan 15:7 "Si ustedes permanecen en mí y mis palabras permanecen en ustedes, pueden pedir lo que quieran [que esté en consonancia con Mi palabra], ¡y les será concedido!".

DEL DEBER AL DELEITE

La impartición que recibí de Lou Engle ha transformado mi vida de oración. Primero pasé de la oración como un *deber* a pura *disciplina*, pero ahora puedo decir honestamente ante el Señor que es un *deleite*. Lo que quiero decir es que el tiempo que paso a diario con Jesús es lo más destacado de mi día. Ansío acostarme temprano para poder levantarme, leer Su Palabra y orar. Antes de seguir hablando de la oración, quiero darles un vistazo sobre mi vida de oración.

Todas las mañanas escribo mis oraciones en un diario. Al hacer eso, logro varias cosas durante mi tiempo de oración. Primero, me vuelvo consistente. El hecho de anotar mis oraciones me hace ser responsable porque no quiero saltearme ni un solo día. Como resultado, no puedo recordar cuál fue la última vez que no tomé notas en mi diario y, por lo tanto, falté a mi tiempo de intercesión. En segundo lugar, aprovecho este tiempo para llevar un breve resumen diario de lo que ocurrió el día anterior. De hecho, esa es mi manera de entrar por Sus puertas con acción de gracias y en Sus atrios con alabanza (Salmos 100:4). Empiezo adorando y dando gracias por cosas concretas que ocurrieron el día anterior.

Por ejemplo, en una oportunidad estaba en Hawái trabajando en los últimos capítulos de este libro. Acabábamos de pasar nuestras vacaciones familiares y aproveché los pocos días adicionales en Hawái para terminar el manuscrito. Permíteme que te muestre un relato real de lo que ocurrió ayer. (Por cierto, antes de que sigas leyendo, no estoy indicando que necesites llevar un diario, pero esto es lo que yo hago, y si te ayuda a ser constante, ¡genial!).

Viernes, 16 de agosto de 2024, Honolulu.

Padre, te amo y te adoro. Gracias por Tu gracia el día de ayer. Pude encontrar un nuevo restaurante estupendo, Rob's Good Time Restaurant, que ofrece una de las mejores hamburguesas, y pude entregar el coche, salir del hotel y coger el siguiente vuelo, a pesar de que el mío se había cancelado. Aunque no hay sala VIP en el aeropuerto de Lihue, pude trabajar en mi libro durante tres horas en el Starbucks. Dios, ¡eres tan bueno conmigo! Te amo y te adoro. Gracias por la cena de anoche con los Yamada.

Gracias por la revelación de que el cielo me está invitando a tener una relación íntima con el Ser Trino. Padre, te ruego que yo sea uno, como Tú estás en mí y yo en Ti, que Tú estés en mí para que el mundo crea que Tú enviaste a Jesús. **Juan 17:21: "Te pido que todos sean uno, así**

**como tú y yo somos uno, es decir, como tú
estás en mí, Padre, y yo estoy en ti. Y que
ellos estén en nosotros, para que el mundo
crea que tú me enviaste". 22: "Les he dado
la gloria que tú me diste, para que sean
uno, como nosotros somos uno". 23: "Yo
estoy en ellos, y tú estás en mí. Que gocen
de una unidad tan perfecta que el mundo
sepa que tú me enviaste y que los amas
tanto como me amas a mí".** Padre, ayúdame
a caminar en unión contigo, Jesús y el Espíritu
Santo. Tú en mí, yo en Ti: Jesús, el Espíritu Santo
y el Padre en mí. Gracias porque me has amado
como amaste a Jesús. Te adoro y exalto Tu nombre.

Al día siguiente, tuve un día duro tras no dormir lo suficiente, porque la habitación de hotel que me dieron estaba en el lado de la calle de la concurrida avenida Kalakaua. Luego tuve que hablar en una conferencia en Nashville utilizando una plataforma en línea con la que no estaba familiarizado. Aquí está mi registro de aquel día:

Sábado, 17 de agosto de 2024, Honolulu.

¡Padre, te amo y te adoro! Haces todo mucho más abundantemente de lo que puedo pensar o pedir. Gracias por la habitación mejorada. Gracias por los 5.000 puntos añadidos a mi cuenta Bonvoy, debido a que me pusieron en el lado de la calle del hotel y los motoristas no me dejaban dormir. Gracias porque el Zoom salió bien a pesar de que no

tenía ni idea de si estaba saliendo o no. Verdaderamente hablé con fe. Gracias por permitirme tener
una gran comida en la Casa de Playa, aquí en el
Westin. Te doy las gracias porque pude escribir
mucho y hacer ejercicio. Te doy todas las gracias
y alabanzas. Tu bondad y favor están más allá de
cualquier cosa que pueda pedir o pensar.

(Por cierto, te habrás dado cuenta de que escribo un diario
sobre los restaurantes en los que como. Soy un apasionado
de la comida; ¡podría ser periodista en el canal gastronómico
Food Channel!).

Por último, me encanta llevar un registro diario porque
cuando lo hago, me hago responsable de orar por las personas por sus nombres. No voy a revelar mi lista de oración
porque eso es entre el Señor y yo, pero cuando le digo a la
gente que oro por ellos diariamente, no es una hipérbole.
Escribo sus nombres y oro por ellos mientras escribo mi diario. Y como mi lista es larga, acabo orando durante más de
una hora cada día, sin incluir mi tiempo en oración con Sue
o el tiempo que destino a la Palabra, que es para lo que me
doy más margen.

Así que, cuando titulé este capítulo "De la Petición a la
Guerra Espiritual", lo hice reconociendo que soy absolutamente peticionario e intercesor. No soy un intercesor de clase
mundial, como algunos de mis amigos, pero me encanta orar.
Sin embargo, sé que para ver el avivamiento y la reforma,
tenemos que aprender a librar una guerra espiritual efectiva,
específicamente una guerra de nivel estratégico, y debemos
valorar las reuniones de oración corporativa.

A FAVOR DE LA GUERRA ESPIRITUAL ESTRATÉGICA

Quiero centrarme en la guerra espiritual porque la verdadera batalla por "el alma de toda nación" es, en primer lugar, una de naturaleza espiritual. Creo que tenemos que atar las fuerzas de las tinieblas y desatar el reino de Dios para cambiar la cultura de una nación. Esa es la batalla que impide que la gente se salve porque "el dios de este mundo ha cegado la mente de estos incrédulos" (2 Corintios 4: 4 NVI). Por lo tanto, necesitamos ganar la batalla en los lugares celestiales para ver los cambios en la salvación, así como también en el gobierno. La segunda forma de cambiar nuestra cultura es a través de la verdad y los valores bíblicos. En mi opinión, no es una cosa o la otra. Tenemos que comprometernos en ambas áreas.

El apóstol Pablo escribe en Efesios 6:12 (RVC): "La batalla que libramos no es contra gente de carne y hueso, sino contra principados y potestades, contra los que gobiernan las tinieblas de este mundo, ¡contra huestes espirituales de maldad en las regiones celestes!".

En Efesios 6, el contexto de la guerra espiritual es la iglesia corporativa. Pablo no estaba presentando una perspectiva individualista en torno a la oración. Estaba animando a los creyentes de Éfeso a mantenerse firmes en la fe como Cuerpo corporativo unificado de Cristo (Efesios 6:10-18; Efesios 2:14-16). Peter Wagner, en su libro *This Changes Everything*, así comenta Efesios 6:12:

> Nuestra misión es atacar agresivamente. ¡No es momento para la pasividad! Sentarse y esperar contra toda esperanza que Dios salve al mundo

sin nosotros es un pensamiento equivocado... Dios nos está enviando al mundo invisible para combatir cuerpo a cuerpo. Pablo utilizó la palabra "batalla" para describir este combate. La lucha era el deporte de contacto más intenso y cercano en el Imperio Romano... No debemos retroceder en nuestra misión. [61]

Ten en cuenta que Peter Wagner aboga por una oración agresiva y ofensiva. Jesús declaró la guerra a Satanás. Dijo: "Y sobre esta roca edificaré mi iglesia, y las puertas del Hades no podrán vencerla" (Mateo 16:18-19). Las puertas no te atacan a ti; tú atacas las puertas del infierno. Durante mucho tiempo, la iglesia ha estado a la defensiva, aferrándose a la vida hasta que Jesús regrese y nos saque de aquí. Mi Biblia enseña que Jesús vino a destruir las obras del diablo (1 Juan 3:8), y yo estoy aquí para reforzar la victoria que Jesús ganó en la cruz con la declaración: "¡Consumado es!".

Jesús reflejó este llamado a la guerra espiritual corporativa en Mateo 18:18-20, donde habla de usar nuestra autoridad para atar y desatar en la oración corporativa. (Nota: cada aparición de la palabra "ustedes" en estos versículos es plural en el griego).

Les digo la verdad, todo lo que prohíban en la tierra será prohibido en el cielo, y todo lo que permitan en la tierra será permitido en el cielo.

---

[61] C. Peter Wagner. *Esto Cambia Todo*. Baker Publishing Group. Kindle Edition, p.98-99.

También les digo lo siguiente: si dos de ustedes se ponen de acuerdo aquí en la tierra con respecto a cualquier cosa que pidan, mi Padre que está en el cielo la hará. Pues donde se reúnen dos o tres en mi nombre, yo estoy allí entre ellos.

Entrenamiento para el reinado

A la luz de lo que las Escrituras articulan con tanta claridad, la guerra ya se ha ganado. Hemos leído el final de la historia: toda rodilla se doblará ante el Rey Jesús (Filipenses 2:9-11). Al mismo tiempo, todavía hay batallas que librar para llegar a esa victoria final. Jesús nos ha dado la autoridad, *Su* autoridad, para destruir las obras del enemigo y avanzar Su reino en la tierra (1 Juan 3:8, 4:17). Nos dio la Gran Comisión de discipular a las naciones e inculcarles la cultura del reino del cielo (Mateo 28:18-20).

La realidad continua de la guerra espiritual tiene por objeto entrenarnos para gobernar y reinar con Dios. Desde el principio, Dios nos hizo a su imagen y semejanza, y nos dio el mandamiento de someter al enemigo y gobernar con Él sobre la tierra (Génesis 1:27-28). ¡Este mandato sobre el dominio nunca ha cambiado!

El difunto autor Paul Billheimer, en su libro *Destined for the Throne*, afirma que actualmente nos estamos entrenando para reinar. Billheimer presenta un caso convincente de que participar en la guerra espiritual y ser proactivo en la oración nos están preparando para nuestros destinos eternos. Al poner nuestra fe en acción en el aquí y ahora, todo ello constituye un entrenamiento en el trabajo para nuestras asignaciones divinas en el nuevo cielo y la nueva tierra por venir.

LOS 3 NIVELES DE LA GUERRA ESPIRITUAL

El primer nivel de la guerra espiritual es el *nivel terrenal*. Aquí es donde debemos echar fuera a los demonios de los individuos y traer libertad de la opresión demoniaca persona por persona.

El segundo es el *nivel ocultista*. Aquí se incluye todo, desde la brujería a la magia negra, las sesiones de espiritismo, las prácticas de la Nueva Era, las cartas, los horóscopos y similares. Debemos ser conscientes, pero no asustarnos, en este nivel de guerra, y estar equipados para vencer tácticamente.

El tercero es el *nivel estratégico*. Aquí es donde debemos enfrentarnos a los principados y potestades que tienen influencia sobre las naciones. Una de las fortalezas más significativas, como se señala en *The Last of the Giants* de George Otis Jr. es el Islam. Otis lo identificó como una poderosa potestad espiritual, y creo que hay aún más fuerzas allí presentes de las que él analizó.

El Islam, como señala Otis, es una potestad importante, ya que cuenta con más de 1.250 mil millones de musulmanes que viven bajo el engaño espiritual. La ideología que recibió Mahoma, afirmando que Alá es el Dios de Abraham, Isaac y Jacob, es diferente del Dios de la Biblia. Las prácticas opresivas dentro del Islam, como el mandato de matar a los apóstatas, el concepto de Yihad y el uso de escudos humanos, son manifestaciones de un principado espiritual subyacente. Por ejemplo, el libro de Daniel menciona al Príncipe de Persia, un principado que estaba aprisionado en una contienda espiritual que impugnaba las oraciones de Daniel. Los sucesos del 7 de octubre de 2023 ponen de manifiesto la oscuridad detrás de esta ideología, ya que se justificaron actos de violencia en nombre de la religión. Además, la aplicación de la sharía, que oprime a las mujeres y promueve la injusticia, es un claro ejemplo de injusticia. Como dice la Biblia en Efesios 6:12, no luchamos contra la carne y la sangre, sino contra las fuerzas espirituales del mal.

Otro principado significativo que observo es el comunismo. Las políticas económicas que defienden líderes como Kamala Harris son socialismo puro, lo cual creo devastaría nuestra nación, de forma muy parecida a lo que ocurrió en Venezuela. Este viraje hacia el comunismo, el socialismo y el marxismo es otra manifestación de una potestad espiritual, con el objetivo de socavar nuestros valores y libertades.

Por lo tanto, necesitamos comprometernos eficazmente. Esto implica no sólo orar, sino también ser guiados por el Espíritu Santo para realizar actos proféticos que traigan el reino de los cielos a la tierra.

INTERCESIÓN PROFÉTICA EN LAS PUERTAS DEL DIABLO

Para ilustrar lo que quiero decir con actos proféticos, me gustaría compartirte una historia del libro de Lou Engle, *Excavando los Pozos del Avivamiento*. La historia comienza cuando Dios le dio un sueño y lo llevó a hacer un acto de intercesión profética sobre nuestra región en el sur de California:

> Las Puertas del Diablo era el nombre de una represa que protegía la fuente original de agua para Pasadena y Los Ángeles ... Varias personas

murieron durante la construcción de la autopista cerca de la represa, y numerosos asesinatos y suicidios han ocurrido a lo largo del río, el Arroyo Seco, que fluye desde esa represa. Los intercesores de Los Ángeles han percibido que el nombre ha traído literalmente una maldición sobre la ciudad.

Al recordar las palabras de mi sueño, comprendí que el Señor quería que vertiera sal en el arroyo en señal de limpieza, que pidiera perdón en nombre de nuestros antepasados por haber maldecido el agua, y que suplicara a Dios que derramara ríos de avivamiento sobre Pasadena y Los Ángeles... Dios me pedía que hiciera lo mismo por Los Ángeles [como había hecho Eliseo en 2 Reyes 2:19-22] para traer sanidad y fecundidad a las aguas que estaban produciendo muerte espiritual.

Poco después de mi sueño, un equipo de intercesión se unió a mí en Las Puertas del Diablo, donde vertimos sal en el arroyo y pedimos una renovación de las misericordias del pacto de Dios... Profetizamos un cambio del nombre demoníaco y la eliminación de la maldición lanzada por la concesión del nombre. También pedimos a Dios que perdonara a la gente de Los Ángeles por romper el pacto con Él.

En el momento de nuestra visita a Las Puertas del Diablo, el sur de California estaba sumido en una sequía de cinco años. Muchos miles de cristianos oraban para que lloviera. Ocho días después de nuestro acto de intercesión en favor de la ciudad, empezaron a llover a cántaros, hasta el punto de que los periódicos proclamaron aquel mes "marzo milagroso".

...Durante dos años no vimos ninguna otra prueba visible de que nuestros actos de intercesión profética hubieran logrado algo más. Un día, Angela Blair, una intercesora del equipo que había ido a la represa, le preguntó al Señor por qué aún no se había cambiado el nombre de Las Puertas del Diablo. El Señor le respondió que el nombre estaba cambiando, y que en los próximos días la represa y la zona circundante se llamarían con un nombre indígena. Imaginen nuestra alegría cuando un mes después leímos este anuncio en el "Pasadena Focus", el boletín oficial de la ciudad: *Hahamongna*. Ése es el nombre que los gabrielinos (los primeros indios de Pasadena) dieron a lo que ahora se conoce como "Las Puertas del Diablo....". La traducción al español es "Aguas Corrientes: Valle Fructífero". Casi todo el mundo está de acuerdo en que *Hahamongna* será un nombre más apropiado para este bien comunitario, descuidado durante tanto tiempo, una vez que se restaure a su estado natural".

¡Las mismas palabras que habíamos proclamado proféticamente eran ahora proclamadas públicamente! Habíamos orado específicamente para que se rompiera la maldición de la esterilidad, como ocurrió cuando Eliseo limpió el agua de Jericó. Ahora el boletín oficial de Pasadena informaba sobre el restablecimiento del nombre indígena original, Arroyos Corrientes y Valle Fructífero. Era una señal para nosotros de que el avivamiento llegaría a Pasadena y fluiría hasta Los Ángeles.[62]

ATAR AL PRÍNCIPE DE PERSIA

Un ejemplo más reciente de guerra a nivel estratégico tuvo lugar el 8 de mayo de 2024. Tuve la oportunidad de facilitar la Marcha Unidos por Israel en la USC (Universidad del Sur de California), donde experimentamos un poderoso momento de oración, arrepentimiento de identificación y reconciliación.

Durante esta reunión, escuchamos a un joven de origen musulmán proveniente de Irán. Hacía diez años tenía tendencias suicidas, pero tuvo un encuentro radical con Jesús y ahora le sigue con pasión. Este joven se arrepintió públicamente en nombre de Irán por el genocidio cometido el 7 de octubre de 2023. También tuvimos a una madre judía, que hablaba hebreo con fluidez y estaba profundamente conmovida por las atrocidades del 7 de octubre. Al día siguiente, el 8 de octubre, se sintió obligada a asistir a un servicio religioso, donde entregó su vida a Yeshua. Ella perdonó públicamente a Irán y a Hamás, y sellamos este momento con un servicio de comunión.

---

[62] Lou Engle. *Excavando los Pozos del Avivamiento*. Destiny Image. Edición Kindle, p.181-185.

Luego oramos por un avivamiento y un despertar espiritual tanto entre los musulmanes como entre los judíos de todo el mundo, con la esperanza de verlos venir a Jesús. También atamos corporativamente el espíritu detrás del Príncipe de Persia y el antisemitismo, que ha resurgido en los últimos meses, especialmente en Estados Unidos. Fue una reunión verdaderamente poderosa y transformadora.

Menos de dos semanas después, el 19 de mayo de 2024, se divulgaba la noticia de que el presidente iraní Ebrahim Raisi moría en un accidente de helicóptero. También fuimos testigos de resultados similares con los líderes de Hamás y Hezbolá, que fueron eliminados por ataques selectivos o por lo que parecían ser accidentes. Estos acontecimientos se produjeron a raíz de nuestras oraciones, ya que los principados demoníacos que protegían a estos líderes fueron confrontados y debilitados. No estoy afirmando que éramos los únicos librando una guerra espiritual estratégica durante ese período, pero quiero reconocer lo que *Dios* hizo como resultado de nuestra obediencia a orar de la forma en que Él nos estaba guiando a orar.

REGLAS DEL JUEGO

Al librar la guerra espiritual, y especialmente los niveles más altos de esta guerra, resulta esencial que sigamos ciertas reglas de combate. Las resumiré a continuación:

Primero, verifica que no haya agujeros en tu armadura. Como vemos en Efesios 6, debemos caminar con iniciativa y obediencia a Dios para asegurarnos de contar con la armadura de Dios equipada en las siguientes áreas:

- Cinturón de la Verdad: vive en la verdad y la integridad (Efesios 6:14a).

- Coraza de la Justicia: debemos andar en santidad y rectitud (Efesios 6:14).

- Evangelio de la Paz: prepárate para difundir el mensaje del Reino, que trae paz, alegría y jsuticia en el Espíritu Santo (Efesios 6:15).

- Escudo de la Fe: fortalece tu fe para hacer frente a principados y potestades (Efesios 6:16).

- Casco de la Salvación: permanece seguro de tu identidad en Cristo (Efesios 6:17a).

- Espada del Espíritu: usa la Palabra de Dios en tus declaraciones y en la guerra espiritual (Efesios 6:17b).

En segundo lugar, debemos participar en la oración colectiva. Es crucial unirse en oración con otras personas al lidiar con batallas espirituales de alto nivel.

En tercer lugar, ten un escudo de oración a tu alrededor. Recluta a otros intercesores para que te cubran activamente en oración y así te proporcionen un escudo espiritual. Creo que todos los líderes quíntuples deben tener un escudo de oración que los cubra, ya sea un grupo de voluntarios o intercesores remunerados.

DECRETOS APOSTÓLICOS Y PROFÉTICOS

Los apóstoles y profetas trabajan conjuntamente en la guerra espiritual al hacer decretos apostólicos y proféticos. Esto se fundamenta en Mateo 16:18-19 y Mateo 18:19-20, donde Jesús le concede a la iglesia la autoridad de atar y desatar, así en la tierra como en el cielo. Esta autoridad permite a la iglesia atacar espiritualmente las puertas del infierno, siguiendo la dirección de Dios a través de la revelación profética.

Aunque todos los creyentes tienen autoridad sobre el enemigo, a los apóstoles se les confía una autoridad extraordinaria para librar la guerra espiritual (ver 1 Corintios 12:28). Esta colaboración entre apóstoles y profetas en la oración a nivel estratégico puede traer importantes avances en la sociedad, tal como ilustra la siguiente historia.

La retirada de California

A finales de 2002, durante una temporada de oración intensiva, Lou Engle tuvo un sueño sobre Gray Davis, el gobernador de California en aquel momento. En dicho sueño, Lou veía al gobernador Davis asistiendo a TheCall en San Francisco, que se celebraría al año siguiente. Aunque sabía que Davis no iba a asistir a ese evento, Lou se sintió guiado a intensificar nuestras oraciones por el gobernador. El liderazgo de Davis había llevado a California a una importante crisis económica, con miles de millones de dólares de déficit, y sus políticas eran tan problemáticas como las del actual gobernador Newsom. Aunque los movimientos radicales transgénero y LGBTQ no se habían desarrollado plenamente para ese entonces, las políticas de Davis ya iban en esa dirección. Atamos corporativamente las fuerzas espirituales detrás de su gobierno y oramos por su salvación.

Poco tiempo después, el 5 de febrero de 2003, se inició oficialmente el proceso de destitución de Davis, la primera vez en la historia que se destituía a un gobernador de California. Ese mismo año se celebraron elecciones especiales el 7 de octubre, y el 17 de noviembre Arnold Schwarzenegger tomó posesión como nuevo gobernador. Creemos que este drástico cambio en el liderazgo fue el resultado directo de nuestras oraciones. Mientras que algunos podrían descartar esto como coincidencia, yo creo firmemente, como dice 2 Crónicas 20:20, que cuando crees a los profetas, tendrás éxito. Este principio ha demostrado ser cierto una y otra vez.

TheCall en Corea

Ese mismo año celebramos TheCall en el Estadio Olímpico de Seúl, Corea del Sur. Allí asistieron 60.000 personas. El único problema fue que llovió a cántaros durante varios días, incluso el día de la reunión. Debido al aguacero constante, sólo había unos cientos de asistentes reunidos cerca del escenario, mientras que otros miles deambulaban por las zonas cubiertas del estadio, sin participar realmente en la oración.

Yo me encontraba en el escenario junto a Lou, quien se volvió hacia mí y me dijo: "Ché, acabo de recibir una palabra de Dios. Es que debes orar para que deje de llover".

Un poco dubitativo, le contesté: "Lou, tú eres el que tiene la palabra. Ora tú".

"No, tú eres el apóstol", replicó. "Tienes que hacer el decreto".

Sabiendo que Lou tenía razón, cedí y me acerqué al micrófono. Pedí la atención de todos los presentes y anuncié que íbamos a orar juntos para que se acabara el diluvio. Mi oración fue sencilla: "Señor, te ruego que cese la lluvia y se despeje el cielo sobre este estadio en el nombre de Jesús".

Apenas habían pasado unos minutos cuando las gotas de lluvia dejaron de caer y la luz del sol brilló sobre el estadio. Asombrado, miré a mi alrededor y vi que seguía lloviendo *alrededor* del estadio, pero no sobre nosotros. ¡Era literalmente un cielo abierto sobre nosotros!

Sentimos un viento fresco en nuestras velas cuando miles de personas comenzaron a descender y a participar en la oración como un cuerpo corporativo unificado. Si nunca has estado en una reunión de oración con miles de coreanos, ¡no sabes lo que te estás perdiendo! Al final, reconocimos que este milagro fue el resultado del importante papel que desempeñan los apóstoles y los profetas cuando trabajan codo a codo. Lou escuchó la palabra profética, yo hice el decreto apostólico y Dios hizo el resto.

Liberar a los cautivos

El próximo testimonio, así como el que le sigue, tuvieron lugar poco antes de la publicación de este libro. Britt Hancock, fundador y director de Mountain Gateway, es un evangelista que trabajó con el ministerio de David Hogan durante años antes de comenzar el suyo propio. En noviembre de 2023, Britt me envió fotos del increíble trabajo que han estado haciendo en Nicaragua, donde colaboraron con Nathan Morris de Shake the Nations Ministries. Juntos, dirigieron reuniones de avivamiento en Nicaragua que superaron el millón de personas. En uno de sus eventos se congregaron 270.000 personas en la Plaza de la Revolución de Managua, y cientos de miles entregaron sus vidas a Cristo en diversas cruzadas. Decenas de miles de personas fueron sanadas milagrosamente y el movimiento recibió una gran atención.

Sin embargo, este éxito también llamó la atención del gobierno nicaragüense. En diciembre de 2023, 13 pastores y abogados afiliados a Mountain Gateway fueron detenidos por falsas acusaciones presentadas por el represivo régimen comunista del presidente nicaragüense Daniel Ortega. Los miembros del personal de Britt fueron condenados injustamente a penas de prisión de entre 12 y 15 años. En total, 130 misioneros y cristianos fueron detenidos durante esta represión gubernamental.

Cuando hace poco me reuní con Nathan Morris en la conferencia Empowered21 de Yakarta, él me informó personalmente sobre los esfuerzos realizados para conseguir la liberación de los miembros del personal de Mountain Gateway y me comunicó que nada había funcionado. A pesar de recibir el reconocimiento de muchos, incluido el Departamento de Estado de EE.UU. y destacados líderes cristianos, la situación parecía desesperada. Me sentí guiado por el Señor a invitar a Nathan a Los Ángeles para ayudarle a llegar a nuestra comunidad hispana, especialmente a los jóvenes, con el evangelio. Nathan me dijo inmediatamente que estaba de acuerdo. También sabía que necesitaba hablar con Britt Hancock, ya que su equipo había sido crucial para organizar las cruzadas en Nicaragua.

Así que, a principios de septiembre de 2024, llamé a Britt durante una escala en Washington D.C. y lo invité a colaborar con nosotros sobre estas nuevas iniciativas en Los Ángeles. "Allí estaré", me dijo. "Estoy comprometido al cien por cien". Pero luego añadió: "Sin embargo, los miembros de mi personal siguen en prisión, y ellos son los que realmente saben cómo organizar esta cruzada por toda la ciudad".

En ese momento, sentí que el Señor me daba una palabra para él de Lucas 4:18. Le dije: "Britt, al asumir este compromiso con LA, el Señor está diciendo: «El Espíritu del Señor está sobre mí, porque me ha ungido para llevar Buenas Noticias a los pobres. Me ha enviado a *proclamar que los cautivos serán liberados*, que los ciegos verán, que los oprimidos serán puestos en libertad». Creo que los 13 cautivos serán liberados cuando asumas este compromiso".

Le solté esta palabra e hice un decreto apostólico por vía telefónica. La fecha era el 4 de septiembre. Lo que yo no sabía en ese momento era que Britt y su esposa, que estaban escuchando por el altavoz, acababan de recibir la noticia ese mismo día de que los pastores quedarían absueltos y liberados de la cárcel. Sin embargo, no podían revelar legalmente la noticia hasta que se hiciera oficial. Durante aquella llamada, la esposa de Britt, asombrada por lo oportuno de mi decreto, escribió la Escritura de Lucas 4:18 en un trozo de papel.

A la mañana siguiente, el 5 de septiembre, Britt me envió un mensaje de texto con la increíble noticia: *¡Los 13 cautivos habían sido liberados!*[63] Seguramente, miles de personas habían estado orando por ese milagro, pero yo sentí que aquello era una confirmación profética de que la liberación estaba ligada a la obediencia y el compromiso de Britt de venir a Los Ángeles. Ese logro fue también una confirmación para que nosotros, en la Iglesia Harvest Rock, sigamos adelante con un plan de evangelismo comunitario de tres años a partir

---

[63] "Nicaragua Update: September 5, 2024". Mountain Gateway. https://www.mountaingateway.org/update-september-5-2024.html

de 2025. Cada año, vamos a evangelizar a toda la ciudad dentro de un radio de 30 minutos desde USC, lo que culminara con un evento en el estadio LA Memorial Coliseum en 2028. La repentina liberación de los cautivos sirvió desde el punto de vista profético como una luz verde para que vayamos tras la cosecha en Los Ángeles.

El decreto de Trump-Jehú

La última historia que quiero compartir en este capítulo ocurrió mientras este libro se encontraba en las últimas fases de edición previo a su publicación. El 12 de octubre de 2024, que es Yom Kippur (el Día de la Expiación), nos reunimos en el National Mall de Washington D.C. para un acto llamado "Un millón de mujeres", encabezado por Lou Engle y Jenny Donnelly. Según una estimación conservadora realizada por la policía del parque, se contó con la presencia de más de 370.000 mujeres y hombres reunidos en esa asamblea de oración. Además, otros 10 millones de participantes se unieron a la oración a través de la retransmisión en directo para todo el mundo. La asistencia fue impresionante, ya que pudimos vislumbrar el poder que se libera cuando los creyentes se reúnen en unidad corporativa para buscar el rostro de Dios e interceder por nuestra nación.

Aquel día, estando de pie en el escenario cerca de la icónica franja de césped que da al Monumento a Washington, hice un decreto apostólico mientras el sol se ponía sobre la capital de nuestra nación. Antes de entrar en detalles, quiero compartir el profundo viaje que me llevó a hacer este significativo decreto.

El viaje comenzó el 2 de septiembre, cuando me puse al día con Lou Engle en una llamada por Zoom. Después de invitarme a brindarle mi apoyo para el liderazgo el 12 de octubre, Lou me preguntó cómo quería participar el día del evento. La impresión que tuve en ese momento fue la de hacer algún tipo de decreto apostólico que tuviera que ver con el espíritu de Jezabel. Como Lou puede atestiguar, nos hemos enfrentado a la potestad espiritual de Jezabel en California durante los últimos 40 años o más, ya que el principal punto de apoyo de ese principado reside en San Francisco. Esto resulta importante, porque San Francisco fue el lugar de nacimiento de la revolución sexual y el movimiento por los derechos de los homosexuales de los años 60 y 70, y también nos ha dado líderes como Gavin Newsom, Nancy Pelosi, Dianne Feinstein y Kamala Harris. (Para ser claros, ninguno de estos líderes políticos son la *personificación* de Jezabel, pero sí son un *tipo* de forma en que puede manifestarse el espíritu de Jezabel a través del liderazgo político alineado con su sistema de valores).

Tal como señalé anteriormente, suelo hacer decretos basados en palabras *rhema* que me han concedido los profetas a lo largo de mi vida. Sin embargo, como todavía no había recibido una palabra profética o confirmación, le dije a Lou que quería tomarme más tiempo para orar sobre el decreto y realmente escuchar del Señor.

Dentro de los tres días siguientes en aquel septiembre, fui testigo del increíble giro que dieron los acontecimientos con relación a la liberación de los 13 pastores de Mountain Gateway. Este poderoso testimonio reforzó significativamente mi fe para hacer mi próximo decreto el 12 de octubre.

Vi cómo Dios estaba trabajando claramente cuando hice el decreto en la llamada telefónica con Britt Hancock, y sabía que Dios se movería poderosamente de nuevo. Sin embargo, no estaba seguro de cuál sería la redacción exacta del decreto.

Entonces, una noche, estaba escuchando una enseñanza de Jonathan Cahn, donde compartió ideas sobre las elecciones presidenciales de 2016. Describió a Hillary Clinton como un tipo de Jezabel y a Donald Trump como un tipo de Jehú. De acuerdo con las Escrituras, Jehú fue un líder militar en Israel que tenía defectos, pero sin embargo fue ungido por Dios para cumplir Sus propósitos en esa generación (1 Reyes 19:15-18). La hazaña más emblemática de Jehú fue expulsar a Jezabel y poner fin a su reinado de maldad (2 Reyes 9:30-37). Por lo tanto, la victoria del presidente Trump sobre Clinton en 2016 sirvió como una imagen profética de un líder tipo Jehú derrocando a un líder tipo Jezabel.

Cuando escuché esto, se produjo la revelación en mi mente: yo iba a decretar que Trump, de nuevo como Jehú, derrotaría a Kamala Harris, otro tipo de Jezabel, mediante los resultados de las elecciones de 2024. Lou también me había comentado que Jonathan Cahn se sintió guiado proféticamente a romper un altar de Ishtar, o Asera, el 12 de octubre. Esto se relacionaba con el enfrentamiento en el Monte Carmelo entre Elías y los profetas de Baal y Asera, los dioses que adoraban el rey Acab y Jezabel (ver 1 Reyes 18). Ahora sabía que haría mi decreto después de que se rompiera ese altar, como símbolo de la ruptura del poder de Jezabel.

Así, el 12 de octubre, tras 10 horas de ayuno y oración colectiva, me uní a muchos otros apóstoles y profetas en el escenario mientras destrozábamos el altar de Ishtar. (¡Al principio no me había dado cuenta de que Jonathan Cahn planeaba traer un altar de piedra real a la capital!) Una vez que ya se había derrumbado la mayor parte del altar, recogí uno de los trozos de piedra y lo arrojé a un cesto fuera del escenario, como un simple acto profético. Luego, procedí a hacer el siguiente decreto apostólico:

> *Creo lo que dice Jonathan Cahn, que Trump es un tipo de Jehú, y que Kamala Harris es un tipo de Jezabel. Y como ustedes saben, Jehú desterró a Jezabel... Yo decreto en el nombre poderoso de Jesús, y lo decreto como acto de fe, que Trump ganará este 5 de noviembre. Él será nuestro 47.° presidente, y Kamala Harris será expulsada y perderá, en el nombre poderoso de Jesús.*[64]

Ahora, al momento de escribir estas líneas en octubre de 2024, la elección aún no ha ocurrido, pero confío plenamente en este viaje profético que me lleva a decretar que Trump ganará. Estoy dando un paso adelante en la fe para incluir esta sección en el libro, reconociendo que para cuando este libro se publique en diciembre, las elecciones habrán terminado. Siempre he creído que la fe implica riesgo, y siento que necesito mantenerme firme en lo que Dios me dijo. Así es como yo entiendo los decretos: se producen cuando

---

[64] "A Million Women Live Stream". Un millón de mujeres. 12 de octubre de 2024. https://youtu.be/JHAMWJeVOQo?t=36501

primero lo oímos del cielo, luego hacemos el decreto, y nos mantenemos en la fe de que es un hecho basado en lo que hemos oído de Dios.

Diez días después de hacer este decreto en Washington, D.C., me invitaron a una reunión de oración en Atlanta, donde el presidente Trump se reuniría con 300 pastores después de uno de sus actos electorales. Acepté los planes de última hora y reservé un vuelo para llegar a tiempo. Como había 15.000 personas presentes en la ciudad para el acto electoral, los hoteles estaban completamente agotados.

Tras aterrizar en Atlanta, el pastor de nuestra iglesia HIM zonal me recogió y tenía previsto acompañarme a la reunión. Sin embargo, unas horas antes, recibí un mensaje de texto por parte de mi contacto preguntándome si todavía iba a venir.

"Sí", respondí. "¿Sigue en pie la reunión?"

Me contestó: "Las cosas han cambiado porque el lugar donde vamos a celebrar la reunión de oración es muy pequeño. Así que sólo vamos a reunir a 80 pastores en lugar de 300".

Mi pensamiento inmediato fue preguntar si yo estaba entre los 80, pero opté por entregárselo a Dios, orando: "Señor, si quieres que esté allí, creo que me has hablado para que acepte esta invitación. Estoy aquí para apoyar a Trump, y será un gran acto electoral a pesar de todo".

Apenas dos horas antes de la reunión, recibí la noticia de que estaba incluido en el grupo de los 80, lo que supuso una maravillosa sorpresa. Me dirigí a la zona designada una hora antes de la llegada de Trump. Allí me enteré de que el pastor encargado, del ministerio TPUSA de Charlie Kirk, había dispuesto que varios líderes oraran por Trump. Pidieron a Ben Carson, Jentezen Franklin y Jenny Donnelly que oraran por él. Me sorprendí una vez más cuando el pastor me preguntó si yo también estaba dispuesto a orar. Aquello me pareció providencial, dado que mi ministerio no tiene su sede en Atlanta ni es tan conocido como otros.

Finalmente, llegó el momento de que los cuatro nos reuniéramos con el Presidente Trump, le estrecháramos la mano, nos hiciéramos una foto con él y le impusiéramos las manos, orando uno tras otro. Cuando me tocó orar, hice la declaración de Isaías 11:2-3 sobre el Presidente Trump: "Y el Espíritu del Señor reposará sobre él: el Espíritu de sabiduría y de entendimiento, el Espíritu de consejo y de poder, el Espíritu de conocimiento y de temor del Señor". Yo le declaré: "Él se deleitará en obedecer al Señor". Este pasaje, por supuesto, habla de Jesús, pero creo que también puede aplicarse a todos los creyentes.

Mi encuentro en Atlanta me pareció surrealista, y no pude evitar asombrarme de cómo Dios había orquestado todo esto. En esta época extraordinaria, creo que las elecciones de 2024 serán una señal importante de lo que continuará desarrollándose, tanto en el plano espiritual como en el plano natural. Nos encontramos en las primeras etapas de un Tercer Gran Despertar, y vamos a ser testigos del mayor avivamiento y reforma de la historia. ¡Es hora de que la iglesia se levante en nuestra legítima autoridad y tome territorio para el reino de Dios!

(Estos testimonios han proporcionado algunos ejemplos de decretos apostólicos y proféticos obtenidos de mi propio caminar con Jesús. Para aquellos interesados en aprender más sobre el aspecto apostólico, lean mi libro *Apóstoles de la Vida Moderna*).

Únete a mí en oración para concluir:

> *"Padre Celestial, creo que me has llamado a ser una casa de oración. Gracias por darme Tu autoridad y poder para vencer todas las obras del enemigo. Concédeme sabiduría y relevación celestial para que pueda librar la guerra eficazmente en el Espíritu. Dame poder mediante Tu Espíritu para orar profética y apostólicamente y hacer avanzar Tu reino en la tierra hoy. En el poderoso nombre de Jesús, ¡amén!"*

Capítulo 10:

DE IR A LA IGLESIA A SER LA IGLESIA

Ahora bien, Cristo dio los siguientes dones a la iglesia:
los apóstoles, los profetas, los evangelistas, y los
pastores y maestros. Ellos tienen la responsabilidad de
preparar al pueblo de Dios para que lleve a cabo la obra
de Dios y edifique la iglesia, es decir, el cuerpo de Cristo.
Ese proceso continuará hasta que todos alcancemos tal
unidad en nuestra fe y conocimiento del Hijo de Dios que
seamos maduros en el Señor, es decir, hasta que lleguemos
a la plena y completa medida de Cristo.
(Efesios 4:11-13 NTV)

En algún momento al inicio del año 2022, antes de mi primer viaje de regreso a Corea del Sur tras los confinamientos, tuve un sueño profético. En ese sueño, estaba sentado en un escritorio con un papel en blanco delante de mí. Mi padre estaba a mi derecha y mi tío a mi izquierda. Ambos querían que escribiera mi nombre en coreano. El problema era que yo no sabía cómo hacerlo. No sé hablar ni escribir en coreano, aunque recuerdo que me enseñaron a escribir mi nombre cuando era pequeño. Con los años, había olvidado por completo el alfabeto coreano. Pero en aquel sueño, me parecía fundamental que recordara cómo escribir mi nombre, porque tu nombre está ligado a tu identidad, y la identidad está entrelazada con tu destino.

Todavía en el sueño, cogí el bolígrafo y escribí mi nombre en letras coreanas. Cuando desperté, supe por revelación cómo escribir de nuevo mi nombre. El Señor me lo devolvió, aunque lo había olvidado desde la infancia. Incluso ahora, todavía puedo escribir mi nombre en coreano. Es cierto que es un nombre sencillo, nada difícil, pero el significado que tenía en aquel sueño era profundo.

Comprendí fácilmente por qué mi padre y mi tío estaban allí conmigo. Mi padre fue el primer pastor bautista del sur coreano en Norteamérica y mucho más: un apóstol, un avivador y un reformador. Huyó de Corea del Norte durante la Guerra de Corea, escapando de la cárcel por la gracia de Dios, y finalmente llegó a Corea del Sur, donde conoció a mi madre. Mayo es un mes especial para mí, desde lo personal porque el 13 de mayo era el cumpleaños de mi madre y el 22 de mayo fue el aniversario de boda de mis padres, y, en una escala más amplia, Israel también se convirtió en una nación el 14 de mayo de 1948.

Mi padre era un refugiado norcoreano de origen muy humilde, pero la familia de mi madre era una de las más ricas de Corea del Sur. Mi abuelo por parte materna tenía derechos exclusivos para vender arroz a los militares coreanos durante la guerra, lo que le permitió ganar una fortuna. Incluso fundó un banco privado y poseía importantes terrenos en Seúl, algunos de los cuales fueron posteriormente expropiados por el gobierno para construir una autopista. Mi tío, en cambio, fue una figura importante del gobierno coreano. Formó parte del gabinete de dos presidentes diferentes y fue presidente de la Universidad de Hanyang. Era un apóstol mercantil en mi familia, mientras que mi padre era un apóstol eclesiástico. En ese sueño, sentí que recibía una impartición de ambos: estaba llamado a ser apóstol mercantil y apóstol eclesiástico.

Esta revelación lo cambió todo para mí. Antes de eso, sólo me había visto a mí mismo como apóstol eclesiástico. Pero el sueño confirmó algo más profundo. En 2010, mucho antes de la pandemia y de este sueño, mi esposa y yo comenzamos un negocio llamado Joseph's Storehouse. Nuestro gestor financiero nos aconsejó crear una sociedad anónima. Desde aquel sueño, nuestro negocio ha florecido más allá de lo que podríamos haber imaginado.

Una de nuestras apóstoles, Leanne Goff, escribió un gran libro titulado *Missionary and Millionaire*. Leanne ha sido designada como apóstol tanto en el de la iglesia como en el ambiente empresarial; ha plantado más de 380 iglesias en Cuba y es una mujer de negocios muy exitosa. El año pasado, incluso pudimos dar, por la gracia de Dios, casi 2 millones de dólares en una sola donación de Joseph's Storehouse a nuestra iglesia (ver Hechos 4:32-35). Esta es también la razón por la que mi esposa y yo podemos devolver nuestro salario a nuestra iglesia cada año, algo que hemos estado haciendo durante años.

De nuevo, quiero enfatizar que todo esto es por Su gracia, ¡y Yeshua se lleva toda la gloria! Como apóstol empresarial, creo que una de nuestras funciones es poner los recursos a los pies de la iglesia. Y en esta posición única, como apóstol empresarial y eclesiástico, pude hacer precisamente eso. Para obtener una comprensión más detallada del ministerio apostólico, recomiendo la lectura de mi libro *Apóstoles de la Vida Moderna*.

DE IR A LA IGLESIA A SER LA IGLESIA

Cuando pasamos por delante de un edificio donde se reúne nuestra iglesia, ¿cuántos de nosotros hemos señalado ese edificio y le hemos dicho a un amigo: "Yo voy a esa iglesia"? Ahora bien, todos sabemos que la iglesia no es un edificio. Sin embargo, un edificio o ir a un servicio se ha convertido en sinónimo de ser la iglesia. La iglesia, *ekklesia* en griego, significa literalmente "los llamados". En la antigua Grecia, la *ekklesia* era una asamblea de ciudadanos de la ciudad-estado de Atenas, que ya existía en el año 621 a. C. En el año 507 a. C., un grupo de ciudadanos atenienses varones, mayores de 18 años, llamado *ekklesia*, era responsable de tomar decisiones importantes sobre la ciudad, como por ejemplo aprobar leyes, seleccionar funcionarios y dictaminar la política exterior. La *ekklesia* fue una pieza clave de la primera democracia conocida en el mundo.

Ed Silvoso, en su monumental libro *Ekklesia*, afirma el uso original de la palabra: "De hecho, para cuando Él [Jesús] pronunció la palabra por primera vez en el evangelio de Mateo, llevaba siglos usándose tanto en el imperio griego como en el romano para referirse a una institución secular que operaba en el ámbito empresarial con capacidad gubernamental".[65]

---

[65] Ed Silvoso, Eklesia: Rediscovering God's Instrument for Global Transformation. Chosen Books, 2017, p.19.

Luego siguió diciendo: "Su objetivo era transformar a las personas o a la sociedad, más que actuar como una estación de transferencia de almas salvadas con destino al cielo". [66]

Y yo te digo que tú eres Pedro, y sobre esta roca edificaré mi iglesia, y las puertas del Hades no podrán vencerla. A ti te daré las llaves del reino de los cielos. Todo lo que ates en la tierra será atado en los cielos, y todo lo que desates en la tierra será desatado en los cielos». (Mateo 16:18-19 RVC)

Hay varias verdades que quiero desarrollar a partir de Mateo 16:18. Primero, la iglesia es *el pueblo de Dios*. 1 Pedro 2:9-10 (RVC) dice: "Pero ustedes son linaje escogido, real sacerdocio, nación santa, pueblo adquirido por Dios, para que anuncien los hechos maravillosos de aquel que los llamó de las tinieblas a su luz admirable. Antes, ustedes no eran un pueblo; ¡pero ahora son el pueblo de Dios!; antes no habían sido compadecidos, pero ahora ya han sido compadecidos". Observa que Jesús no dijo: "construiré mi sinagoga" o "construiré mi templo". Eligió la palabra *ekklesia*, porque los llamados no son sólo para reunirse y congregarse los domingos, sino que son llamados para legislar en la sociedad a través de la oración (Mateo 16:19) y la acción las 24 horas del día, los siete días de la semana.

En segundo lugar, Jesús es el fundamento de la vida cristiana y, por lo tanto, *Jesús es el fundamento de la iglesia*. Pablo dice: "Pues nadie puede poner un fundamento distinto del que ya tenemos, que es Jesucristo" (1 Corintios 3:11 RVC).

---

[66] Ibídem, p. 20.

Billy Graham dijo: "Jesucristo mismo fundó la iglesia. Él es la gran piedra angular sobre la que se construye la iglesia. Él es el fundamento de toda experiencia cristiana, y la iglesia está edificada sobre Él". [67]

En tercer lugar, la iglesia debe estar a la *ofensiva*. Nuestra misión es atacar las puertas del infierno. Me encanta el título de un capítulo de uno de los libros de Peter Wagner: "De Tolerar a Satanás a una Declaración de Guerra".[68] Dios nos ha llamado a combatir el mal y todas las obras de satanás. Eso comienza con la guerra espiritual ("rescátanos del maligno" de Mateo 6:13), como se expone en el capítulo anterior, pero a lo largo de todo el libro he intentado defender el activismo cristiano. "Pero el pueblo que conoce a su Dios se mostrará fuerte y actuará." (Daniel

Creo que el verdadero cambio en la iglesia comienza con los apóstoles liderando el camino, y necesitamos reconocer el ministerio apostólico en el mercado. De la mayoría de los cristianos, sólo el 1% ejerce un ministerio eclesiástico vocacional. Por lo tanto, hemos desarrollado este pensamiento platónico relacionado con la separación de la iglesia y el estado, de lo secular y lo sagrado, de las personas que van a la iglesia el domingo frente a ser la iglesia durante toda la semana. Tenemos que darnos cuenta de que todos somos reyes y sacerdotes, y somos Su iglesia.

El verdadero cambio que se producirá en la sociedad será en el mercado, donde se encuentra el 99 por ciento de los cristianos. Es ridículo pensar que sólo el 1 por ciento de

---

[67] Billy Graham. *Paz con Dios: The Secret Happiness*. Thomas Nelson. Kindle Edition, p.221.
[68] Peter Wagner, *Esto Cambia Todo Changes Everything*, p.89.

la iglesia recibió los dones de la ascensión de ser apóstoles, profetas, evangelistas, pastores y maestros (Efesios 4:11). Dios concedió estos dones a todo el Cuerpo de Cristo. Sin embargo, ya que la mayoría de las personas no están involucradas vocacionalmente, su ministerio tiene que estar dondequiera que vayan, en cualquier hogar, sitio de trabajo, o lugar de reunión.

EL CASO DE LOS APÓSTOLES EN EL AMBIENTE EMPRESARIAL

Estratégicamente hablando, la forma en que transformamos la sociedad es reconociendo y ungiendo a los apóstoles empresariales. Quiero compartir algunos ejemplos de las personas que siento fueron llamadas por Dios para ser apóstoles en el ambiente empresarial, se llamen a sí mismos de ese modo o no.

R.G. LeTourneau (1888-1969) es un brillante ejemplo de apóstol en el mundo empresarial. Fue un inventor pionero y un hombre de negocios reconocido por sus importantes contribuciones al desarrollo de maquinaria pesada. LeTourneau tuvo tanto éxito que decidió dedicar el 90 por ciento de sus ingresos al ministerio, mientras que sólo vivía del 10 por ciento restante (que seguía siendo un monto considerable). Financió generosamente la labor misionera, campañas de evangelización y traducciones de la Biblia a través de la Alianza Misionera Cristiana. LeTourneau adquirió tierras y plantó más iglesias que cualquier otro apóstol de su generación. También fundó la Universidad LeTourneau en 1946, una facultad centrada en la educación técnica y el discipulado.

Uno de los apóstoles empresariales de nuestros días al que quiero rendir homenaje es Phil Liberatore. Phil es un querido amigo, contador público y especialista en resolución de problemas fiscales que reside en el sur de California. A través de su generosidad y de sus donaciones, ha hecho avanzar el reino de Dios más que nadie que yo conozca personalmente. Lo ha hecho en todos los ámbitos, desde ministerios internacionales y nacionales hasta iniciativas regionales y locales.

Jenny Donnelly es otra apóstol mercantil que tiene la misión de transformar el mundo. Ha sido designada como apóstol empresarial y eclesiástica. Ella tenía una compañía extremadamente exitosa, que facturaba $100,000 al mes, antes de convertirse en pastora. En la actualidad, Jenny está aplicando su unción de negocios a un ministerio llamado Her Voice Movement. (Ver más en el Anexo B).

Hoy en día hay muchas organizaciones diferentes que están llevando a cabo la reforma, y te animo a que tomes nota de cada una de ellas y ores para involucrarte:

- *Revive California* es una 501(c)4 que nació en febrero de 2021, cuya visión es ver la llegada un avivamiento y reforma históricos a California. Hemos reunido a más de una docena de líderes apostólicos de California, muchos de los cuales son apóstoles en el ambiente empresarial, como el Dr. Marc Little, abogado; Shannon Grove, senadora estatal; el Dr. John Jackson, presidente de la Universidad Jessup; Dave Dias, empresario y ex propietario de dot-com en Silicon Valley; y Phil Liberatore, fundador y propietario de una de las mayores empresas de contabilidad en Los Ángeles. Visita revivecal.org para consultar la lista completa del consejo asesor, que incluye a líderes de los montes gubernamental, educativo, empresarial y eclesiástico de la cultura. [69]

- *America Upheld* es un comité de acción política aprobado por la Comisión de Elecciones Federales (FEC, por sus siglas en inglés), comprometido a apoyar a los candidatos conservadores que se presentan a las elecciones con una visión bíblica del mundo.[70] (Ver el capítulo "De la pobreza a la prosperidad" para leer más sobre America Upheld).

- *The Salt & Light Council* con Dran Reese tiene la misión de "ver restaurados los fundamentos bíblicos y morales de Estados Unidos mediante la formación y el equipamiento de las iglesias" para "defender y promover la vida, el matrimonio natural, nuestras libertades constitucionales y religiosas".[71]

- *Turning Point USA*, fundada por Charlie Kirk, se creó "para potenciar un compromiso cívico y cultural fundamentado, basado en el excepcionalísimo estadounidense y en un espíritu positivo de acción".[72]

- *Family Research Council* con Tony Perkins tiene como misión "servir en el reino de Dios defendiendo la fe,

---

[69] https://revivecal.org
[70] https://www.americaupheld.org
[71] https://www.saltandlightcouncil.org/home/
[72] https://www.tpusa.com/about

la familia y la libertad en la política pública y la cultura desde una visión bíblica del mundo".[73]

- *Give Him 15* con Dutch Sheets es una serie devocional diaria que guía a los cristianos en la intercesión profética y en los decretos para generar un impacto en nuestra nación y alrededor del mundo. (Ver en el Anexo C un importante ensayo de Dutch Sheets sobre el tema de la reforma).

- *FlashPoint*, presentado por mi buen amigo Gene Bailey, es un programa televisivo semanal que aporta la verdad sobre el monte mediático a través de noticias y comentarios perspicaces.[74]

LA IMPORTANCIA DE GUIAR A LA PRÓXIMA GENERACIÓN DE REFORMADORES QUE PERSEVERAN EN LA REFORMA

La reforma lleva su tiempo. El Primer Gran Despertar se inició por el año 1738 en Inglaterra. En aquella época, Inglaterra tenía el monopolio del comercio de esclavos. John Wesley, uno de los principales renovadores apostólicos de aquel Despertar, quiso abolir la esclavitud y el comercio de esclavos durante su propia vida. Escribió un tratado sobre la esclavitud titulado "Pensamientos sobre la esclavitud" en 1774, dos años antes de que se declarara nuestra Independencia. En él destaca la total injusticia de la esclavitud:

---

[73] https://frc.org
[74] https://flashpoint.govictory.com

¿Dónde radica la justicia de infligir los males más severos a aquellos que no nos han hecho ningún daño? ¿De privar de todas las comodidades de la vida a quienes nunca nos han hecho daño ni en palabras ni en acciones? ¿En arrancarlos de su país natal y privarlos de la propia libertad, a la que un angoleño tiene el mismo derecho natural que un inglés y a la que concede el mismo valor? Sí, ¿dónde radica la justicia de quitarle la vida a hombres inocentes e inofensivos; asesinar a miles de ellos en su propia tierra, a manos de sus propios compatriotas; a muchos miles, año tras año, a bordo de barcos, y luego arrojarlos como estiércol al mar; y a decenas de miles en esa cruel esclavitud a la que son tan injustamente reducidos? ... Niego absolutamente que la esclavitud sea compatible con cualquier grado de justicia natural.[75]

John Wesley tuvo una enorme influencia sobre lo que luego se convertiría en el movimiento metodista, compuesto por abolicionistas, es decir personas que estaban en contra de la esclavitud.

La esclavitud era el principal problema de injusticia en Inglaterra, las naciones de la Mancomunidad Británica y Estados Unidos. Pero en Inglaterra, Dios ungió a William Wilberforce y al Grupo de Clapham, quienes se vieron

---

[75] John Wesley. "Thoughts Upon Slavery". *The Works of John Wesley*. https://msa.maryland.gov/megafile/msa/speccol/sc5300/sc5339/000091/000000/000001/restricted/2002_09_10/wesley/thoughtsuponslavery.html

tremendamente influenciados por John Wesley y el movimiento metodista.

Eric Metaxas cuenta la historia de cómo Wilberforce, siendo un niño de 10 años, se fue a vivir con sus tíos, que eran fervientes metodistas y abolicionistas. "Cuando la madre y el abuelo de Wilberforce lo enviaron a vivir con sus tíos, no tenían la menor idea de que lo estaban enviando a un incandescente caldo de cultivo del metodismo. ¡Y la idea de que iba a parlamentar con un rudo ex capitán de barco sobre los horrores de la esclavitud [John Netwon]!" [76]

Wilberforce puso fin al comercio de esclavos con la aprobación por el Parlamento de la Ley de Comercio de Esclavos de 1807 y la emancipación de todos los esclavos del Imperio Británico en 1833. La cuestión es que, desde el momento en que estalló el renacimiento en 1738 hasta la emancipación de todos los esclavos, se tardó casi 100 años en reformar Inglaterra en una sola problemática de injusticia.

El otro punto que quiero señalar es que lo que hizo Wilberforce, intentando aprobar este proyecto de ley durante más de 27 años, tuvo un profundo impacto en Estados Unidos. Un año después, Estados Unidos prohibió oficialmente la importación de esclavos el 1 de enero de 1808, cuando entró en vigor la "Ley de Prohibición de la Importación de Esclavos". Esta ley fue firmada por el presidente Thomas Jefferson el 2 de marzo de 1807, tras ser aprobada por el Senado el 17 de diciembre de 1805 y por la Cámara de Representantes el 13 de febrero de 1807. La ley ilegalizaba la

---

[76] Eric Metaxas. *Amazing Grace*. HarperOne. Kindle Edition, p.10-11.

importación de esclavos de África por parte de los estadounidenses, pero por desgracia, el comercio interno de esclavos entre puertos de Estados Unidos continuó. Siguió hasta que se aprobó la 13.ª Enmienda el 31 de enero de 1865, y se ratificó en diciembre de 1865, casi un año después.

La Biblia dice que el amor es paciente (1 Corintios 13:4). Pero la palabra griega *makrothumaei* significa "sufrir por mucho tiempo". Cuando amas a Dios y amas a los demás, incluso a los Estados Unidos, estás dispuesto a sufrir durante mucho tiempo hasta que se produzca el cambio.

Tardaron 49 años en anular *Roe contra Wade* con el caso *Dobbs contra Jackson*, pero aun así, el aborto no está abolido. Ahora bien, doy gracias a Dios por los miles de bebés que hoy viven gracias a esta decisión del Tribunal Supremo. James y Rosemary Garlow, fundadores del ministerio de reforma Well Versed, escribieron en un blog reciente: "Desde el caso Dobbs (una gran victoria) hace dos años, se han salvado las vidas de 8.000 bebés al año en un solo estado (Missouri), pero eso cambiará este noviembre si no derrotamos la enmienda abortista en ese estado y en otros 10" (28 de agosto de 2024). Cada estado decidirá la ley de legalización del aborto. Garlow continúa escribiendo:

> Todos los estados que han votado a favor del aborto desde la anulación de *Roe* han consagrado el asesinato de bebés en su constitución estatal. ¡Todos! Hay 10 u 11 estados que votarán enmiendas proaborto en noviembre, dentro de pocas semanas, probablemente uno en el que viven muchos de los que están leyendo esto: FL, MD,

NY, AR, MO, NE, SD, MT, NV, ID, CO. Una vez que está en la Constitución, es extremadamente difícil eliminarla. Sólo se requiere un 50% más un voto para aprobar estas enmiendas asesinas en todos los estados, excepto en Florida, donde se requiere un 60% de los votos. Debemos votar "no" a cada enmienda en cada estado, pero el lenguaje de los títulos de las enmiendas es muy engañoso (como lo fue en el caso de Kansas, donde algunas personas provida estaban confundidas sobre cómo debían votar).

Estoy de acuerdo en que debemos luchar contra cada proyecto de ley hasta que se apruebe una Enmienda que reconozca que un bebé es un ser humano, con todos los derechos civiles que son verdaderos en Estados Unidos, haciendo que sea ilegal matar a un bebé. Nosotros, como reformistas, no podemos dar nunca tregua a este asunto. También debemos aceptar el reto de ser reformadores de la justicia, al igual que como el tío William y la tía Hannah de William Wilberforce en Wimbledon inculcaron sus valores abolicionistas al pequeño William.

«Tomen en cuenta que, antes de que llegue el día grande y terrible del Señor, yo les enviaré al profeta Elías. Y él hará que el corazón de los padres se vuelva hacia los hijos, y que el corazón de los hijos se vuelva hacia los padres, para que yo no venga a destruir la tierra por completo». (Malaquías 4:5-6 RVC)

Quiero compartir una alentadora historia real contada por mis buenos amigos Gene y Teri Bailey, que me dieron permiso para compartirla en este libro. Lleva la esencia de Malaquías 4:5-6 y muestra el papel crucial que los padres espirituales deben desempeñar en la crianza de la próxima generación de reformadores.

"EL DEBER ES NUESTRO; LOS RESULTADOS SON DE DIOS"

Aunque los padres fundadores pretendían que los Estados Unidos de América fueran una nación sin esclavitud, eso no ocurrió de inmediato. En los primeros años de la historia de nuestra nación, la mayoría del Congreso se oponía a la emancipación de los esclavos. A pesar de ello, un hombre luchó incansablemente por la libertad de los esclavos estadounidenses. Este hombre fue John Quincy Adams. Durante 28 años consecutivos, luchó constantemente por esta causa, incluso cuando parecía que no progresaba en absoluto. Un día, mientras salía del Capitolio, un periodista le paró y le preguntó por qué seguía luchando por la emancipación de los esclavos cuando parecía que ya no había esperanza. Adams se dio vuelta, miró al periodista y simplemente dijo: "El deber es nuestro; los resultados son de Dios". Y siguió caminando.

En 1847, un hombre que admiraba a Adams llegó al Congreso como legislador principiante. Pronto,

Adams lo acogió bajo su protección y se convirtió en su mentor. Se hicieron tan amigos que este hombre fue portador del féretro en el funeral de Adams. Después de un mandato en la legislatura, este hombre se fue a casa, y Adams murió más tarde después de servir 28 años en la legislatura, sin ver ninguno de los frutos de su trabajo. Algún tiempo después de que el protegido de Adams regresara a casa, volvió a presentarse a las elecciones, y otra vez, y otra vez. De hecho, perdió varias elecciones, pero una de las que ganó fue la más importante: la carrera por el puesto de Presidente de los Estados Unidos. Este hombre se llamaba Abraham Lincoln. Llegó a ser uno de los presidentes más importantes de la historia de nuestra nación.[77]

UNA NUEVA CONSAGRACIÓN Y UN NUEVO PACTO

Cuando Lou Engle y yo liderábamos el movimiento de oración TheCall, el propósito era algo más que orar y ayunar por el avivamiento y la reforma en Estados Unidos. (Lou fue el visionario fundador de TheCall, y yo fui el cofundador y presidente de 2000 a 2003). Sí, el objetivo era la oración y, concretamente, que *el caso Roe contra Wade* fuera anulado por el Tribunal Supremo, al igual que la Decisión Dred Scott de 1857 (que determinó que los esclavos negros nunca podrían

---

[77] Gene Bailey y Teri Bailey. *Killing* America. Harrison House Publishers. Edición Kindle, p.109.

ser ciudadanos de EE.UU. y, por tanto, nunca tendrían el privilegio de votar) fue anulada por la 14.ª Enmienda y la 15.ª Enmienda.

Saqué mi única copia de la *Revolución de TheCall*, que se publicó en 2001 y se agotó después de pensar que TheCall había terminado en 2003. (TheCall resucitaría en 2007 con TheCall Nashville y terminaría oficialmente con TheCall Azusa en 2016, pero nunca se sabe lo que podría resultar del impulso tras el encuentro Million Women (Un millón de mujeres) en octubre de 2024, también fundado por Lou Engle y Jenny Donnelly).

He aquí algunas citas de las declaraciones del pacto que hicimos con los más de 400.000 jóvenes en TheCall on the Mall en Washington, D.C., en 2000. Se trata de una versión editada del último capítulo titulado "El pacto de TheCall":

NOS COMPROMETEMOS a amarte, Padre Dios, con todo nuestro corazón, alma, mente y fuerza. Con humildad y guiados por el Espíritu Santo, mantendremos la comunión contigo y amaremos a los demás.

NOS COMPROMETEMOS a luchar por la vida de todos los niños no nacidos.

NOS COMPROMETEMOS a mostrar amor práctico a la viuda, al huérfano, al pobre y al rechazado mientras buscamos la liberación del orgullo religioso y la hipocresía.

NOS COMPROMETEMOS a invadir todos los ámbitos de nuestra cultura con el amor y la autoridad del Reino, en lugar de abdicar nuestra responsabilidad ante él.

NOS COMPROMETEMOS a reclamar el llamamiento histórico de Estados Unidos para que envíe a sus hijos e hijas a los pueblos de la tierra, cumpliendo la Gran Comisión.

NOS COMPROMETEMOS a ayunar y orar por un gran despertar espiritual en Estados Unidos y en las demás naciones de la tierra.

(He añadido esta última específicamente para este libro como una llamada a los reformadores y a los avivadores).

NOS COMPROMETEMOS, por Tu gracia, a ser avivadores y reformadores hasta que los reinos de este mundo se conviertan en los reinos de nuestro Señor y de Su Cristo, en el nombre poderoso de Jesús, amén.

Al leer esto, pensé que una manera excelente de terminar este capítulo sería convocando a la iglesia a hacer una nueva consagración con estos siete pactos. Continúa y repite estos pactos en voz alta. Y si realmente lo dices en serio, firma con tu nombre abajo:

Yo, _____, hago hoy este pacto ante Dios, en el nombre de Jesús y por la gracia del Espíritu Santo.

Capítulo 11:

DE LA PROCLAMACIÓN AL EVANGELISMO DE PODER

Y les dijo: «Vayan por todo el mundo y prediquen el evangelio a toda criatura. El que crea y sea bautizado, se salvará; pero el que no crea, será condenado. Y estas señales acompañarán a los que crean: En mi nombre expulsarán demonios, hablarán nuevas lenguas, tomarán en sus manos serpientes, y si beben algo venenoso, no les hará daño. Además, pondrán sus manos sobre los enfermos, y éstos sanarán».
(Marcos 16:15-18 RVC)

Pero cuando venga sobre ustedes el Espíritu Santo recibirán poder, y serán mis testigos en Jerusalén, en Judea, en Samaria, y hasta lo último de la tierra».
(Hechos 1:8 RVC)

La invitación a unirme al grupo de jóvenes de mi amigo Billy durante un viaje a Búfalo, Nueva York, llegó en un buen momento. Billy era mi único amigo cristiano en

Magruder High School después de mi dramática conversión en 1973. Ahora, se acercaba la Pascua de 1974, y yo me sentía solo y anhelante de compañerismo cristiano.

El viaje estaba patrocinado por una iglesia presbiteriana evangélica conservadora llamada Church of the Atonement, de la cercana Silver Spring (Maryland). Los estudiantes de secundaria y universidades saldrían el viernes anterior al Domingo de Ramos, harían turismo y luego visitarían dos iglesias presbiterianas de la zona de Búfalo el domingo antes de regresar a casa el lunes. Yo no conocía a ninguno de los estudiantes del grupo de jóvenes, excepto a Billy. Me pareció una gran oportunidad para conocer a otros cristianos y averiguar si quería participar en su iglesia. Por supuesto, un viaje turístico a las cataratas del Niágara también era tentador, así que acepté. Tenía una agenda simple y lógica.

Pero Dios tenía otros planes.

El viaje salió bien, y la experiencia de las cataratas del Niágara fue realmente asombrosa. Sin embargo, yo tenía hambre de Dios y esperaba con impaciencia los servicios del Domingo de Ramos. El primero se celebró en una iglesia grande y dinámica. El pastor principal predicó el Evangelio e invitó a la gente a acercarse y entregar su vida a Jesús. Me encantó aquel servicio porque el pastor sonaba y predicaba como Billy Graham, que era mi modelo a seguir como joven creyente.

La reunión de la noche, por el contrario, se llevó a cabo en una pequeña iglesia presbiteriana, y el grupo de jóvenes fue invitado a hacer todo el servicio. Nos pidieron que dirigiéramos la alabanza, y el pastor de los jóvenes predicó esa noche. En nuestro grupo había unas 30 personas, y se nos pidió a todos que formáramos parte del coro, ya sea que supiéramos cantar o no. Cantábamos una canción popular llamada "Day by Day", del reciente éxito de Broadway *Godspell*. La letra es poderosa: "Para verte más claramente... amarte más entrañablemente... seguirte más de cerca... día a día...".

Mientras cantaba estas palabras, empecé a adorar a Jesús y a hacer de esas palabras mi oración. Canté y oré en mi corazón: "¡Jesús, realmente quiero verte, amarte y seguirte con todo mi corazón!".

De repente, mis pies empezaron a vibrar con cada vez mayor intensidad. Sentí como si se me hubieran dormido los pies, pero seguía de pie. Luego, el hormigueo me subió por las piernas, llegó hasta la cabeza y luego bajó por los brazos. Me vibraba todo el cuerpo. Tenía las manos tan agarrotadas que no podía cerrar los dedos para apretar el puño. Al mismo tiempo, la presencia y el amor de Dios me bautizaban tan profundamente que empecé a llorar a mares. Estaba haciendo una escena.

El pastor de jóvenes se acercó, me rodeó con el brazo y me susurró al oído: "Sea lo que sea lo que te pasa, tienes que llevarlo al baño de hombres". Salí rápidamente del santuario y me dirigí solo al baño de hombres. La intensidad persistía y yo no sabía qué estaba pasando. Yo había sido creyente por menos de un año y nunca había experimentado eso antes.

Sin saber mucho de la Biblia ni de ninguna teología específica, supe que Dios me llamaba al ministerio. Fue dos semanas después que hablé con una pareja mayor, los Blakeslees, quienes me explicaron que yo había sido bautizado en el Espíritu Santo. Esa noche, ellos oraron para que yo orara en lenguas, y las lenguas fluyeron inmediatamente tras aquel pedido.

INGRESO A UN MINISTERIO DE SANIDAD

Poco tiempo después, Rob y yo iniciamos un estudio bíblico con los adolescentes y los hijos de los amigos adultos de los Blakeslees. El estudio bíblico estaba tratando de atraer a más gente, así que uno de los adultos sugirió que invitáramos a un profesor de secundaria llamado Jim Woodward, que tenía un ministerio de sanidad. Tal vez él podría ministrar y poner las cosas en marcha para nuestro pequeño estudio. Fue así que Jim vino un viernes por la noche, la noche de nuestra reunión. Él enseñó desde la Palabra el modo en que Jesús sana hoy en día. Luego, comenzó a demostrar el poder sanador de Dios.

Jim explicó que la mayoría de las personas tienen una pierna más larga que la otra, y eso les genera dolores de espalda y otros problemas en las piernas o la espalda. Pidió un voluntario y, efectivamente, la pierna de esa primera persona era más larga que la otra. Sujetando ligeramente los pies con las manos, Jim ordenó que la pierna creciera y se igualara, y yo vi con los ojos muy abiertos cómo la pierna más corta crecía. En cuestión de segundos, las piernas estaban igualadas.

Jim hizo esto unas cuantas veces más y luego me preguntó si quería intentarlo. Al principio, me sorprendí porque hasta ese entonces, nunca había orado para que alguien se sanara. Hice lo que Jim me dijo que hiciera, y mientras oraba en el nombre de Jesús, las piernas de la persona por la que oré se emparejaron. ¡Yo sabía sin duda que Dios había sanado la pierna!

Aquella experiencia de aprendizaje cambió mi vida. El encuentro me dio la fe necesaria para orar por los enfermos. Empecé a orar por los demás como ujier en un gran estudio bíblico llamado "Take and Give" (TAG, "toma y da en español"), que significa *tomar* lo que Dios ha hecho por ti *y dárselo* a los demás. A medida que la gente entraba, yo les saludaba y les preguntaba cómo estaban. Inevitablemente, siempre entraba por la puerta alguien que estaba enfermo o que tenía algún problema físico (por ejemplo, un tobillo torcido, la espalda lastimada, un resfriado, etc.) Yo oraba por ellos en el nombre de Jesús y, por lo que recuerdo, la mayoría sanaba.

Se corrió la voz entre los líderes de este estudio bíblico de 2.000 personas, y uno de ellos se me acercó y me dijo: "Hemos recibido demasiados informes de personas que se han curado después de que tú oraras por ellas, y creemos que tienes el don de la sanidad. ¿Te gustaría orar por personas que necesitan sanidad cada martes por la noche? Realizaremos una invitación para la salvación, el bautismo del Espíritu Santo, y la sanidad. Queremos que ores por los enfermos, y lo iremos evaluando mientras lo hacemos".

Así que terminé orando por los enfermos durante los tres años siguientes, y así es como me involucré en el ministerio de la sanidad. Ahora creo que estas señales seguirán a todo aquel que sea creyente, como dice Jesús en Marcos 16:17-18 (RVC): "Y estas señales acompañarán a los que crean: en mi nombre expulsarán demonios, hablarán nuevas lenguas, tomarán en sus manos serpientes, y si beben algo venenoso, no les hará daño. Además, pondrán sus manos sobre los enfermos, y éstos sanarán». Sin embargo, creo que como Peter Wagner enseñó en su libro, *Your Spiritual Gifts Can Help Your Church Grow*, Dios da específicamente a algunos "el don de sanidad" (1 Corintios 12:9).

Fue durante este tiempo que empecé a orar para que los no cristianos se sanaran, y no sólo se sanaban, sino que además su sanidad los llevaba a la salvación. Esto es lo que se conoce como evangelismo de poder.

El difunto John Wimber, fundador de la Asociación de las iglesias de la Viña, escribió el libro trascendental sobre este tema, *Evangelismo de Poder*. John fue un pionero en ayudar a mi generación a entender cómo los dones que tenemos en el Espíritu Santo son las herramientas más poderosas que podemos emplear para compartir el evangelio. En su libro, presenta las bases bíblicas para el evangelismo de poder y utiliza testimonios personales para respaldar su teología. Aquí haré un resumen de los pasajes principales y luego terminaré con la historia que me lanzó a ser un "evangelista de poder".

JESÚS NECESITABA PODER

En Sus tres años de ministerio, Jesús hizo todo confiando plenamente en el Espíritu Santo. Sanó a los enfermos, expulsó a los demonios, resucitó a los muertos, multiplicó los alimentos y caminó sobre las aguas en respuesta a lo que vio y oyó hacer al Padre (Juan 5:19). Todo esto lo hizo desde Su humanidad, como un hombre lleno del poder del Espíritu Santo.

Sabemos que esto es cierto porque Jesús mismo recibió al Espíritu Santo que bajó sobre Él como una paloma durante Su bautismo en el río Jordán (Lucas 3:21-22). El Espíritu llevó a Jesús al desierto para ser tentado, y Él venció toda tentación (Marcos 1:12-13). Jesús regresó entonces del desierto con el gran poder del Espíritu (Lucas 4:14) y comenzó Su ministerio operando en lo milagroso.

> Un día en que todo el pueblo estaba siendo bautizado, también fue bautizado Jesús. Y mientras Jesús oraba, el cielo se abrió y el Espíritu Santo descendió sobre él en forma de paloma. Entonces vino una voz del cielo, que decía: «Tú eres mi Hijo amado, en quien me complazco». (Lucas 3:21-22 RVC)

La unción y el poder del Espíritu Santo eran necesarios para que Cristo pudiera cumplir Su misión. En Lucas 4:18-19, Jesús cumplió la profecía de Isaías diciendo: "El Espíritu del Señor está sobre mí, por cuanto me ha ungido para dar buenas nuevas a los pobres; me ha enviado a sanar a los quebrantados de corazón, a pregonar libertad a los cautivos y vista a los ciegos, a poner en libertad a los oprimidos[19] y a predicar el año agradable del Señor."

LA IGLESIA PRIMITIVA NECESITABA PODER

Aunque los discípulos de Jesús estuvieron con Él durante todo su ministerio terrenal, ellos también necesitaban algo más. En Juan 14, Jesús dijo a su círculo íntimo de amigos que estaban siendo capacitados para hacer las mismas obras sobrenaturales que Él mismo hizo, e incluso más que eso. La clave era la promesa del Espíritu Santo:

> De cierto, de cierto les digo: El que cree en mí, hará también las obras que yo hago; *y aún mayores obras hará*, porque yo voy al Padre. Y todo lo que pidan al Padre en mi nombre, lo haré, para que el Padre sea glorificado en el Hijo. Si algo piden en mi nombre, yo lo haré. Si me aman, obedezcan mis mandamientos. Y yo rogaré al Padre, *y él les dará otro Consolador*, para que esté con ustedes para siempre: es decir, *el Espíritu de verdad*, al cual el mundo no puede recibir porque no lo ve, ni lo conoce; pero ustedes lo conocen, porque permanece con ustedes, y estará en ustedes. No los dejaré huérfanos; vendré a ustedes. (Juan 14:12-18 RVC)

A estas alturas de su camino como discípulos, los 12 apóstoles ya habían realizado las obras de Jesús hasta cierto punto. Habían visto sanar a enfermos y expulsar demonios como resultado directo de su ministerio, que se basaba en la autoridad que Jesús les había dado (ver Lucas 9:1-6; 10:9, 17). Habían experimentado el poder externo del Espíritu Santo, pero todavía no tenían al Espíritu viviendo dentro de ellos. Las "obras mayores" que Jesús mencionó vendrían de una relación más radical con Dios. El Padre planeaba dar a sus hijos e hijas la *presencia interior del Espíritu Santo*, que permanecería con ellos para siempre.

Antes de ascender al cielo, Jesús les ordenó que recibieran el poder del Espíritu Santo esperando en el aposento

alto (Hechos 1:4, 8). El Espíritu Santo se derramó entonces el día de Pentecostés (Hechos 2:1-4), no sólo para una
muestra puntual del poder de Dios, sino para toda una
vida caminando en el poder sobrenatural del reino de
Cristo.

Con este don, los "apóstoles hacían muchas señales mila-
grosas y prodigios entre la gente... [Y] cada vez más hombres
y mujeres creían en el Señor y eran añadidos a su número"
(Hechos 5:12, 14 NVI). Se hicieron grandes milagros por
medio del apóstol Pedro, cuya sombra sanaba a la gente
en las calles de Jerusalén (Hechos 5:15-16), y por medio de
Felipe, que predicó a Cristo en Samaria.

> Toda la gente escuchaba con atención lo que
> les decía Felipe, y oían y veían los milagros que
> hacía. Muchos de los que tenían espíritus malig-
> nos eran sanados, y los espíritus salían de ellos lan-
> zando fuertes gritos; también muchos de los cojos
> y paralíticos quedaban sanos, y había una gran
> alegría en toda la ciudad. (Hechos 8:6-8 RVC)

PABLO NECESITABA PODER

Del mismo modo, el apóstol Pablo reconoció su dependencia
del poder del Espíritu Santo. En su primera carta a la iglesia
de Corinto, escribió: "Ni mi palabra ni mi predicación se
basaron en palabras persuasivas de sabiduría humana, sino
en la demostración del Espíritu y del poder" (1 Corintios 2:
4 NVI). El Evangelio nunca debió depender de las palabras
del hombre, por muy elocuentes o bienintencionadas que
fueran. El Espíritu Santo siempre ha sido el medio previsto

por Dios para traer una demostración visible de Su reino a esta tierra.

El apóstol Lucas relata en el libro de los Hechos cómo "Dios hacía milagros extraordinarios por medio de Pablo, a tal grado que a los enfermos les llevaban pañuelos y delantales que habían tocado el cuerpo de Pablo, y quedaban sanos de sus enfermedades; también los espíritus malignos salían de ellos" (Hechos 19:11-12 NVI). Imagínate esto: el ministerio de Pablo estuvo marcado por tal poder sobrenatural que Dios trajo sanidad y liberación a las personas que se encontraban a millas de distancia de donde él trabajaba diariamente como fabricante de tiendas.

Todo esto demuestra que debemos contar con el poder de Dios para cumplir la Gran Comisión, discipular a las naciones y transformar la sociedad.

ENCUENTRO CON EL PODER DE AKIKO

Nuestro estudio bíblico, TAG, pasó de 150 personas cuando me uní a él en 1974 a 2.000 en los dos años siguientes, con muchos nuevos conversos durante el Movimiento de Jesús en la costa este de Estados Unidos. Sin exagerar, entre 100 y 150 personas se acercaban cada semana cuando el predicador llamaba al altar para la salvación. Se produjo una cosecha que nunca antes había visto, y que tampoco volví a ver después.

No vimos una cosecha tan grande durante la Bendición de Toronto como en el Movimiento de Jesús, pero *sí* vimos conversiones significativas a través del evangelismo de poder. Recuerdo cuando alguien trajo a una estudiante japonesa llamada Akiko, que estudiaba inglés en Pasadena City College, a uno de nuestros servicios dominicales matutinos de la Iglesia Harvest Rock alrededor de junio de 1994. Yo sabía que era una visitante, así que me acerqué a ella durante nuestro tiempo de ministerio y compartí el evangelio con ella. Después de eso, le pregunté si quería entregarle su vida a Jesús. Ella cortésmente dijo: "No puedo. Mi padre es sintoísta y mi madre es budista". Más tarde, me enteré de que su padre era un sacerdote sintoísta e incluso tenía un santuario a su nombre.

Entonces le pregunté a Akiko si podía orar por ella. Como japonesa educada que es, me dijo que sí. Simplemente apoyé mi mano sobre su cabeza, a un palmo de su frente, y oré: "Jesús, revélate ante Akiko". En cuanto terminé de orar, Akiko se desplomó en el suelo como una marioneta cortada. Era la primera vez que veía a un no creyente caer bajo el poder del Espíritu Santo. Me dije: "Esto es interesante. Esa no fue una caída de cortesía". Continué ministrando a otras personas durante este tiempo de ministerio.

Veinte minutos después, fui a ver a Akiko y no se había movido ni un milímetro. Me arrodillé y le susurré al oído: "Akiko, ¿estás bien?". Asintió con la cabeza. Entonces le pregunté: "¿Se te ha revelado Jesús?". Asintió con la cabeza. Entonces, seguí con la pregunta más importante: "¿Te gustaría orar y entregar tu corazón a Jesús?". Asintió con la cabeza, se levantó, renunció al sintoísmo y entregó su corazón a Jesús.

La semana siguiente, Akiko trajo a tres de sus amigas a Jesús, y después del servicio, se me acercó y me dijo: "Pastor, ore por mis amigas como oró por mí". Así que lo hice, y las tres cayeron bajo el poder, y luego se levantaron y entregaron sus corazones a Jesús. En las semanas siguientes, muchos de sus amigos japoneses se acercaban y pedían una oración, así que finalmente le dije: "Akiko, tú puedes hacer lo mismo que yo. Sólo pon tu mano sobre sus cabezas e invita al Espíritu Santo a venir". Cuando lo hizo, esas personas cayeron bajo el poder y entregaron sus vidas a Jesús.

Eso no es una exageración: más de 30 estudiantes japoneses llegaron a conocer al Señor de esta manera, y Akiko terminó liderando un gran grupo celular para nosotros. Ella fue al Seminario Fuller, y tuve la alegría de enviarla de regreso a Japón cuando su visa venció. Lo que es realmente notable acerca de este testimonio es que los japoneses son tradicionalmente uno de los pueblos más difíciles de alcanzar. Menos del 2 por ciento de Japón es cristiano, pero a través del poder del Espíritu Santo, vimos una cosecha significativa entre los japoneses. Creo que la Generación Z es muy parecida a los japoneses, ya que sólo un pequeño porcentaje de ellos ha llegado a conocer al Señor, y sólo el 4 por ciento tiene una visión bíblica del mundo,[78] pero creo que a través del evangelismo de poder, veremos una gran cosecha de almas.

CÓMO RECIBIR EL PODER

Si vamos a ver una cosecha a través del evangelismo de poder, se tiene que empezar por recibir el *poder* en primer

---

[78] Tracy Munsil. "CRC Study Shows Younger Generations Reject Biblical Worldview…". Centro de Investigación Cultural, Universidad Cristiana de Arizona. 28 de mayo de 2024. https://www.arizonachristian.edu/2024/05/28/crc-study-shows-younger-generations-reject-biblical-worldview-ushering-in-new-morality/

lugar. Entonces, ¿cómo lo hacemos? Exploremos dos componentes principales para vivir una vida llena del poder del Espíritu Santo.

1. Haz del Gran Mandamiento y de la Gran Comisión una prioridad en tu vida.

Si quieres caminar en el poder del Espíritu, asegúrate de poner primero lo primero. El Gran Mandamiento (amar a Dios) y la Gran Comisión (amar a los demás a través de la evangelización y el discipulado) son las claves para llevar esto a cabo.

En el libro más largo de la Biblia, uno de cada tres Salmos muestra el corazón de Dios por las naciones. Una de las verdades más básicas pero esenciales de todas las Escrituras es que Dios ama al mundo. Por eso envió a Jesús para salvarnos: por su gran amor a todos los hombres (Juan 3:16). El amor de Dios es la fuerza motriz de todo lo que hacemos, incluso la evangelización de poder. Pablo lo expresó así: "el amor de Cristo nos impulsa" (2 Corintios 5: 14 RVA).

Al dar prioridad a la Gran Comisión, debemos recordar que no existen países cerrados, sino mentes cerradas. Ahora mismo, el Evangelio está penetrando incluso en las naciones más oscuras de la tierra, como Corea del Norte e Irán. Cuando mantenemos nuestros ojos concentrados en Jesús, se nos recordará su grandeza mientras llevamos las buenas nuevas a los perdidos y quebrantados. Su poder sobrenatural puede redimir cualquier vida, sanar cualquier enfermedad y liberar cualquier alma de la esclavitud de la adicción o de la posesión demoníaca. Después de todo, nuestra visión del Señor determina nuestra visión de los perdidos.

Dios proporciona poder sobrenatural y gracia sobrenatural para cumplir el llamado divino en nuestras vidas. Antes de 1847, casi la mitad de los jinetes de circuito metodistas no se casaban porque sabían que la mitad no viviría más allá de los 30 años.[79] Estaban plenamente comprometidos con el cumplimiento de la Gran Comisión, y Dios les concedió la gracia de vivir la vida sacrificada de Sus amantes entregados.

Hoy en día, no todos los creyentes se convertirán en misioneros a tiempo completo, pero sí cada uno de ellos debe involucrarse de la manera que les sea posible. Esto puede significar para ti comenzar a dar para las misiones, o planear ir en un viaje misionero a corto plazo. Sea lo que sea que elijas hacer, mantén el amor de Dios en el centro mientras avivas las llamas del avivamiento personal en tu vida. Las misiones siempre han sido impulsadas por el avivamiento, y creo que estamos al borde del impulso misionero más significativo de todos los tiempos, a medida que el Espíritu de Dios continúa moviéndose de maneras que no tienen precedentes.

2. Mantente continuamente lleno del Espíritu Santo.

El bautismo y la llenura continua del Espíritu Santo son esenciales para cualquier creyente que quiera "decir adiós al cristianismo impotente". Cuando dejemos de dirigir nuestras vidas con nuestras propias fuerzas, daremos un paso

---

[79] "The Hard Road of a Methodist Circuit Rider". Iglesia Metodista Unida. 21 de marzo de 2018. https://www.umc.org/en/content/the-hard-road-of-a-methodist-circuit-rider

hacia una mayor influencia y responsabilidad al confiar en el poder sobrenatural de Dios.

De hecho, el apóstol Pablo nos anima a estar continuamente llenos del Espíritu Santo: "No se emborrachen con vino, que lleva al desenfreno. Al contrario, sean llenos del Espíritu" (Efesios 5:18 NVI). La palabra *"llenos"* en griego está en presente continuo, así que el versículo realmente dice: "No se emborrachen con vino. Al contrario, *llénense continuamente* del Espíritu" o, como dice una traducción, "manténganse llenos".

Las Escrituras suelen referirse a nosotros como vasijas o vasos del Señor (ver Jeremías 18). Lo malo de ser vasijas vivas es que "goteamos", como le gustaba decir a Charles Spurgeon. Necesitamos agua y comida, alegría y amor, afirmación y comunicación. Lo mismo ocurre con la presencia del Señor en nuestras vidas a través del Espíritu Santo.

> Pero cuando venga sobre ustedes el Espíritu Santo recibirán poder, y serán mis testigos en Jerusalén, en Judea, en Samaria, y hasta lo último de la tierra. (Hechos 1:8 RVC)

La verdad es que ninguno de nosotros puede obedecer el mandamiento de amar a Dios y al prójimo (Mateo 22:37-39) sin que Su amor, Su gracia y el Espíritu Santo moren plenamente en nosotros. Dios ha diseñado las cosas para que esto sea así. La Biblia dice en Zacarías 4:6b (NTV): "No es por el poder ni por la fuerza, sino por mi Espíritu, dice el Señor de los Ejércitos Celestiales". Por eso no podemos amar a Dios, ni ver un poderoso avivamiento y reforma, mediante la fuerza, el poder o el esfuerzo propio. Eso sólo puede ser posible mediante Su amor, el amor de Dios que ha sido derramado en nuestra vida por el Espíritu Santo.

El bautismo del Espíritu Santo es la llave para abrir este estilo de vida de amor sobrenatural. Muchas personas buscan el poder del Espíritu Santo para ser influyentes en el ministerio. Sentir pasión por el ministerio es algo bueno, pero debemos entender que el ministerio es simplemente una consecuencia de nuestra relación con Dios. Más allá de lo maravilloso que es nuestro deseo de llegar a las naciones con el poder del Espíritu Santo, también necesitamos entender que el Espíritu Santo nos da su amor sobrenatural para que cumplamos la Gran Comisión. Mi aliento para ti es que tengas hambre y sed del Espíritu Santo para que puedas ser un amante de Dios y de tu prójimo (Mateo 5:6).

Experimentar el bautismo del Espíritu Santo puede describirse como recibir el bautismo del amor. Romanos 5:5 nos dice que "porque nos ha dado *el Espíritu Santo* para llenar nuestro corazón con su amor". El amor de Dios es la virtud más grande en Su reino, y es el primer "fruto del Espíritu" mencionado en Gálatas 5:22. El fruto del Espíritu dentro ti es *amor*, gozo, paz, paciencia, amabilidad, bondad, fe, humildad y autocontrol. El penúltimo fruto, *praotes* en griego, puede traducirse como mansedumbre, gentileza o humildad. Yo elijo traducir esta palabra como humildad porque el orgullo es el pecado de satanás y lo opuesto a Dios, que es amor (1 Juan 4:8, 16).

El Espíritu Santo nos da poder para servirnos unos a otros mediante Su amor (Gálatas 5:13). Si "caminamos en el Espíritu", podremos cumplir la voluntad de Dios, que incluye amar a los demás, y apartarnos de los deseos de nuestra carne (Gálatas 5:16). Cultivaremos el amor de Dios en nuestra vida a medida que cooperemos con el Espíritu Santo en nuestro caminar diario.

CÓMO LLENARSE

Así como recibimos el poder del Espíritu para llevar a cabo la evangelización de poder, debemos estar constantemente llenos. He aquí algunas maneras prácticas de mantener encendido el fuego.

1. **Tener hambre y sed del Espíritu Santo.** En Mateo 5:6, Jesús promete que si tienes hambre y sed de justicia, serás saciado.

2. **Arrepentirse.** Como vimos en un capítulo anterior, el arrepentimiento es un precursor necesario del avivamiento, ya sea personal o colectivo (ver Joel 2:1-28; Hechos 2:38, 3:19, 5:31).

3. **Pedir.** Si quieres obtener más del Espíritu Santo, pide con la expectativa de recibir. Yo le pido a Dios que me llene cada mañana. "No tienen lo que desean porque no se lo piden a Dios" (Santiago 4:2).

> Así que les digo, *sigan pidiendo y recibirán lo que piden*; sigan buscando y encontrarán; sigan llamando, y la puerta se les abrirá. Pues *todo el que pide, recibe*; todo el que busca, encuentra; y a todo el que llama, se le abrirá la puerta. Ustedes, los que son padres, si sus hijos les piden un pescado, ¿les dan una serpiente

en su lugar? O si les piden un huevo, ¿les dan un escorpión? ¡Claro que no! Así que si ustedes, gente pecadora, saben dar buenos regalos a sus hijos, *cuánto más su Padre celestial dará el Espíritu Santo a quienes lo pidan.* (Lucas 11:9-13 NTV)

4. Recibir mediante la fe. Creer en la oración te preparará para recibir aquello por lo que estás orando.

Entonces Jesús dijo a los discípulos: —Tengan fe en Dios. Les digo la verdad, ustedes pueden decir a esta montaña: "Levántate y échate al mar", y sucederá; pero deben creer de verdad que ocurrirá y no tener ninguna duda en el corazón. Les digo, ustedes pueden orar por cualquier cosa y *si creen que la han recibido, será suya.* Cuando estén orando, primero perdonen a todo aquel contra quien guarden rencor, para que su Padre que está en el cielo también les perdone a ustedes sus pecados. (Marcos 11:22-25 NTV)

CÓMO INVOLUCRARSE EN LA EVANGELIZACIÓN DE PODER

En primer lugar, quiero animarte a que seas sensible a la voz profética del Espíritu Santo. Si perteneces a Jesús, eres una de Sus ovejas, y Jesús dijo que Sus ovejas oyen Su voz (Juan 10:27). Dios te creó con la capacidad innata de escucharle. Así como Jesús obedeció todo lo que escuchó del Padre, Él nos dio el ejemplo para que sigamos Sus pasos. Por eso Jesús dijo que sería mejor para Él volver al Padre, para que el Espíritu Santo pudiera venir y guiarnos a toda la verdad.

> Pero cuando venga el Espíritu de verdad, él os guiará a toda la verdad, porque no hablará por su propia cuenta, sino que hablará todo lo que oiga y os hará saber las cosas que habrán de venir. Él me glorificará, porque tomará de lo mío y os lo hará saber. (Juan 16:13-14 RVC)

En segundo lugar, te animo a que busques a aquellos que están sufriendo físicamente, y si la circunstancia es propicia, pregúntales si puedes orar por ellos. Escuchar la voz de Dios y ser guiado proféticamente por Él es fundamental para ver la sanidad mediante el evangelismo de poder. Permítanme compartir con ustedes una historia sobre cómo puede ser esto en la práctica.

Una mañana, alrededor de 2008, salía de casa para ir a la oficina de la iglesia. Por aquel entonces, la oficina estaba junto al edificio Mott Auditorium de Pasadena. Mi vecina Ann, enfermera de cuidados paliativos, me llamó desde el otro lado de la calle. Ann y su marido, Andy, eran la típica pareja de yuppies alejados de la iglesia. Sue y yo habíamos compartido nuestra fe con ellos a menudo, invitándoles a un asado y haciéndoles regalos por Navidad y Pascua todos los años, ya que sólo queríamos amar a nuestros vecinos.

Al ver que me hacía señas con la mano, me dirigí a la entrada de enfrente para hablar con ella. "¿Qué pasa, Ann?"

"Ché, tengo una paciente que lleva dos semanas en coma", me dijo Ann. "Tiene 90 años y creo que va a morir en cualquier momento. ¿Podrías venir a darle la extremaunción?".

Para ser sincero, no tenía ni idea de cómo dar la extremaunción. Ann venía de un entorno católico romano, así que me vio como un sacerdote. Le dije: "Será un placer, pero tengo una reunión en Altadena".

"La paciente está en Altadena", respondió.

"Estupendo, déjame viajar en mi coche y, después de ver a tu paciente, iré a la oficina de nuestra iglesia". Ese fue el acuerdo. En mi mente, pensé que sólo diría la Oración del Discípulo, citaría el Salmo 23, y eso sería todo.

Así que seguí a Ann en mi coche durante el corto trayecto hasta Altadena. Cuando llegamos a un pequeño bungalow de dos dormitorios, bajé del coche y me llevaron hasta la habitación de la anciana, donde la atendía una enfermera filipina. La paciente se llamaba Lois. Efectivamente, estaba en coma, según todas las apariencias, arrugada y conectada a una vía intravenosa y a algún otro soporte vital básico. En cuanto entré en la habitación, oí que el Señor me decía: "Sácala del coma y predícale el Evangelio".

No quería alarmar a Ann, porque ella tenía una idea muy tradicional de lo que yo iba a hacer allí. Me volví hacia ella y le dije: "¿Te importa si digo un tipo de oración diferente a la extremaunción?".

Ella respondió: "¿Qué quieres decir?".

"¿Te importa si oro para que Dios la sane?"

Ann me miró como diciendo: *Sabía que eras un fanático religioso*. Me dijo: "Puedes hacer lo que quieras", y luego se dirigió a la esquina de la habitación donde estaba la otra enfermera.

Con ese permiso, me incliné sobre la cabecera de la cama y dije una sencilla oración: "Padre, en el nombre de Jesús, te ordeno que Lois salga del coma y que escuche el Evangelio".

Dos o tres segundos después, Lois abrió los ojos de repente. Al ver a un coreano desconocido de pie junto a su cama, dijo inmediatamente: "¿Quién es usted?".

Estaba tan aturdido por su rápida salida del coma que sólo dije: "Soy un pastor".

"No puedo creer que seas pastor", me dijo, "porque oré: «Dios, mantenme con vida hasta que envíes a un pastor que me diga cómo puedo ir al cielo»".

Le dije: "Lois, Dios ha escuchado tus oraciones y voy a decirte cómo puedes ir al cielo". Entonces, compartí el evangelio con ella, y así entregó su vida a Jesucristo. Cuando volví más tarde para hacer un seguimiento y leerle la Biblia a Lois, la enfermera filipina también acabó entregando su corazón a Jesús. Unos meses después, Ann vino a un culto nuestro el Domingo de Pascua, y fue la primera en pasar al frente cuando hice el llamado a la salvación. Así, Dios trajo la salvación a las tres mujeres como resultado del milagro de Lois.

Dios desea que todos se salven. Él está hablando constantemente, sólo tenemos que escuchar. Cuando sintonizamos con la voz del Espíritu Santo, debemos ser obedientes y seguir Su guía para ver resultados sobrenaturales.

CAMINAR EN EL EVANGELISMO DE PODER

Comencé a ver a los no creyentes siendo sanados y salvados mientras era estudiante en la Universidad de Maryland.

Esto ocurrió alrededor de dos años después de que yo mismo fui radicalmente salvado y encendido por Jesús. Un fin de semana, me invitaron a una fiesta de cumpleaños en la casa de uno de los miembros de la iglesia de mi padre. Aquel hombre era un doctor en medicina que se hizo multimillonario invirtiendo en bienes raíces en Washington, D.C. Era uno de los coreanos más ricos de la zona durante los días del Movimiento de Jesús y significó una enorme bendición para nuestra iglesia. Incluso le prestó a mi padre el dinero para comprar nuestra primera casa, que mis padres terminaron pagando.

Su hija Helen, que no era salva, se encontraba organizando una gran fiesta de cumpleaños por sus dulces 16 años. Yo no la conocía bien, ya que ella y su familia no asistían regularmente a la iglesia de mi padre. Su hermano menor y mi hermano eran amigos, pero no tan cercanos. Sin embargo, mi hermano y yo por algún motivo fuimos invitados a la fiesta en su hermosa casa de Potomac. Era un rancho de caballos de cinco acres, con una pista de tenis y piscina, así que puedes imaginarte lo adinerada que era la familia. Para ser sincero, fui sobre todo para experimentar el lujo y disfrutar de la comida servida en casa de un millonario.

Mientras jugaba al tenis en la fiesta, de repente sentí un fuerte impulso del Espíritu Santo. Me dijo: "Llevas una hora en esta fiesta y no has compartido ni una sola vez tu fe".

Sentí tanta convicción que dejé de jugar al tenis y le dije a mi oponente que se acercara la red. Le dije: "¿Sabes qué? No puedo seguir jugando porque, mientras le pegaba a la pelota, sentí una convicción increíble. Hace poco entregué mi vida a Jesucristo, y me sentí obligado a decirte cuánto te ama Dios". En ese momento, el Espíritu Santo vino sobre él, y entregó su vida a Jesús en medio de la cancha de tenis. De repente, me di cuenta de que tenía una gran oportunidad en esa fiesta porque estaba llena de no creyentes. Suena gracioso ahora, pero hice un compromiso espontáneo ante Dios: *voy a predicar hasta que me echen*. Así que empecé a compartir el Evangelio con diferentes personas. Finalmente, la chica del cumpleaños, Helen, se enteró de que estaba predicando. Me acorraló y me dijo: "He oído que estás evangelizando en mi fiesta".

Pensé, *OK, aquí viene el pie izquierdo del compañerismo cristiano...*

Pero ella dijo: "Escucha, ¿por qué no llamo a todos a la sala recreativa y les cuentas a todos mis amigos lo que te ha pasado? Porque creo que les interesará".

"Estás bromeando", respondí sorprendido.

"No, lo digo en serio", dijo antes de llamar a la gente. Vi cómo todos los presentes, unos 40 amigos suyos, empezaban a salir de la piscina, desmontaban de los caballos y abandonaban la pista de tenis para reunirse en la sala recreativa.

Una vez que estuvimos todos reunidos, Helen me presentó al grupo como si yo fuera un orador. Dijo: "Ché ha tenido una experiencia religiosa y pensé que sería bueno que todos escucháramos lo que le pasó". Todos me conocían por mi reputación de traficante de drogas y adicto durante la época de la secundaria. Se corrió la voz rápidamente en la comunidad coreana, así que eso significaba que la gente también sabía que me había convertido en un fanático de Jesús en tiempos más recientes.

Mientras estaba frente a esta audiencia cautiva, supe que el mensaje tenía que provenir de Dios porque la mayoría de las personas no eran cristianas. Así que empecé a predicar y di mi testimonio, compartiendo que Dios no sólo me salvó, sino que también me sanó de alergias la primera vez que entré en un estudio bíblico carismático llamado TAG.

Mientras hablaba de que Dios me había sanado, un chico sentado delante, estudiante de último curso de la Universidad de Maryland, levantó la mano para interrumpirme. "¿Puede Dios curarme de mi lesión de rodilla?".

No me esperaba una pregunta así, pero le dije: "¿Qué es lo que te sucede?".

"Fui jugador de fútbol", dijo, "y me operaron de la rodilla". El tipo llevaba pantalones cortos y pude ver una cicatriz enorme e impactante que le recorría desde el muslo hasta la canilla. (Era una época anterior a las cirugías artroscópicas de rodilla, por lo que la cicatriz era más notoria).

"Yo no soy el sanador", le contesté, "pero vamos a orar por ti". Así que me detuve en mitad de mi discurso, le puse la mano en la rodilla y oré para que Dios le curara. De repente, levantó la vista con los ojos muy abiertos y dijo: "Se ha ido".

"¿Qué cosa?", pregunté.

Y él dijo: "El dolor ha desaparecido".

Uno de los amigos que tenía detrás le dijo: "No me lo creo". El joven se dio la vuelta y dijo: "No, te lo digo en serio. Tenía dolor, y simplemente desapareció. Simplemente desapareció".

En ese momento le sugerí: "¿Hay algo que puedas hacer ahora que antes no podías hacer sin dolor?".

"Seguro", contestó, "definitivamente no podía doblar las rodillas".

"¿Por qué no lo intentas?", le sugerí.

Enseguida, se levantó y empezó a hacer flexiones de rodillas. Gritó: "¡Se ha ido!", y el Espíritu de Dios cayó sobre todo el grupo.

Otro joven intervino en la conversación: "Me he torcido el tobillo jugando en el rancho. ¿Puede Dios sanarme de esto?". Así que me acerqué a orar por él, y su tobillo se curó inmediatamente.

Viendo el ímpetu de lo que Dios estaba haciendo, pasé entonces a hacer una invitación: "Si quieren entregar sus vida a Jesucristo, voy a pedirles que se pongan de rodillas". Sin exagerar, alrededor de 30 de las 40 personas que estaban allí presentes se pusieron de rodillas. Entregaron sus corazones a Jesucristo mientras yo los guiaba en oración. Luego di una breve enseñanza sobre llenarse del Espíritu Santo, y varios empezaron a orar en lenguas. El Espíritu Santo se movía tan poderosamente entre nosotros que no creo que ninguno de los presentes olvide jamás aquella fiesta de cumpleaños.

Ese encuentro fue un crucial para lo que luego se convertiría en un ministerio de evangelización de poder a lo largo de las décadas en las que continué siguiendo a Jesús. Fue parte del desbordamiento del avivamiento que había estallado durante la Revolución de Jesús de la década de 1970. Dios recibe toda la gloria por este testimonio y por cada sanación que tiene lugar. Espero que ahora puedas ver que es el deseo de Dios que prediquemos el evangelio con señales y maravillas. El evangelismo de poder no es sólo para las personas llamadas al oficio de *evangelista*, *¡también es para ti!*

Si aún no has experimentado el bautismo del Espíritu, o simplemente quieres recibir una nueva llenura, di esta oración por fe:

"Padre Dios, Tu Palabra dice que te deleitas en dar el Espíritu Santo a aquellos que te lo piden. Ahora mismo, te pido que me bautices con Tu Espíritu Santo. Lléname con Tu Espíritu y activa los dones del Espíritu dentro de mí. Concédeme el poder para llegar a los perdidos, sanar a los enfermos y transformar el mundo, todo esto en el poderoso nombre de Jesús. Amén".

Capítulo 12:

DE LA POBREZA A LA PROSPERIDAD

Amado, deseo que seas prosperado en todo, y que tengas
salud, a la vez que tu alma prospera. (3 Juan 2 RVC)

La primera vez que fui a Toronto Airport Christian Fellowship, en octubre de 1994, durante su primera Conferencia Atrapa el Fuego, sentí convicción del materialismo. Transcurría la sesión matutina del segundo día de la conferencia, y el orador era Mike Bickle, fundador de International House of Prayer. (Al momento de escribir este libro, me doy cuenta de que Mike ya no está en el ministerio; sin embargo, sé que su mensaje ese día fue acertado y dijo exactamente lo que Dios quería que yo escuchara). Hizo hincapié en que si extraíamos seguridad y vida de otra cosa que no fuera Jesús, estábamos cometiendo idolatría. El mensaje terminó con una invitación al Espíritu Santo para que nos mostrara si habíamos entregado nuestros corazones a otra cosa que no fuera Jesús. Después de una oración colectiva, nos retiramos a almorzar.

Mientras otros participantes en la conferencia abandonaban la sala, me quedé sentado en mi silla y pregunté al Espíritu Santo si había algo en lo que yo estuviera poniendo seguridad que no sea Jesús. Rápidamente escuché una voz calma y sutil: "Hijo, tienes una fortaleza de materialismo". Inmediatamente regañé a esa voz y no estuve de acuerdo con lo que decía. Pensé que no podía ser el verdadero Espíritu Santo. Después de todo, acabábamos de comenzar Harvest Rock Church (HRC), y ni siquiera recibí un salario en los primeros cinco meses. Sue y yo habíamos vivido por fe durante casi un año y medio. ¡Aquellas no eran las acciones de una persona materialista!

Entonces el Espíritu Santo volvió a hablarme: "Quiero mostrarte cuán fuerte es esto en tu vida. Quiero que tomes el dinero de tu jubilación y lo siembres en Mi reino". Habíamos agotado nuestros ahorros para cubrir nuestros gastos de vida, pero teníamos un poco más de $20,000 en nuestra cuenta de retiro. Cuando Dios me dijo esto, inmediatamente dije: "¡No, Señor!". (Por supuesto, este es el oxímoron definitivo. ¿Cómo puedes llamar a Jesús "Señor" y decirle que "no"?). Tan pronto como esas palabras salieron de mi boca, me di cuenta de cuánta razón tenía Él y cuán profundo era el dominio del materialismo en mi vida. Lloré durante las dos horas siguientes. En parte, lloraba porque no quería regalar el dinero de mi jubilación, pero la mayoría de mis lágrimas eran de llanto sincero por mis pecados.

Finalmente, después de dos horas, pude ver que Dios no iba a cambiar de parecer, así que le dije: "De acuerdo, Dios. Pero esto no es sólo el dinero de mi propia jubilación. También le pertenece a Sue. Tengo que llamarla para ver si está de acuerdo". (Hasta el día de hoy, Sue y yo no hacemos ninguna transacción, compra o donación de más de 500 dólares a ningún ministerio sin antes orar y hablarlo entre nosotros). La verdad es que me sentí aliviado. Sue no estaba en la conferencia, y esta sería que la sorprendería. Le azotaría la noticia y nunca lo aceptaría. Yo me libraría.

Así que la llamé a Pasadena, California. Cuando le conté a Sue lo que sentía que el Señor había dicho, se detuvo un par de minutos a orar. Luego dijo: "Esa es la palabra del Señor. Hagámoslo". Sinceramente, en ese momento me enfadé con ella. Aquí estaba yo en Toronto, experimentando el avivamiento, y allí estaba ella a 3.000 millas de distancia. Me tomó dos horas y un torrente de lágrimas antes de decir que sí. Ella dijo que sí en menos de dos minutos de oración. Pero ves, este no era su problema. Era el mío.

No lo sabíamos entonces, pero Dios estaba poniendo a prueba nuestros corazones, pues en el futuro nos iba a permitir administrar millones en los diversos ministerios a los que servimos. Esta era otra oportunidad de entrenarnos para reinar en el reino de Dios.

LAS MURALLAS DE MAMMÓN Y EL MATERIALISMO

Nadie puede servir a dos amos, pues odiará a uno y amará al otro, o estimará a uno y menospreciará al otro. Ustedes no pueden servir a Dios y a las riquezas [*Mammón*]. (Mateo 6:24)

La mayoría de la gente no entiende realmente qué significa la palabra *Mammón*. Incluso los diversos traductores de la

Biblia utilizan diferentes palabras para Mammón, como por ejemplo *dinero* (NVI) o *riqueza* (RVC). La única traducción que he encontrado que reconoce que la palabra es un sustantivo propio y la escribe en mayúsculas como "Mammón" es la Reinva Valera Antigua. Cuando Jesús dijo que no se puede servir a Dios y a Mammón, no es una metáfora. Mammón es un principado demoniaco bajo el dominio de satanás. Nos insta a ser autosuficientes al depositar nuestra confianza en la riqueza en lugar de depositarla en Dios.

Las personas engañadas por Mammón están obsesionadas con la riqueza. Pueden o no ser prósperos; muchas personas pobres luchan contra este espíritu. El enemigo utiliza a Mammón como peón para ocupar el lugar de Dios. Mammón promete darnos cosas que sólo Dios puede darnos, como por ejemplo significado, seguridad, identidad, poder, autoridad y libertad. Promete todo y no da nada.

El dinero no es lo mismo que Mammón. El dinero es una herramienta amoral, un objeto neutro que puede utilizarse para el bien o para el mal. El Espíritu de Dios o el espíritu de Mammón pueden reposar sobre el dinero. Si el dinero no está sometido a Dios, entonces por defecto está dominado por satanás y el espíritu de Mammón. El dinero sometido a Dios y Sus propósitos es bendecido y usado para avanzar Su reino. El dinero que tiene el espíritu de Mammón es usado para manipular y controlar a la gente.

Una de las interpretaciones erróneas más frecuentes de las Escrituras es decir que "el dinero es la raíz de todos los males". Eso no es lo que dicen las Escrituras, y tampoco es así como Dios considera el dinero. La Biblia dice: "Porque el *amor* al dinero es la raíz de toda clase de males..." (1 Timoteo

6:10). Es el amor al dinero, y no el dinero en sí, es la raíz de todos los males. Esto se aclara aún más en el resto de ese versículo: "Por codiciarlo, algunos se han desviado de la fe y se han causado muchísimos sinsabores" (NVI). Como el dinero es amoral, todo se reduce a quién tiene el dinero y cómo lo utiliza. Con un billete de cien dólares, puedo comprar drogas o dar a mi iglesia, y por supuesto, nunca compraría drogas.

El materialismo es la expresión más frecuente del espíritu de Mammón. El materialismo consiste en la devoción a la riqueza material y la acumulación de posesiones a expensas de todo y de todos. Es el amor impulsado por la sensualidad y destinado a la comodidad excesiva.

Nuestra cultura se rige por el materialismo. Estamos constantemente bombardeados por un torrente de anuncios en nuestros teléfonos inteligentes, en la televisión, en las vallas publicitarias... la lista es interminable. Los anuncios nos dicen que somos deficientes si no llevamos lo último en prendas y peinados, si no tenemos los mejores zapatos avalados por atletas de elite y si no poseemos los últimos dispositivos tecnológicos. No hay punto de saturación. George Otis Jr., en su libro *Last of the Giants*, escribe que el materialismo es una de las mayores potestades espirituales del mundo. Sus raíces se infiltran en todas las culturas del mundo.[80]

Recuerdo cuando almorcé con el difunto David Wang, uno de los principales líderes de la Iglesia en Hong Kong en aquella época. Él me dijo: "Ché, tú crees que vives en una república en Estados Unidos, pero no es así. En realidad

---

[80] George Otis Jr., *The Last of the Giants*. Chosen Books, 1991.

tienes una monarquía en Estados Unidos. Vuestro rey es el materialismo, vuestra reina el entretenimiento y vuestro príncipe heredero el deporte". Reflexioné un momento y supe que tenía razón.

DA TODO LO QUE PUEDAS

A lo largo de la historia de la iglesia, siempre que quiere restaurar una verdad como la liberación, la prosperidad, o lo apostólico, Dios soberanamente permite que los creyentes imperfectos la enseñen de una manera desequilibrada, con la visión de que a medida que la iglesia madure, se irá encontrando el equilibrio bíblico correcto. ¿Existe el materialismo en la iglesia? Por supuesto que sí. El amor al dinero es desenfrenado dentro de la iglesia en gran parte del mundo, y eso representa uno de los mayores asesinos del avivamiento. Odio el materialismo porque Dios lo odia.

Sin embargo, en el otro lado de la moneda, la Biblia enseña que Dios quiere que prosperes en tus finanzas.[81] He enseñado a través de los años que Dios quiere que *prosperes con el propósito* de proveer para tu familia y hacer avanzar el reino de Dios. Él desea que el dinero que nos da sea usado para que se haga Su voluntad en la tierra como en el cielo. Se necesitan financiamiento para cumplir la Gran Comisión.

Uno de mis héroes en la historia de la iglesia es John Wesley, un gran apóstol y fundador del movimiento metodista. En 1789, Wesley dijo famosamente en sus notas sobre

---

[81] Ver Gn. 12:1-3, 13:1; Dt. 8:18, 28:11; Jer. 29:11; Mt. 7:7-11; Jn. 10:10; 2 Co. 8:9; 3 Jn. 2.

"El uso del dinero": *"Gana todo lo que puedas, ahorra todo lo que puedas y da todo lo que puedas"*.[82] He enseñado y practicado esta verdad desde 1997, cuando Dios rompió una mentalidad de pobreza en mi vida.

Al analizar cada aforismo del proverbio de Wesley, me gustaría destacar cinco claves para dirigirnos hacia la prosperidad con un propósito.

Clave n.º 1: practicar la donación gradual

Hace años, Sue y yo comenzamos a practicar la *donación gradual,* o el vivir para dar. En febrero de 2005, nuestro buen amigo Ed Silvoso estaba dando un discurso en la reunión del "Eagles Vision Apostolic Team" (EVAT) de Peter Wagner. Ed nos habló del Club 51, que comenzó principalmente con empresarios cristianos en Argentina que se habían comprometido a sembrar más de la mitad de sus ingresos (el 51% y más) en el reino de Dios. Nos contó con entusiasmo el efecto dominó del avivamiento, la reforma y el avance financiero que se produjo a raíz de sus donaciones graduales. Aunque el impulso se inició en Argentina, cualquiera puede formar parte del Club de los 51.

Después de la reunión, Sue y yo hablamos de lo que esto podría suponer para nosotros. "¿Por qué que ser los empresarios son los que se encarguen de todo?" le dije. "¿Por qué no damos nosotros también el 51%?".

Sue respondió: "¿El 51%? Eso no es nada. Mi objetivo es que regalemos el 90 por ciento y vivamos del otro 10"".

[82] "John Wesley on giving". Resource UMC. Consultado el 20 de agosto de 2024. https://www.resourceumc.org/en/content/john-wesley-on-giving

"Tienes más fe que yo", le dije. "Empecemos por lanzar-
nos hacia el 51%".

Para ese entonces, habíamos llegado gradualmente a dar
el 40% de nuestros ingresos previo a la aplicación de impuestos. Ese tramo de fe nos llevó varios años, y sabíamos que no
podíamos saltar al 51% de la noche a la mañana. Independientemente del momento, nos comprometimos ante el Señor
a donar el 51%. Seis años después, en la primavera de 2011,
cruzamos ese umbral por primera vez y nos unimos oficialmente al Club 51.

En esta etapa de nuestras vidas, hay algunos años que,
por la gracia de Dios, podemos superar la marca del 90 por
ciento, tal como Sue había dicho por fe en 2005. Cuando
vendimos nuestra casa en Altadena en 2022, que estaba
totalmente saldada, entregamos todos los beneficios a nuestra iglesia. Ahora, pusimos ese dinero en un fondo fiduciario
para reinvertirlo a perpetuidad, pero el 100 por ciento de
los 1,85 millones de dólares fue a Harvest Rock Church. En
cada estación de nuestro viaje de fe, hemos aprendido en
tiempo real que Dios quiere que demos tanto como podamos, mientras Él provee abundantemente más allá de lo que
podríamos pedir o imaginar (ver Efesios 3:20).

A lo largo de los años, hemos tenido encuentros con el
Señor que nos han llevado a convertirnos en apasionados por
dar y a crecer en generosidad. Recibimos la revelación de que
todo pertenece a Dios, incluso el dinero que poseemos. Una
de las mayores mentiras de la Iglesia es que "es mi dinero
ganado con esfuerzo, ¡y puedo hacer con él lo que quiera!".
Pero la Biblia dice claramente que "¡Del Señor son la tierra
y su plenitud! ¡Del Señor es el mundo y sus habitantes!" (Salmos 24:1 RVC). Nosotros mismos pertenecemos al Señor

por partida doble. En primer lugar, porque Dios *nos hizo* a su imagen y semejanza (Génesis. 1:26-27) y, en segundo lugar, porque nos *compró* con la sangre de Jesús (Hechos 20:28b). Cuando te das cuenta de que todo le pertenece a Dios y nosotros somos meros delegados o administradores, se vuelve más fácil entregar tus finanzas cada vez que el Señor te lo pide. Sin embargo, todavía se necesita la gracia de Dios y un carácter similar al de Cristo. Personalmente creo que Dios instituyó el diezmo para que podamos caminar en obediencia hacia Él y demostrar un carácter alineado con Su naturaleza. Y en la medida que vayas teniendo un carácter similar al de Cristo, más fácil te resultará dar.

HAZ TODO LO QUE PUEDAS

¿Con qué frecuencia ves juntas las dos palabras siguientes: "cristiano" y "multimillonario"? Creo que la respuesta es que no con la suficiente frecuencia. La cantidad de cristianos que llegan a administrar miles de millones de dólares (pensemos en David Green, de Hobby Lobby, o en la familia Cathy, de Chick-fil-A) es relativamente escaso. ¡Quiero proponer que *necesitamos más billonarios en el Cuerpo de Cristo!*

La mayoría de los billonarios conocidos hoy en día no son cristianos, como por ejemplo George Soros. Como marxista socialista, Soros entrega grandes sumas de dinero para causas de extrema izquierda que son, francamente, ni más ni menos que el mal. Jesús dijo: "Los hijos de este mundo son más sagaces que los hijos de la luz" (Lucas 16:8 RVC). Dicho de otro modo, aquellos que caminan en las tinieblas están usando a Mammón para financiar el avance del reino de satanás. Sin embargo, entregar una suma importante de dinero para hacer avanzar el reino de Dios es para los millonarios cristianos algo así como arrancarse los dientes.

Hace un par de años, almorcé con un multimillonario en Scottsdale, Arizona (como el Beverly Hills del área de Phoenix). Hacía alarde de tener siete coches en el garaje, incluido un Rolls-Royce, y de haber comprado su casa, única en su especie, con 2,1 millones de dólares en efectivo. Después de escucharle, le hice una pregunta importante: "¿Cómo te gustaría pasar del éxito a la trascendencia?".

"¿Qué quieres decir?", respondió.

"Lo único que has hecho es compartir cuántos juguetes tienes".

"Yo doy mi diezmo", dijo a la defensiva.

"No estoy hablando del diezmo. ¿Has oído hablar de George Soros?"

"Por supuesto. ¿Quién no?"

"¿Por qué no te conviertes en una versión cristiana de George Soros?". Y continué: "¿Sabes que Soros tiene un comité de acción política? ¿Por qué no creas tú también un comité de acción política y apoyas a los creyentes conservadores que se postulan a las elecciones?".

Hizo una pausa y finalmente dijo: "Jesús me dijo que lo hiciera".

Y así lo hizo. Pagó miles de dólares en honorarios legales para presentar la solicitud a la Comisión Federal Electoral (FEC), la cual concedió al comité de acción política America Upheld la licencia para entrar en funcionamiento el 22 de agosto de 2022. Presta atención a los números de esa fecha. No creo que fuera una coincidencia que Dios concediera el estado de comité de acción política en el octavo mes, el día 22, en el año 2022. El ocho es el número de los nuevos comienzos, y el "2222" representa Isaías a 22:22: "Le daré la llave de la casa de David, la posición más elevada dentro de la corte real. Cuando él abra puertas, nadie podrá cerrarlas; cuando él cierre puertas, nadie podrá abrirlas". (NTV)

Poner en marcha el comité de acción política ha cambiado las reglas del juego. En cuanto se confirmó el estado de comité de acción política federal, el tesorero de America Upheld, Tom Montgomery, solicitó el mismo del estado California y lo obtuvo poco después. Posteriormente, se creó un comité de acción política en Nueva Jersey. El objetivo de America Upheld es crear un comité de acción política en cada estado donde podamos apoyar a candidatos cristianos conservadores con una visión bíblica del mundo o valores judeocristianos.

En mi libro *La Gracia de Dar*, profundizo sobre varios temas relacionados con ganar lo máximo posible y administrar el dinero para el reino de Dios. Aquí en esta sección, compartiré las siguientes dos claves para caminar en prosperidad con un propósito.

Clave n.º 2: tener al menos cinco fuentes de ingresos

En primer lugar, *tus ingresos personales* suelen ser lo que te viene a la mente cuando piensas en tus fuentes de ingresos, ¡pero no deberían ser las únicas! Mucha gente se desanima o se estanca cuando intenta vivir de una sola fuente de ingresos, especialmente en ciudades caras como Los Ángeles o Nueva York. La buena noticia a la que quiero que te aferres es que Dios desea bendecirte con múltiples fuentes de ingresos, incluso, entre otros, tu trabajo de tiempo completo.

En segundo lugar, para las parejas casadas, *los ingresos de su cónyuge* cuentan como otra fuente de ingresos. Dicho esto, también creo que si una esposa está llamada a cuidar del hogar y educar a sus hijos en casa, eso es un trabajo a tiempo completo en sí mismo, y no hay que avergonzarse de ello. Mi hija Grace lo está haciendo con sus cuatro hijos. Sin embargo, si hay algo que puedas hacer aparte, como el marketing multinivel, te animo a que lo hagas.

En tercer lugar, es importante añadir a esta combinación las *fuentes de ingresos pasivos*, como por ejemplo las inversiones. Isaías 60:11 dice: "Tus puertas permanecerán abiertas de día y de noche para recibir las riquezas de muchos países". Esta profecía promete que, incluso mientras duermes, te traerán riquezas. ¡Me gusta cómo suena eso! Proverbios 13:11 (NTV) añade: "La riqueza lograda de la noche a la mañana pronto desaparece; pero la que es fruto del arduo trabajo aumenta con el tiempo". Estas escrituras me recuerdan la forma en que las inversiones sabias producen un buen rendimiento de la inversión con el paso del tiempo. La idea es trabajar de modo más inteligente y no más arduo. Como ya lo he mencionado, contar con un buen gestor financiero llevará tu inversión al siguiente nivel.

En cuarto lugar, *los ingresos por alquiler* son una oportunidad que no debes dejar pasar. Durante años, Sue y yo siempre tuvimos a una persona viviendo en nuestra casa después de que nuestros hijos empezaran a abandonar el nido. Era una situación en la que todos salíamos ganando. Podíamos obtener ingresos mensuales por el espacio no utilizado de nuestra casa, y la persona joven podía alquilar una habitación a un precio mucho más bajo que el habitual en

Los Ángeles. Una de mis hijas siguió el ejemplo y empezó a alquilar una bonita casa trasera de su propiedad a huéspedes de Airbnb.

Clave n.º 3: crear tu propio negocio

La tercera clave, y quinta fuente de ingresos que quiero destacar, es montar tu propio negocio. Una de las principales ventajas de tener tu propia empresa es la posibilidad de realizar enormes desgravaciones fiscales si lo haces correctamente. Otra ventaja es el potencial ilimitado de crecimiento. Si alguna vez has visto el programa de televisión *Shark Tank*, sabrás que no hay escasez de nuevas ideas para empresas. Algunas empiezan con fuerza, pero pronto se desvanecen. Otras construyen un negocio estratégico que crece continuamente con vistas al éxito a largo plazo.

¿Podría Dios darte la descarga de una brillante idea de negocio que a nadie más se le haya ocurrido? Por supuesto que sí. Creo que habrá mayores ideas de tecnología disruptiva, que afectarán no sólo al mundo de los negocios sino también a la medicina y la ciencia, y que serán descubiertas por cristianos que invitan al Espíritu Santo a ser el socio número uno en sus negocios.

Como mencioné en un capítulo anterior, mi esposa y yo comenzamos una sociedad anónima en 2010 llamada Joseph's Storehouse LLC. Mis honorarios por conferencias y las regalías por la venta de libros están incluidos en Joseph's Storehouse. Siempre que entran ingresos, los invertimos a través de nuestro gerente financiero, Tony Amaradio, especialmente en bienes raíces.

Cuando creamos Joseph's Storehouse, tuve un sueño profético. En el sueño, estaba de pie delante de una montaña de oro tan alta como el Empire State Building. Una joven pareja de misioneros se me acercaba y me pedía apoyo financiero para su labor misionera. Saqué un gran cuchillo de cosecha y corté un trozo de oro. Les pregunté: "¿Es suficiente? Si necesitan más, díganmelo". En muchos sentidos, la esencia de este sueño se ha hecho realidad en los últimos 14 años y más, ya que hemos sido capaces de dar generosamente a muchos ministerios que están avanzando activamente el reino de Dios en todo el mundo.

AHORRA TODO LO QUE PUEDAS

Junto con dar y hacer todo lo que se pueda, creo que el hábito de ahorrar todo lo que se pueda no sólo es beneficioso, sino también bíblico.

La Biblia nos da instrucciones para que proveamos a nuestra familia. Por ejemplo, 1 Timoteo 5:8 dice: "Aquellos que se niegan a cuidar de sus familiares, especialmente los de su propia casa, han negado la fe verdadera y son peores que los incrédulos". Esta es una palabra fuerte del apóstol Pablo. Los incrédulos no saben nada mejor porque el dios de este siglo ha cegado sus ojos (2 Corintios 4:4), pero los cristianos deben entender que la prioridad de Dios para tu vida es primero Jesús y segundo tu familia, comenzando con tu cónyuge. Observa que el versículo especifica tu "casa", que también incluye a tus nietos. Si puedes ir más allá de la familia nuclear y ayudar a los miembros de tu familia extendida, eso es maravilloso, pero Dios espera que proveas principalmente a tu familia nuclear.

Uno de mis versículos favoritos es Proverbios 13:22: "La gente buena deja una herencia a sus nietos, pero la riqueza de los pecadores pasa a manos de los justos" (NTV). Al momento de escribir esto, tengo nueve nietos, y Mary, mi hija menor que se desempeñó como vicepresidenta del Harvest International Ministry (HIM), lleva en el vientre a su cuarta hija, así que ya la consideramos la décima nieta. Y estamos orando por más.

Según la Palabra de Dios, si somos una pareja recta, Sue y yo debemos dejar una herencia a todos nuestros nietos. Así que ahí es donde van nuestros ahorros. Ya hemos dado a nuestros hijos parte de su herencia, y cada uno está utilizando los fondos para comprar una casa en Los Ángeles. Otra parte, destinada a nuestros nietos, forma parte de nuestro programa de ahorros. El resto de nuestros ahorros se encuentra en nuestra reserva de seis meses para emergencias. Todos estos fondos se invierten mediante nuestro planificador financiero, Tony Amaradio. Esto nos lleva a la siguiente clave para ser un mayordomo de Dios.

Clave n.º 4: rodéate de expertos

Basándome en nuestra propia experiencia, te recomiendo encarecidamente que incluyas a los siguientes expertos en tu vida, para que puedas prosperar a otro nivel con el propósito de hacer avanzar el reino de Dios.

En primer lugar, necesitas un gran *gestor financiero*. Tony Amaradio no sólo es nuestro administrador personal, sino que también administra el dinero de HRC y HIM.[83] Ha introducido formas brillantes de administrar nuestras finanzas

---

[83] https://www.tonyamaradio.com

para la gloria de Dios, lo que nos ha permitido ahorrar más dinero y utilizarlo para fines más creativos.

En segundo lugar, necesitas un gran *contador*. Robert Kiyosaki, en su libro clásico *Padre Rico, Padre Pobre*, escribe: "La contabilidad es posiblemente el tema más confuso y aburrido del mundo, pero si quieres ser rico a largo plazo, podría ser el tema más importante".[84] Tengo al mejor contador en Philip L. Liberatore, amigo de pacto y presidente de America Upheld. [85]

En tercer lugar, necesitas un gran *abogado*. Mi abogada personal es Victoria Ko, una de nuestras pastoras de HRC en el Condado de Orange, además de ser una hija espiritual. También es nuestra abogada interna en todos los ministerios donde participo.[86]

En cuarto lugar, necesitas un buen *médico personal*. Lo ideal es que se trate de un profesional médico que te quiera y pueda cuidarte más allá de tu póliza de seguros. Yo tengo dos médicos: mi hermano pequeño, la Dra. Chae Ahn, miembro de HRC, y el Dr. Todd Lyon, uno de los ancianos de nuestra iglesia.

Clave n.o 5: salir de la deuda y no volver a endeudarse

La última clave para ahorrar todo lo que puedas es hacerle frente a la deuda de forma agresiva. En agosto de 2024, nuestra deuda nacional alcanzó la cifra récord de 35,2 billones

---

[84] Robert T. Kiyosaki. *Rich Dad Poor Dad*. Plata Publishing, LLC. Edición Kindle, p.66.
[85] https://www.liberatorecpa.com
[86] https://www.victoriakolaw.com

de dólares,[87] con una deuda personal pendiente de 17,8 billones de dólares (incluyendo créditos, hipotecas, automóviles y otras deudas).[88] Si actualmente estás endeudado, tu prioridad debe ser hacer lo que sea necesario para salir de la deuda lo antes posible. Si tienes la suerte de estar ya libre de deudas, tu prioridad debe ser no endeudarse más mientras sigues administrando tu salud financiera.

Romanos 13:8 (NVI) dice: "No tengan deudas pendientes con nadie a no ser la de amarse unos a otros. De hecho, quien ama al prójimo ha cumplido la Ley". La Palabra de Dios también especifica en Proverbios 22:7 (RVC): "Los ricos son los amos de los pobres; los deudores son esclavos de los prestamistas". No sé tú, pero yo creo que Dios nos ha llamado a ser la cabeza y no la cola, es decir a ser prestamistas y no prestatarios (ver Deuteronomio 28:12-13). Nadie te condena si estás teniendo dificultad con tus finanzas, pero si quieres prosperar, debes atacar la deuda de raíz.

Para vencer a las deudas hay que cambiar los hábitos de forma muy práctica. Un ejemplo es tener un presupuesto, ¡y no sólo tenerlo, sino atenerse a él! Vivir dentro de tus posibilidades es crucial para liberarte de las deudas. Determina no comprar nada a menos que puedas permitírtelo; niégate a recurrir a las tarjetas de crédito si tiendes a gastar más de tu sueldo mensual. Para que quede bien claro, yo clasifico la deuda de las tarjetas de crédito como deuda mala. Las

---

[87] ""Public debt of the United States from August 2013 to August 2024". Statista. Consultado el 24 de septiembre de 2024. https://www.statista.com/statistics/273294/public-debt-of-the-united-states-by-month/

[88] David Straughan. "Americans Are Carrying Record Household Debt in 2024". MarketWatch. 25 de septiembre de 2024. https://www.marketwatch.com/guides/banking/american-debt-2024/

"deudas buenas", en cambio, serían la hipoteca de tu casa (para acumular patrimonio) y los gastos universitarios (para proporcionarte una educación de calidad a ti o a tus hijos).

Cuanto más te alejes de las deudas, más podrás ahorrar. Y cuanto más ahorres, más podrás bendecir a tu familia, sembrar en la siguiente generación e invertir en el reino de Dios.

LA GRAN TRANSFERENCIA DE RIQUEZA EN LOS ÚLTIMOS DÍAS

La segunda mitad de Proverbios 13:22 hace énfasis en que la riqueza del pecador se guarda para el justo. El último libro que Peter Wagner escribió antes de graduarse al cielo en 2016 fue *La gran transferencia de Riqueas Great Transfer of Wealth*. Él profetizó en su libro que estaremos llegando a un período Hageo 2:7-9 (NTV) en la historia de la iglesia:

> Haré temblar a todas las naciones y traerán los tesoros de todas las naciones a este templo. Llenaré este lugar de gloria, dice el Señor de los Ejércitos Celestiales. La plata es mía y el oro es mío, dice el Señor de los Ejércitos Celestiales. La futura gloria de este templo será mayor que su pasada gloria, dice el Señor de los Ejércitos Celestiales, y en este lugar, traeré paz. ¡Yo, el Señor de los Ejércitos Celestiales, he hablado!"».

Coincido con Peter en que en una época de sacudida económica global, Dios va a proveer de forma sobrenatural transfiriendo la riqueza de los injustos a los justos. Esto comenzará con los llamados de Dios, Su *ekklesia*, quienes están comprometidos con Su casa y los propósitos de Dios para el avivamiento y la reforma. Desde todo punto de vista, hemos transitado un tiempo de sacudida global desde el año 2020, cuando la COVID-19 sacudió a más de 200 naciones. Pero va más allá del virus; han sido los cierres innecesarios, por los cuales más de 16.000 negocios se fueron a quiebra en California[89] y uno de cada cuatro restaurantes cerró en los EE. UU.[90] Luego entramos en una tormenta perfecta de malas políticas económicas: cierre de la producción del petróleo en nombre del cambio climático, fronteras abiertas, inflación de 40 años, y la deuda nacional que ha aumentado en 1 billón de dólares cada 100 días bajo la administración Biden-Harris.[91] Estas políticas han sido criminales, porque los más afectados son los pobres. Los ciudadanos de Estados Unidos están pagando precios mucho más altos por los artículos domésticos esenciales que durante el mando del presidente Trump.

Sin embargo, en medio de esta sacudida económica mundial, Dios se dispone a provocar el mayor avivamiento y reforma de la historia de la Iglesia. Dios "nos grita en

---

[89] Kelly McCarthy, "Nearly 16,000 restaurants have closed permanently due to the pandemic, Yelp data shows", *ABCNews*, 24 de julio de 2020, https://abcnews.go.com/Business/16000-restaurants-closed-permanently-due-pandemic-yelp-data/story?id=71943970.

[90] Jefferson Graham. "One in 4 restaurants won't re-open after pandemic, says exec.". USA Today. 14 de mayo de 2020. https://www.usatoday.com/story/tech/2020/05/14/your-favorite-restaurant-may-not-reopen-post-covid-opentable-study/5193994002/

[91] Michelle Fox. "The U.S. national debt is rising by $1 trillion about every 100 days". CNBC. 1 de marzo de 2024. https://www.cnbc.com/2024/03/01/the-us-national-debt-is-rising-by-1-trillion-about-every-100-days.html

nuestro dolor", como escribió C.S. Lewis en su libro *El Problema del Dolor*[92], en primer lugar, para que los creyentes se arrepientan y retornen a Dios, y en segundo lugar, para que los no creyentes entreguen sus corazones a Jesús. Cuando las cosas van bien, la gente dirá: "¿Quién necesita a Dios?". Pero cuando pasas por una prueba tras otra, empiezas a invocar a Dios, y "todo el que invoque el nombre del Señor será salvo" (Romanos 10:13).

Junto con el avivamiento, Hageo dice: "traerán los tesoros de todas las naciones a este templo" (Hageo 2:7b). Dios va a bendecir y hacer prosperar a Su pueblo, el cual usará la riqueza para los propósitos de Dios en estos últimos días. A fin de prepararnos para esta extraordinaria transferencia de riqueza, debemos liberarnos de las garras de Mammón y del espíritu de pobreza. A nivel personal, primero debemos hacer frente a estas fortalezas espirituales en nuestras propias vidas para que podamos entrar en la plenitud de nuestro llamado dado por Dios para transformar la sociedad.

QUEBRAR EL ESPÍRITU DE POBREZA

En octubre de 1997, nuestra iglesia celebraba su conferencia profética anual en Pasadena. Cindy Jacobs, una profeta importante en el Cuerpo de Cristo, una de mis amigas más queridas y miembro de la junta de HIM, era nuestra oradora principal. Entre la pausa para el almuerzo y el comienzo de la sesión de la tarde, una de los miembros de nuestra iglesia llamada Patricia se acercó a mí con un sobre en la mano.

---

[92] C.S. Lewis, *The Problem of Pain* (San Francisco: HarperSanFrancisco, 2001), p.91.

Empezó a contarme que acababa de pasar la peor semana de su vida. Había perdido su trabajo a principios de semana y, unos días más tarde, su marido también. Habían vaciado su cuenta de ahorros, y ella traía 2.000 dólares como capital inicial para sembrar en la iglesia.

Su generosa y sacrificada ofrenda me conmovió, pero me preocupaba su situación económica. "Patricia", le dije, "tú y tu familia necesitarán este dinero para mantenerse hasta que encuentren trabajo". Pensé que mi respuesta en aquel momento era sabia y pastoral. Le devolví el sobre y me marché sintiéndome "espiritual" por haber rechazado la ofrenda.

No me di cuenta, pero Patricia se marchó frustrada. Luego entró a nuestro centro de recursos, donde Cindy Jacobs estaba haciendo unas compras de última hora antes de que empezara su sesión de la tarde. Patricia le relató toda su historia a Cindy, cómo ella y su marido habían perdido el trabajo, y cómo me había traído el capital inicial, el cual yo había rechazado.

Cindy salió corriendo de la librería, con tacones altos, eso sí, con Patricia corriendo justo detrás suyo. Nunca había visto a Cindy tan enfadada. Vino corriendo hacia mí, me miró a la cara y me preguntó: "¿Has rechazado la ofrenda de esta mujer?".

"Bueno, sí, pero ella perdió su trabajo y su marido el suyo, y necesitarán este dinero para mantenerse", respondí, confuso y un poco avergonzado.

Cindy preguntó: "Ché, ¿crees en la Biblia?".

No sabía a dónde quería llegar con esta línea de preguntas, pero simplemente dije: "Sí".

"No creo que realmente sea así", me contestó. "La Biblia dice que es más bienaventurado dar que recibir (Hechos 20:35). Si realmente creyeras, entonces habrías recibido la ofrenda de esta mujer y no la habrías privado de su bendición. Verás, ella estaba dando del lugar de su necesidad. Ahora, ¡recibe tú esta ofrenda!".

Obedientemente recibí la ofrenda. Entonces Cindy continuó: "Creo que tienes un espíritu de pobreza, y yo ato y rompo el espíritu de pobreza, y ordeno que ese espíritu de pobreza te abandone ahora mismo, ¡en el nombre de Jesús!".

No sólo había gente observando lo que ocurría, sino que, una vez que comenzó el servicio de la tarde, Cindy procedió a compartir todo el incidente con todos los asistentes a la conferencia. Yo quería que me tragara la tierra. Entonces Patricia se acercó y Cindy hizo una ofrenda espontánea por ella. Aquella tarde se recaudaron más de 18.000 dólares, que se entregaron íntegramente a Patricia. Esa misma semana, Patricia consiguió un mejor trabajo y su marido también encontró un empleo mejor remunerado.

Aquella semana mi vida cambió para siempre: fue un paso decisivo para romper el espíritu de pobreza de mi vida. Yo ni siquiera sabía que tenía el espíritu de pobreza operando de manera oculta, pero en retrospectiva, me di cuenta de que solía disculparme por tomar ofrendas. Necesitaba aprender una verdad importante sobre cómo Dios usa el dinero para los propósitos de Su reino. No mucho tiempo después, iba a necesitar recaudar 10 millones de dólares para TheCall (2000-2003) y luego 4,5 millones en cuatro meses como pago inicial para comprar el edificio Ambassador Auditorium (14 de mayo de 2004). En los últimos años, me he dedicado personalmente a recaudar dinero para apoyar a candidatos políticos conservadores que defienden los valores bíblicos.

Se necesita dinero para transformar la sociedad, por eso Dios quiere liberarnos de la mentalidad de pobreza y del espíritu de Mammón.

Ora esto conmigo mientras nos acercamos al final de nuestro viaje juntos:

> *"Padre Celestial, te entrego todo mi corazón, todo lo que soy y todo lo que tengo. En el nombre de Jesús, me arrepiento y renuncio al espíritu de pobreza y a la fortaleza de Mammón. Rompo la mentalidad de pobreza en mi vida y en mi linaje. Gracias por permitirme prosperar con el propósito de hacer avanzar Tu reino. Ayúdame a ser un administrador sabio de los recursos que me has dado, todo para Tu gloria. En el nombre de Jesús, amén".*

El Diseño Para La Transformación

ENSAYO: COMO LA REFORMA PROTESTANTE QUEBRÓ EL ESPÍRITU DE POBREZA

Además de la salvación de las almas, estamos observando cómo las naciones se transforman a nivel económico, lo que es un indicio de reforma. En el éxito de ventas del *New York Times* llamado *Culture Matters*, que fue editado por dos profesores de Harvard, Lawrence Harrison y Samuel Huntington, la premisa del libro es que cuando los valores judeocristianos penetran en una nación, esa nación prosperará económicamente. Citando a otro profesor de Harvard, David Landes, el texto explica:

> Los comerciantes y fabricantes protestantes desempeñaron un papel destacado en el comercio, la banca y la industria... El meollo de la cuestión residía en la creación de un nuevo tipo de hombre: racional, ordenado, diligente y productivo. Se trata de virtudes que, si bien no eran nuevas, tampoco eran muy habituales... Dos características especiales de los protestantes reflejan y confirman este vínculo. La primera es el énfasis en la instrucción y la alfabetización. Esa era la consecuencia de la lectura de la Biblia. (Por el contrario, los católicos eran catequizados pero no tenían que leer, y se

les desaconsejaba explícitamente la lectura de la Biblia)... El segundo era la importancia concedida al tiempo.[93]

Este pasaje se refiere a cómo los cristianos administran el tiempo, no solamente el dinero. Efesios 5:15-17 (RVC) es un pasaje clave a considerar: "Por tanto, ¡cuidado con su manera de vivir! No vivan ya como necios, sino como sabios. Aprovechen bien el tiempo, porque los días son malos. No sean, pues, insensatos; procuren entender cuál es la voluntad del Señor" (RVC). He descubierto que cuando no me veo a mí mismo como el dueño sino como el mayordomo en la vida, logro prosperar personalmente y ayudar a prosperar a mis hijos y a mi iglesia.

La historia confirma la afirmación de que cuando los valores judeocristianos se inculcan en una sociedad, eso trae consigo bendiciones económicas. Huntington y Harrison utilizan el ejemplo de Corea. En 1960, Corea del Sur fue declarada por la ONU como una de las naciones más pobres del mundo. Hoy es una de las más ricas. No dicen que se deba a un renacimiento espiritual, pero sí a los valores protestantes de "trabajo arduo, honradez, seriedad, uso ahorrativo del dinero y del tiempo".[94] Los valores conforman la cultura, y tener una cultura cristiana (bíblica) es lo que transforma a una nación.

Por desgracia, la Reforma Protestante y sus valores bíblicos nunca irrumpieron en países de América Latina, las

---

[93] Lawrence E. Harrison y Samuel P. Huntington. *Culture Matters: How Values Shape Human Progress*. Basic Books, 2000, p.12.
[94] Ibídem, p. 11.

Filipinas, otras naciones católicas romanas y África hasta los últimos 50 años, cuando el renacimiento comenzó a estallar en algunos de estos países. Los economistas y científicos sociales, como Huntington y Harrison, creen que en las naciones donde penetraron los valores protestantes, éstas pasaron de un régimen marxista o totalitario a un régimen más democrático, lo que nuevamente es la consecuencia de la Reforma Protestante.

Pero la pregunta que hacen es por qué ha tardado tanto: "¿Por qué después de más de 150 años de independencia en América Latina, que es una extensión de Occidente, no ha logrado consolidar las instituciones democráticas?".[95] Es una buena pregunta. Por el contrario, reconocen lo prósperos que somos en Estados Unidos con nuestros valores de libre mercado, nuestra ética protestante del trabajo, la honestidad y la corrupción gubernamental relativamente inferior que la mayoría de las naciones pobres. (Sin embargo, al estar bajo la administración del partido demócrata durante 12 de los últimos 20 años, hemos visto la mayor maldad promulgada por un gobierno corrupto que nunca antes. ¡La cultura bíblica sí importa!).

Los autores no afirman esto, pero yo creo que satanás ha conservado la pobreza en estas naciones bajo una potestad del espíritu de pobreza. Peter Wagner solía enseñar: "Si Dios quiere que prosperemos, es lógico que satanás quiera mantenernos en la pobreza". De hecho, satanás es el ladrón que viene a robar (dinero y riqueza), matar (vidas y destinos) y destruir (cualquier cosa que mantenga a la gente

---

[95] Ibídem, p.xix.

bendecida y próspera, incluyendo una economía de libre mercado). Pero Jesús vino a darnos una vida plena y abundante (Juan 10:10).

Tuve el privilegio de estar bajo la tutela del Dr. Donald McGavran, fundador de la Escuela de Misión Mundial del Seminario Fuller, además de ser el jefe y mentor de Peter Wagner. Él enseñó sobre "la redención y la elevación", la observación de que allí donde el cristianismo florece, saca a la gente de la pobreza. Creo que nuestra mejor arma para derrotar al reino de satanás y sus secuaces es hacer avanzar el reino de Dios a través del Evangelio, desmantelando ideologías y potestades demoníacas con la oración, y declarando la verdad de Dios que liberará a los cautivos, incluso la toma de autoridad sobre el espíritu de pobreza. Jesús dijo: "Conocerán la verdad, y la verdad los hará libres" (Juan 8:32).

Una de las mayores injusticias de la sociedad es la pobreza sistémica (ver el Anexo A). Ed Silvoso dice: "El principal indicador social de que se ha producido una transformación es la eliminación de la pobreza sistémica".[96] Según enseña la Biblia, "El Hijo del Hombre [Jesús] vino a buscar y a salvar a lo que se había perdido. "(Lucas 19:10). Ten en cuenta que la Reina Valera Contemporánea no dice que Jesús vino "a salvar a los perdidos", sino "a salvar *lo* que se había perdido". Jesús vino a restaurar la bendición del Paraíso, el Jardín del Edén. A través del evangelio del reino, creo que Dios restaurará específicamente las bendiciones económicas del Paraíso. Esos son los frutos del avivamiento y la reforma.

---

[96] Ed Silvoso. *Transformation*. Ventura, CA: Regal Books, 2007, p.29.

INFILTRARSE EN LA CHINA COMUNISTA

Odio el comunismo porque es un sistema económico demoníaco y socialista, que busca perpetrar la pobreza de las naciones. Basta con mirar a Corea del Norte, Cuba, Venezuela, y otros países marxistas. En mi opinión, el diablo quiere subsumir a esas naciones en la pobreza porque está haciendo todo lo posible para dañar a Dios y frustrar Sus propósitos en la tierra. China es la excepción, porque exhibe un crecimiento explosivo de la iglesia, y así inculca los valores judeocristianos y genera un cambio de política hacia el libre mercado a pesar del comunismo.

Hace algunos años, tuve el privilegio de reunirme con los apóstoles de las cinco mayores iglesias clandestinas de China, gracias a Peter Wagner. También a través del Dr. Wagner, conocí a uno de los principales economistas de China, que enseñaba economía en la Universidad de Pekín y era asesor económico del Comité Central. Me veo obligado a ocultar su nombre porque abandonó el Partido Comunista y se hizo creyente en Jesús.

Antes de hacer pública su conversión, escribió un informe oficial para el Comité Central, que en aquel momento estaba bajo la dirección del Presidente Hu. Este hombre era un reformador en China. Su documento se titulaba "Por qué el cristianismo es bueno para la economía china". Destacaba algunos de los valores fundamentales del cristianismo protestante, como la honestidad, el odio a la corrupción y la ética del trabajo duro, y explicaba que cuando los cristianos trabajan para una autoridad superior al Estado, están haciendo ese trabajo para Jesús. Ese informe tuvo tal impacto en la iglesia que el Presidente Hu dio a la iglesia clandestina más libertad para reunirse, aunque tales reuniones seguían siendo ilegales.

Por desgracia, Hu dejó el cargo de presidente y Xi Jinping asumió el poder, momento en el que, desde mi punto de vista, la potestad marxista que regía con Mao regresó con fuerza a China. La persecución religiosa y las violaciones de los derechos humanos contra la Iglesia clandestina, los seguidores de Falun Gong (una rama del budismo y el taoísmo), los uigures y otros musulmanes turcos han regresado con un fervor renovado. Incluso la Iglesia Tripartita, sancionada por el gobierno, ha sufrido la persecución del presidente Xi.

A pesar de toda oposición, el avivamiento está estallando en la iglesia clandestina una vez más, y el reino de Dios está avanzando. Sabemos cómo termina la historia: "Los reinos del mundo han llegado a ser de nuestro Señor y de su Cristo; y él reinará por los siglos de los siglos" (Apocalipsis 11:15 RVC).

Conclusión:

LA TRANSFORMACIÓN PERSONAL CONDUCE A LA TRANSFORMACIÓN SOCIAL

Cierto día, al ver que las multitudes se reunían, Jesús subió
a la ladera de la montaña y se sentó. Sus discípulos se
juntaron a su alrededor, y Él comenzó a enseñarles...
(Mateo 5:1-2 NTV)

Ciertamente, yo soy la vid; ustedes son las ramas. Los
que permanecen en mí y yo en ellos producirán mucho
fruto porque, separados de mí, no pueden hacer nada... Si
ustedes permanecen en mí y mis palabras permanecen en
ustedes, pueden pedir lo que quieran, ¡y les será concedido!
Cuando producen mucho fruto, demuestran que son mis
verdaderos discípulos. Eso le da mucha gloria a mi Padre.
(Juan 15:5, 7-8 NTV)

El 2 de septiembre de 1982 tuve un sueño extraordinario que cambiaría para siempre la trayectoria de mi vida y de mi familia. En el sueño, se me aparecía un hombre negro.

Parecía un jugador de la NFL: medía 1,90 metros y pesaba 90 kilos de músculos esculpidos. "Ven a Los Ángeles", me dijo, "porque habrá una gran cosecha".

Cuando desperté de este sueño, oí lo que parecía ser una voz interior audible que resonaba en mi mente: "¡El momento del avivamiento está cerca!". Miré el reloj digital de nuestra mesilla de noche y eran exactamente las 4:00 a. m. Desperté a Sue, que estaba a mi lado. No podía esperar a que amaneciera. "Cariño, he tenido un sueño increíble", le dije. "Fue más una visión que un sueño. Un hombre negro se me apareció y me dijo que viniera a Los Ángeles para una gran cosecha".

Inmediatamente, la presencia de Dios que yo estaba experimentando recayó sobre Sue. Ella dijo: "Este sueño es de Dios. Arrodillémonos, oremos y dediquemos este sueño al Señor y pidamos confirmación". Fue extraordinario que Sue dijera: "Esto es de Dios", porque nunca había estado en Los Ángeles y no conocía a nadie allí. Yo había estado una vez en Westwood para hablar en la UCLA y no conocía a nadie personalmente en Los Ángeles.

Nunca olvidaré lo que oramos después cuando estábamos de rodillas: "Padre, si esto es de Ti, por favor haz que nuestro pastor Larry lo confirme pidiéndome que dirija un equipo para plantar iglesias y que pregunte: «¿Dónde te gustaría ir?» En el nombre de Jesús".

Pasaron seis meses, y Larry Tomczak me llevó a almorzar un día cuando finalmente me dijo: "Ché, he estado sintiendo que es hora de que seas enviado a plantar una iglesia. Si pudieras elegir ir a cualquier parte, ¿a dónde te gustaría ir?".

Le contesté: "Larry, llevo seis meses esperando a que me lo pidas". Le conté lo del sueño, pero cuando dije "Los Ángeles", casi se cae de la silla.

"¡¿LOS ÁNGELES?! Estaba pensando quizás en Fairfax, Virginia, o Filadelfia, o una gran ciudad cercana, pero ¿Los Ángeles?".

"Lo sé, Larry. Parece una locura porque no conocemos a nadie allí. Todos nuestros parientes y familiares están en el área de D. C., pero sabemos que Dios nos está llamando a Los Ángeles".

Larry me dijo que me tomara un fin de semana libre para orar y ayunar por una confirmación. Llamé a mi tío Mark, que tenía un condominio en Ocean City, Maryland, y me dio las llaves para que Sue y yo pudiéramos pasar allí un fin de semana de febrero de 1983.

Cuando llegamos al condominio, Sue y yo dejamos nuestra maleta, y antes de siquiera desempacar, nos arrodillamos en el pasillo y dedicamos el fin de semana al Señor. Oramos, "Padre, hemos sido enviados por nuestros pastores a orar y ayunar por una confirmación que sería una de las decisiones más grandes de reubicación para nuestra iglesia, familia y amigos. Te pedimos que nos confirmes si nos vamos a mudar a Los Ángeles o no durante este fin de semana. En el nombre de Jesús oramos, amén".

Tan pronto como terminamos de orar, se me vine este pensamiento a la mente, el cual creo que fue una palabra de conocimiento: *enciende la televisión, gira a* The 700 Club, *y Pat Robertson te dará una palabra acerca de mudarse a Los Ángeles.* Esto sonaba loco. En primer lugar, no sabía si la televisión por cable funcionaba. Era temporada baja en Ocean City, y la mayoría de la gente desconectaba sus planes de televisión durante esos meses. En segundo lugar, ¿qué probabilidades había de que estuvieran dando *el Club 700* a esa hora?

Miré a Sue y le dije: "Cariño, creo que Dios me acaba de decir que encienda la televisión. Indicó que pondrían *El Club 700* y que Pat Robertson nos daría una palabra".

Me levanté para encender la televisión, ¡y funcionaba! No tenía una guía de televisión, así que empecé a hacer zapping por los canales con el control remoto, y efectivamente, *The Club 700* estaba transmitiendo en vivo, con Pat Robertson y el coconductor Ben Kinchlow orando sobre una pila de cartas. Subí el volumen mientras ellos daban palabras de conocimiento para que la gente fuera sanada de dolencias específicas. Entonces Pat hizo una pausa y dijo: "Hay un pastor que está orando sobre comenzar una iglesia y está buscando una confirmación. El Señor dice: «¡Esta es la confirmación, y si lo hacen con armonía y unidad, les concederé un gran éxito!»" ¡No se puede inventar algo así!

Sue y yo nos miramos. Se me ocurrió una segunda idea: *este programa se volverá a emitir más tarde y tengo que grabarlo con mi grabadora de microcasete.* Bajé las escaleras, encontré un quiosco y compré el periódico de ese día. Rápidamente repasé la guía de televisión y vi que el programa se emitiría varias veces ese día. Grabamos la palabra profética de Pat y le dije a Sue: "¡Tenemos la confirmación que necesitamos! No es necesario ayunar. Vamos a celebrar". Fuimos a Phillips Crab House esa noche y disfrutamos de un fin de semana matrimonial gracias a la iglesia. ¡Dios es tan bueno! Puse la grabación ese martes en nuestra reunión semanal de pastores. El Espíritu de Dios cayó, y todos los pastores dijeron: "Esto proviene de Dios. Debes ir a Los Ángeles".

Después de recibir las bendiciones de todos los pastores y la transición de mis deberes en Maryland, Sue y yo (junto con nuestra joven familia, Lou y Therese Engle, David y Nikki Warnick, y otros) fuimos enviados en abril de 1984 a plantar Abundant Life Community Church en Pasadena. Honestamente, pensé que el avivamiento estallaría la primera vez que caminé por Pasadena Mall. Leí cómo Charles Finney caminó a través de una fábrica en Rochester, Nueva York, y el Espíritu de Dios cayó sobre los trabajadores e hizo estallar el avivamiento. Después de todo, Dios me dio un sueño sobrenatural sobre una "gran cosecha". Pero nada sucedió.

Los diez años siguientes fueron los más duros de mi vida. Todo me salía fácil antes de mudarme a California. Pero después de siete años, nuestra iglesia tenía problemas para superar la barrera de los 500 miembros. Sabiendo que el 80 por ciento de las iglesias en Estados Unidos tienen menos de 200 personas, uno podría pensar que debería estar estaría agradecido, pero recuerda que fui enviado desde una iglesia que crecería más allá de las 3.000 personas. Y, después de todo, Dios dijo "una gran cosecha". Solo veíamos a unas pocas personas acercarse a conocer a Jesús, y la mayor parte del crecimiento era a través de la transferencia.

Cuando miro en retrospectiva, de algún modo aquellos realmente fueron unos de los mejores años de mi vida. No sólo me matriculé en el Seminario Fuller para obtener dos títulos, sino que además aquella fue la época en que Peter Wagner se convertiría en mi mentor, apóstol y querido amigo. Y lo que es más importante aún, crecí tremendamente en el carácter de Cristo a través de los diez años de "tribulaciones".

CARÁCTER SIMILAR AL DE CRISTO: LA MÁXIMA PRIORIDAD DE DIOS PARA NOSOTROS

"Porque a los que antes conoció, también los predestinó para que sean hechos conforme a la imagen de su Hijo, para que él sea el primogénito entre muchos hermanos". (Romanos 8:29 RVC)

Dios, en Su sabiduría, nos permite pasar por penurias, dificultades, expectativas insatisfechas y persecuciones para poder usar estas pruebas al ayudarnos a ser más semejantes a Cristo en carácter. Pablo dice en Romanos 5:3-5 (RVC): "Y no sólo esto, sino que también nos regocijamos en los sufrimientos, porque sabemos que los sufrimientos producen resistencia, la resistencia produce un carácter aprobado, y el carácter aprobado produce esperanza. Y esta esperanza no nos defrauda, porque Dios ha derramado su amor en nuestro corazón por el Espíritu Santo que nos ha dado".

Santiago nos ofrece una exhortación similar: "Hermanos míos, considérense muy dichosos cuando estén pasando por diversas pruebas. Bien saben que, cuando su fe es puesta a prueba, produce paciencia. Pero procuren que la paciencia complete su obra, para que sean perfectos y cabales, sin que les falta nada" (Santiago 1:2-4 RVC).

Dios estaba usando mis primeros diez años en California para quebrar mi orgullo y mi ambición egoísta. También me estaba enseñando a ser un marido cariñoso, ya que nuestro matrimonio sufrió una grave crisis a los nueve años de estar en SoCal.

A finales de 1993, necesitaba desesperadamente a Dios. Necesitaba un gran cambio. Había dejado de ser pastor principal de ALCC en 1992, atravesé una crisis matrimonial en 1993 y me encontraba a punto de abandonar el ministerio vocacional. Me había quedado sin trabajo, estaba arruinado económicamente y dispuesto a aceptar un empleo en el mercado para poder mantener a mi familia de seis miembros en Los Ángeles, una de las ciudades más caras del mundo.

El proceso del cambio comenzó el 20 de enero de 1994 en Toronto. Se produjo un avivamiento llamado la Bendición de Toronto. Una semana más tarde, John Wimber estaba celebrando su conferencia anual de sanidad en Anaheim, donde anunció que el avivamiento había estallado en una de sus iglesias en Toronto cuando el Espíritu cayó en su servicio del domingo por la noche, tan sólo unos días antes de la conferencia. Básicamente estaba profetizando que esta conferencia marcaría un antes y un después, y así fue para mí.

La primera noche durante la alabanza, Lou Engle, mi amigo profeta, vio la risa santa golpeando diferentes secciones del auditorio abarrotado de 4.000 asientos. Como estábamos sentados cerca del extremo superior del auditorio, Lou tenía una vista de pájaro de cómo se movía el Espíritu de Dios. Me codeó y me dijo: "La risa viene hacia nosotros".

Mi respuesta inmediata fue: "¡Pues no me voy a reír!". De hecho, me sentía miserable y deprimido. 1993 fue el peor año de mi vida. Pero gracias al gran amor y misericordia de Dios (Efesios 2:4), a pesar de que yo tenía una actitud mala y enfurruñada, la risa recayó sobre nuestra sección, y de repente sentí que me embriagaba. No podía parar de reír, ¡aunque no quería hacerlo! Todo era gracioso, y todo el mundo a mi alrededor parecía gracioso. Un hombre sentado delante de mí era totalmente calvo y, por alguna razón, su calva tenía un aspecto escandalosamente gracioso, hasta el punto de que le puse la mano en la cabeza y empecé a pulirle la cabeza con la mano. Estaba ebrio del Espíritu. Al hombre no le importó, pues también estaba borracho en el Espíritu, y los dos nos caímos de la silla con tanta risa. La risa duró unos 20 minutos y me di cuenta de que mi depresión había desaparecido. Y por la gracia de Dios, ¡nunca he vuelto a deprimirme!

UN VIAJE DE TRANSFORMACIÓN PERSONAL

"...Me refiero al Espíritu Santo, quien guía a toda la verdad. El mundo no puede recibirlo porque no lo busca ni lo reconoce; pero ustedes sí lo conocen, porque ahora él vive con ustedes y después estará en ustedes". (Juan 14:17-18 RVC)

A lo largo de todas estas temporadas de caminar por la fe, he aprendido muchas lecciones en mi viaje de transformación personal. Dios me ha bendecido con la oportunidad de compartir estos conocimientos con otros, incluyendo los que se destacan en este capítulo. Cuando se trata de administrar nuestro avivamiento personal, quiero destacar tres lecciones que te ayudarán a avivar las llamas de la transformación en tu caminar con Jesús.

Lección 1:
Estar continuamente llenos del Espíritu Santo.

Una de las mayores revelaciones que recibí de la Bendición de Toronto es que siempre hay más del Espíritu Santo. Debemos estar continuamente llenos del Espíritu Santo. En Efesios 5:18 (RVC), la Palabra dice, "No se emborrachen con vino, lo cual lleva al desenfreno; más bien, llénense del Espíritu". La palabra *llénense* en la gramática griega está en el tiempo presente continuo, que se traduce como "estar continuamente llenos del Espíritu Santo".

La razón por la que debemos estar continuamente llenos del Espíritu Santo no es sólo para que se manifiesten los dones del Espíritu (1 Corintios 12), sino también para que se produzca el fruto del Espíritu (Gálatas 5:22). Uno de los versículos claves que fue revelador en mi vida durante ese tiempo fue Gálatas 5:16 (RVA), "Digo, pues: Anden en el Espíritu, y así jamás satisfarán los malos deseos de la carne". No solo por gracia somos salvos sino somos santificados por la gracia de Dios (Tito 2:11), a través del poder del Espíritu Santo que mora en nosotros.

Lección 2:
Haz sólo aquello que veas hacer al Padre.

"Entonces Jesús les dijo: De cierto, de cierto les digo: El Hijo no puede hacer nada por sí mismo, sino lo que ve que el Padre hace; porque todo lo que el Padre hace, eso mismo lo hace el Hijo". (Juan 5:19 RVC)

Jesús sólo hizo lo que vio hacer al Padre, y sólo habló lo que oyó decir al Padre. Mi problema era que Dios nunca me había llamado a hacer crecer una megaiglesia. Sin embargo, debido a que salí de una megaiglesia en Maryland, mi suposición era que para cumplir aquel sueño de "venir a Los Ángeles para una gran cosecha", eso automáticamente significaba pastorear una megaiglesia. Pero esas no son la misma palabra. Empecé a ver cómo mi orgullo y mi ambición se interponían en mi camino de fidelidad al sueño profético. Desafortunadamente, no fue hasta años después que me di cuenta que las cosas no se tratan de mí. Se tratan de Jesús y de Su reino. La humildad se convirtió en algo muy importante en mi vida. Empecé a odiar el orgullo y a valorar la humildad. Me llevó años de dificultades hasta que logré empezar a ver este pecado en mi vida. También me di cuenta de que el camino de andar con humildad delante de Dios será para toda la vida.

Lección 3: Camina bajo el temor del Señor.

"El temor del Señor es aborrecer el mal; yo aborrezco la soberbia y la arrogancia, el mal camino y la boca perversa". (Proverbios 8:13 RVC)

El Señor me concedió varios sueños a partir de 2012, cuando comenzó a enseñarme el temor del Señor. Eso llegó a otro nivel en 2022, cuando escuché a John Bevere enseñar sobre el temor del Señor y leí su libro GranDIOSo (*The Awe of God por su título en inglés)*, el cual recomiendo encarecidamente. Una frase que John dijo me sacudió: "Si temes al Señor, amarás lo que Él ama, y odiarás lo que Él odia".

Cuando dijo esto, me vino a la mente Proverbios 6:16. Este versículo es uno de los que había memorizado para fundamentar bíblicamente por qué Dios odia el aborto. Él odia "las manos que derraman sangre inocente".

> Hay seis, y hasta siete cosas que el Señor detesta con toda el alma: los ojos altivos, la lengua mentirosa, las manos que derraman sangre inocente, la mente que maquina planes inicuos, los pies que se apresuran a hacer el mal, el testigo falso que propaga mentiras, y el que siembra discordia entre hermanos. (Proverbios 6:16-19 RVC)

Dios resaltó el resto del pasaje que yo no tomé en serio, pero cuando empecé a repasar la lista, llegué a la convicción de que yo mismo, en un momento u otro, había violado las siete abominaciones, incluyendo incluso "las manos que derraman sangre inocente". El Señor me mostró que cuando tenía 16 años, un año antes de mi conversión a Cristo, había dejado embarazada a mi novia. Su madre quería que abortara y yo, atemorizado, apoyé su decisión de abortar. El Señor me dijo que yo era cómplice al respaldar y estar de acuerdo con el derramamiento de sangre inocente cuando ella tomó esa decisión. Como dice el refrán, "se necesitan dos para bailar un tango", pero la iglesia se ha obsesionado tanto con la decisión de la mujer de abortar al bebé y casi nunca habla del papel del novio o del marido, muchos de los cuales fomentan y pagan el aborto.

Cuando Dios me mostró este pecado, me di cuenta de que ni una sola vez había confesado que yo también era cómplice del "derramamiento de sangre inocente". A partir de entonces, cada vez que hablaba sobre el tema del aborto, incluía también mi parte de esta historia con la esperanza de que los hombres asumieran también la responsabilidad de sus pecados. No se trata de condenar a nadie. En el momento en que el Señor me mostró mi parte en esto, que se remonta al año 1972, supe que estaba perdonado y que la sangre de Jesús me había limpiado de todo pecado. Esto no hubiera sucedido si no habría recibido una revelación sobre el temor del Señor.

Creo que el temor del Señor me ha ayudado a caminar en santidad y justicia. Desde la perspectiva teológica, sé que estoy 'hecho justicia' en el momento en que entrego mi corazón a Jesús (2 Corintios 5:21). Pero el temor del Señor me ha ayudado a caminar en justicia. Un versículo clave es "esfuércense por demostrar los resultados de su salvación obedeciendo a Dios con profunda reverencia y temor" (Filipenses 2:12). John Bevere ilustró esto compartiendo que cuando estás casado, asumes una "posición" de una persona casada. Se lo puedes demostrar a cualquiera mostrándole tu licencia de matrimonio. Pero eso no significa que tu matrimonio sea bueno y saludable. Cualquiera que esté casado sabe que tiene que trabajar en su matrimonio durante el resto de su vida para tener un matrimonio exitoso y saludable.

También lo es nuestro caminar con Dios. Por eso necesitamos el Espíritu Santo y el temor del Señor para tener su justicia y ser santos como Él (1 Pedro 1:16). El temor del Señor y el Espíritu Santo nos conceden la gracia de Dios para ayudarnos a ser conformados a Su imagen, con un carácter semejante al de Cristo.

UNA VIDA SANTA Y RECTA
TRANSFORMARÁ EL MUNDO

"Dame cien predicadores que no teman nada más que al pecado, y no deseen nada más que a Dios, y no me importa nada que sean clérigos o laicos; ellos solos sacudirán las puertas del infierno y establecerán el reino de los cielos en la Tierra". John Wesley[97]

Dios siempre ha utilizado un remanente de personas santas para desatar un mover de Dios que transforme el mundo. Me vienen a la mente los 120 del aposento alto. Los 300 miembros del famoso Grupo de Clapham durante el Gran Despertar en Inglaterra, liderado por William Wilberforce, es otro gran ejemplo. Recuerda que el Primer Gran Despertar comenzó en 1738 cuando el Club Santo, formado por Charles Wesley, John Wesley y George Whitefield, experimentó el bautismo de fuego el 1 de enero de 1739, en una reunión de oración que duró toda la noche en Aldersgate.[98]

De todas las "estrategias apostólicas" que el Señor me ha concedido para ser un reformador, la más importante es que debo pastorear y levantar un remanente de personas santas de nuestra iglesia y de la red apostólica que dirijo para que sean amantes radicales de Jesús, y caminen en temor y reverencia de Dios. Cuando tienes una compañía de amantes entregados de Dios, ellos oirán lo que el Espíritu Santo le dice a la iglesia y obedecerán todo lo que Dios les pida para transformar el mundo.

---

[97] Dr. Rick Vance. "Lessons from John Wesley". 29 de marzo de 2021. United Methodist Men. https://www.gcumm.org/news/lessons-from-john-wesley/
[98] John Wesley, *The Journal of the Rev. John Wesley* (Londres: S. Thorne, 1828), 72.

Me resulta sorprendente que Jesús comience las Bienaventuranzas en Mateo 5 con cualidades de carácter que
Él ama:

- Los pobre de espíritu, es decir, personas humildes
  que dependen totalmente de Dios (versículo 3).

- Los que lloran por sus pecados y se arrepienten de
  ellos (versículo 4).

- Las personas mansas, es decir, con la fuerza bajo control (versículo 5).

- Las personas hambrientas de Dios, lo que indispensable para estar continuamente llenos del Espíritu
  (versículo 6).

- Los que caminan en el amor y la compasión (versículo 7).

- Las personas persona puras y santas (versículo 8).

- Los que procuran la paz y camina en reconciliación
  con los creyentes (versículo 9), y en la medida en que
  depende de nosotros, estar en paz con los no creyentes (ver Romanos 12:18).

- Incluso cuando te persiguen (versículos 10-11), debemos bendecirlos y hacerles el bien (ver versículos
  43-48).

En todas estas áreas, permitimos que nuestro carácter
semejante al de Cristo brille en un mundo oscuro (Isaías
60:1-2). Entonces Jesús cambia Su enseñanza para centrarse
en Su carácter, ya que Él es todo lo que las Bienaventuranzas
propugnan. Por ejemplo, dice: "Déjenme enseñarles, porque

yo soy humilde y tierno de corazón" (Mateo 11:28). En este versículo, *tierno* es la misma palabra griega (*praus*) que *manso* en Mateo 5:4.

Siguiendo las Bienaventuranzas, Jesús destaca cómo estamos llamados a transformar el mundo siendo sal y luz.

SER LA SAL Y LA LUZ DEL MUNDO

Ustedes son la sal de la tierra, pero si la sal pierde su sabor, ¿cómo volverá a ser salada? Ya no servirá para nada, sino para ser arrojada a la calle y pisoteada por la gente. Ustedes son la luz del mundo. Una ciudad asentada sobre un monte no se puede esconder. [15] Tampoco se enciende una lámpara y se pone debajo de un cajón, sino sobre el candelero, para que alumbre a todos los que están en casa. [16] De la misma manera, que la luz de ustedes alumbre delante de todos, para que todos vean sus buenas obras y glorifiquen a su Padre, que está en los cielos. (Mateo 5:13-16 RVC)

Dos de los agentes más transformadores son la sal y la luz. Cada uno de ellos cambia el entorno. Si pones sal en una comida insípida, se convierte en un plato gourmet. Si pones un fósforo en una cueva oscura, se ilumina todo. Dios nos ha llamado a cada uno de nosotros a transformar nuestro mundo al nombrarnos como sal y luz.

Tanto la sal como la luz eran muy valiosas para Israel en la época de Cristo. Además de añadir un sabor muy necesario a los alimentos, la sal se utilizaba para conservarlos y se mezclaba con el fertilizante para favorecer el crecimiento de la agricultura. En su libro *Salt:A World History*, Mark Kurlansky nos recuerda que la sal es la única roca que comemos y que su importancia ha moldeado la civilización de muchas maneras. Dice: "Desde el inicio de la civilización hasta hace unos 100 años, la sal fue uno de los productos más codiciados de la historia de la humanidad".[99] Kurlansky continúa diciendo que a los soldados romanos se les daba la opción de cobrar con monedas romanas o con sal. Por eso tenemos el modismo: "No vale su peso en sal". En otras palabras, no hace el trabajo por el cual se le paga.

Después de llamarnos "la sal de la tierra", Jesús nos enseña que "somos la luz del mundo" (Mateo 5:14a). Observa Su progresión: De la macrovisión del mundo, "la luz del mundo", Él pasa a decir que debemos transformar nuestras ciudades. "Una ciudad asentada sobre un monte no se puede esconder" (Mateo 5:14b). Por último, y en realidad, comienza con nosotros siendo una luz para nuestra familia y nuestro hogar. "Nadie enciende una lámpara y luego la pone debajo de una canasta. En cambio, la coloca en un lugar alto donde ilumina a todos los que están en la casa" (Mateo 5:15). Es prácticamente el orden inverso de la Gran Comisión que da en Hechos 1:8 (NTV) : "Pero recibirán poder cuando el Espíritu Santo descienda sobre ustedes; y serán mis testigos, y le hablarán a la gente acerca de mí en todas partes: en Jerusalén, por toda Judea, en Samaria y hasta los lugares más lejanos de la tierra".

El objetivo final es ser sal y luz hasta los confines de la tierra, pero empieza en tu casa y en tu Jerusalén. Para mí, es mi hogar y Los Ángeles, y concretamente Pasadena.

---

[99] Mark Kurlansky. *Salt:A World History*. Knopf Canada, 2011, Ebook.

PERMITE QUE TU LUZ
BRILLE ANTE LOS DEMÁS

La pregunta sigue en pie: ¿cómo debemos brillar como luz? Jesús nos da dos instrucciones finales. En primer lugar, tenemos que hacer buenas obras. No se trata sólo de hablar de amor, sino que hemos de amar con obras y de verdad. "Queridos hijos, que nuestro amor no quede solo en palabras; mostremos la verdad por medio de nuestras acciones" (1 Juan 3:18 NTV). En segundo lugar, nuestras buenas obras tienen que hacerse en el nombre de Jesús o con el Evangelio asociado a ellas para que "sus buenas acciones brillen a la vista de todos, para que todos alaben a su Padre celestial" (Mateo 5:16 NTV). Hay muchos humanistas que hacen obras de caridad en la sociedad, pero para que el reino de Dios venga a la tierra como en el cielo, nuestras buenas obras deben estar asociadas con el evangelio del reino.

Recuerdo que cuando Sue y yo estábamos recién casados, alquilamos una casa que mis padres tenían en Georgia Ave. en Silver Spring, Maryland. Casi un año después de casarnos, atravesábamos una ola de calor en la capital del país. Era junio, pero las temperaturas rondaban los 90, y con la humedad de D.C., era insoportable estar fuera.

En esa mañana particular, estaba en mi oficina estudiando la Palabra, cuando escuché a los recolectores de basura subiendo por nuestra calle. Oí al Espíritu Santo susurrar en mi corazón: "Estos trabajadores tienen mucho calor. Dales algo frío de beber". Una de las maneras en que sé que el Espíritu Santo me está hablando es que la palabra es totalmente inesperada; en otras palabras, nunca antes había pensado en darles a los recolectores de basura algo frío para beber.

Así que bajé rápidamente y le pregunté a Sue si teníamos algo frío para beber. Me dijo que no y me preguntó por qué. Se lo conté rápidamente y le pareció una idea estupenda. Me dijo: "¿Por qué no les haces señas a los chicos y los traes a nuestra casa, y yo prepararé rápidamente jugo de naranja helado y llevaré algunos vasos fuera?". Los recolectares ya habían pasado por delante de nuestra casa, así que corrí hacia ellos y les dije: "Oigan, chicos, hoy hace mucho calor. Mi mujer está haciendo zumo de naranja frío en nuestra casa, tan solo a unas casas de aquí. ¿Por qué no bajan y descansan un poco?".

Me miraban como si fuera de Marte. ¿Quién les da algo a los basureros? Aun así, caminaron hasta nuestra casa. Mi coche estaba aparcado bajo un gran roble que daba sombra, y utilicé el capó como mesa. La sincronización fue impecable. Sue salió con el zumo de naranja y los vasos, yo serví el zumo y se lo pasé a los cuatro trabajadores, que engulleron la bebida con gratitud.

De repente, se me vino a la mente el Sermón del Monte, más concretamente las palabras de Jesús en Mateo 5:16. No quería que pensaran que yo sólo era un tipo simpático y humanista. Quería que Jesús recibiera toda la gloria, así que empecé a compartir mi testimonio.

"Hace unos años, nunca me habría tomado el tiempo de hacer algo así. Era drogadicto, totalmente egoísta, nunca pensaba en los demás, todo giraba en torno a mi ombligo, dije mientras me señalaba el pecho con el pulgar. "Pero entonces entregué mi vida a Jesús, y Él me libró de la droga-dicción en un solo día. Y quiero que sepan que Dios los ama y me dijo que les diera algo frío para beber".

Todos me dieron las gracias y regresaron a su trabajo. No les pedí que oraran para aceptar a Jesús, pero hice una buena obra que dio gloria a Jesús, así que entré en casa sabiendo que había obedecido.

Tres meses después, a principios de septiembre, Sue y yo compramos nuestra primera casa en Wheaton, Mary-land. Gabriel, nuestro primogénito, estaba a punto de nacer en dos semanas. Nos mudamos al otro lado de Wheaton, y Dios bendiga a mis padres; ellos nos ayudaron a comprar nuestra primera casa. Cuando terminamos de deshacer las maletas, se nos acumuló una gran cantidad de cajas y restos de basura en la calle lateral frente a nuestra casa. Sabía que los recolectores tenían previsto recoger la basura al día siguiente, pero pensé que nunca se llevarían todo lo que habíamos amontonado. Así que decidí hacer algo "coreano" y sobornarles para que se lo llevaran todo. Decidí ir a Dunkin Donuts y comprar una docena de donuts varia-dos, preparar café y colocarlo todo en el patio para esperar a los recolectores.

Cuando llegaron los recolectores, me apresuré a pre-guntarles: "¿Cuál es su política de recolección de residuos más allá del límite de dos cubos cuando alguien acaba de mudarse?". El responsable respondió: "Nuestra política es recogerlo todo, no sólo el límite de dos cubos".

Vaya, pensé. *Después de todo, no tenía que comprar los donuts ni preparar el café.* Pero como ya estaba todo preparado, les pregunté a los chicos: "¿Por qué no se toman un descanso?

Tengo unos donuts y café preparados en nuestra mesa del patio". No tuve que pedírselo dos veces. Rápidamente fueron a la mesa y se sirvieron.

Entonces, el Señor me recordó lo que había sucedido cuando habíamos repartido jugo de naranja unos meses antes, así que pensé en aprovechar esta oportunidad para predicar el Evangelio. Comencé a compartir mi testimonio. Mientras hablaba, uno de los cobradores me interrumpió: "¿Usted vivía en la avenida Georgia en Silver Spring, Maryland?".

"Sí", le dije. "¿Cómo lo supiste?"

"Tú fuiste el que nos dio zumo de naranja cuando pasamos aquella ola de calor".

"Sí", respondí.

"Quiero darte las gracias y estrecharte la mano", me dijo tendiéndola hacia la mía. "Lo que hiciste me impresionó tanto que, unas semanas después, un amigo me invitó a una reunión cristiana. Allí fui y entregué mi vida a Jesús. Quería pasar por tu casa para darte las gracias, pero me trasladaron a este nuevo barrio. No puedo creer que te hayas mudado a mi nueva calle. Quiero darte las gracias por plantar esa semilla en mi vida".

Una vez más, ¡eso es algo que no puede inventarse! Me pregunto a cuántas personas hemos dado testimonio que luego terminaron convirtiéndose en seguidores de Jesús. Sé que lo sabremos cuando lleguemos al cielo, pero esta vez, Dios me permitió ver este fruto en este lado de la gloria. Pero el entendimiento de ese día todavía me impacta: *¿Qué habría pasado si les hubiera dado jugo de naranja sin compartir el evangelio a través de mi testimonio?*

Entonces, ¿por qué concluyo con esta historia? Bueno, de todo lo compartido en este libro hasta ahora, estoy convencido de que la estrategia apostólica *más importante* para transformar el mundo es que los cristianos transformados transformen su mundo, demostrando y declarando el evangelio, ¡en el poderoso nombre de Jesús!

ANEXOS

Anexo A:

CÓMO AFRONTAR LAS MAYORES INJUSTICIAS DE NUESTRO TIEMPO

Las mayores injusticias de la actualidad son en realidad las mismas que las de la época de Cristo, aunque yo las colocaría en un orden de gravedad diferente.

La número uno de la lista en tiempos de Cristo habría sido indudablemente *la pobreza*. La mayoría de la gente del siglo I d. C. vivía en la más absoluta pobreza. Ese contexto nos ayuda a entender la profecía que Jesús cumplió cuando dijo: "El espíritu del Señor está sobre mí; me ha ungido para anunciar buenas nuevas a los pobres", porque esa era la mayor necesidad de su tiempo. Los pobres abundaban, y la buena noticia para los pobres es que ya no tienes que serlo. Y Dios te bendecirá y suplirá todo lo que necesites, mientras confías en Él. (Filipenses 4:19).

El número dos habría sido *la esclavitud*. Los esclavos estaban presentes en todo el Imperio Romano y, en realidad, en todo el mundo antiguo. El libro de Filemón nos ofrece un pequeño atisbo del corazón de Dios, cuando Pablo presenta el llamamiento contracultural de liberar a un esclavo llamado Onésimo y tratarlo como a un hermano en Cristo (Filemón 16).

El número tres habría sido el *infanticidio*. Esto era esencialmente una forma de aborto, donde abandonaban a un niño recién nacido que no querían que viviera. No tenemos cifras exactas sobre cada una de estas injusticias, pero sabemos que eran impactantes en los días de Cristo.

Hoy tenemos estadísticas que muestran las injusticias sociales más evidentes. El amor de Cristo nos obliga a responder ante estos problemas y a marcar la diferencia en la mayor cantidad de vidas que sea posible. Las abordaré brevemente en orden ascendente según su magnitud.

N.° 3: Pobreza sistémica: Nueve millones de personas mueren de hambre y desnutrición cada año.[100] Esta estadística muestra lo lejos que hemos llegado,[101] porque hemos erradicado los niveles de inanición y pobreza que marcaban los días de la Roma del siglo I. Pero, al mismo tiempo, tenemos mucho trabajo por delante para satisfacer las necesidades de millones de personas y familias que se encuentran en la pobreza, no sólo dando limosnas, sino llevando a cabo reformas que transformen las vidas y las sociedades para garantizar la prosperidad.

N.° 2: Trata de personas: Según un informe de 2022, se calcula que 50 millones de personas son víctimas de la trata de personas o se encuentran en situaciones de esclavitud

---

[100] David Beasley. "In world of wealth, 9 million people die every year from hunger...". Programa Mundial de Alimentos. 24 de septiembre de 2021. https://www.wfp.org/news/world-wealth-9-million-people-die-every-year-hunger-wfp-chief-tells-food-system-summit

[101] Max Roser. "We Need a New Global Measure for Poverty". *New York Times.* 24 de septiembre de 2024. https://www.nytimes.com/interactive/2024/09/24/opinion/global-poverty-rates

moderna en cualquier día del año. Esto equivale a una de cada 150 personas en el mundo.[102]

N.° 1: Aborto: La injusticia número uno en nuestro mundo es el aborto. *Cada año se* producen en el mundo 73 millones de abortos. Esto indica que el 29% de todos los embarazos, casi uno de cada tres bebés, y el 61% de los embarazos no deseados terminan en un aborto.[103]

Por qué California necesita desesperadamente una reforma

De todos los problemas que afrontan los estadounidenses hoy en día, el aborto es uno de los más polarizados. A pesar de que *Roe contra Wade* fue anulado en la histórica fecha del 24 de junio de 2022, el aborto sigue siendo un tema candente en cada estado. Por ejemplo, California sigue siendo el primer estado abortista y necesita desesperadamente una reforma.[104]

El 1 de enero de 2023, la legislatura de California añadió esto a su lista de maldades: la Proposición 1 codificó el aborto tardío hasta el último día del noveno mes en nuestra constitución estatal. Nos hemos convertido en un estado santuario para el aborto, lo que me apena escribir y sin duda apena

---

[102] "Global Estimates of Modern Slavery: Estimation Method". Counter-Trafficking Data Collaborative (CTDC). Consultado el 2 de agosto de 2024. https://www.ctdatacollaborative.org/story/gems2022

[103] "Abortion". Organización Mundial de la Salud. 17 de mayo de 2024. https://www.who.int/news-room/fact-sheets/detail/abortion

[104] Nadine El-Bawab. "Illinois, Florida, California saw largest increase in abortions…" ABC News. 28 de febrero de 2024. https://abcnews.go.com/US/illinois-florida-california-largest-increase-abortions-15-months/story?id=107651669; ""#WeCount Report: April 2022 to March 2023". Sociedad de Planificación Familiar. 15 de junio de 2023. https://societyfp.org/wp-content/uploads/2023/06/WeCountReport_6.12.23.pdf#page=9

aún más el corazón de Dios. Antes de que se aprobara la Proposición 1, el Gobernador Gavin Newsom pagó vallas publicitarias en siete estados rojos en 2022, anunciando que cualquiera puede venir a California y abortar a expensas de California.[105] Todas estas cosas tienen serias ramificaciones para nuestra nación mientras vemos cómo se abre una caja de Pandora de maldad en suelo californiano.

El mismo día en que entró en vigor la Proposición 1, el Proyecto del Senado SB107 también convirtió a California en un estado santuario para las personas transgénero.[106] Cualquier persona de 17 años o menos podría ahora venir a California y recibir tratamiento médico transgénero, sin notificación de los padres y con el dinero de los impuestos de los californianos.

Una vez más, sólo estamos arañando la superficie de la corrupción promulgada por los funcionarios californianos. A partir de septiembre de 2020, el Proyecto del Senado SB145 declaró que tener relaciones sexuales con un menor de entre 14 y 17 años ya no requiere que el autor sea registrado como delincuente sexual en California "si la persona no es más de 10 años mayor que el menor". [107]

[105] Lara Korte "Gavin Newsom promotes California as abortion sanctuary on redstatebillboards". Político. 15 de septiembre de 2022. https://www.politico.com/news/2022/09/15/gavin-newsom-california-abortion-sanctuary-red-state-billboards-00057060

[106] "Senator Wiener's Historic Bill To Provide Refuge For Trans Kids And Their Families Signed Into Law". Distrito 11 del Senado del Estado de California. Consultado el 15 de mayo de 2024.
https://sd11.senate.ca.gov/news/20220930-senator-wiener's-historic-bill-provide-refuge-trans-kids-and-their-families-signed-law

[107] "SB-145 Sex offenders: registration. (2019-2020)". Información legislativa de California. 14 de septiembre de 2020.

Otra normativa atroz es el Proyecto del Senado SB357, firmado por el Gobernador Newsom en 2022. Una vez que el Proyecto del Senado SB357 se convirtió en ley, los agentes policiales de California ya no podían interrogar a un adolescente que merodeaba con fines de prostitución. Por lo tanto, hemos visto la aceleración de la prostitución adolescente y la trata de personas en California desde el comienzo de 2023. [108]

Debemos recordar que todos estos son proyectos de ley aprobados por los senadores estatales y los miembros de la Asamblea del Estado, que además fueron firmados como ley por el Gobernador Newsom. Si nuestros funcionarios *electos* están tomando este tipo de decisiones en nuestro nombre, ya es hora de que los californianos despierten y voten para que estos mismos funcionarios dejen sus cargos. Mi oración frecuente es esta: "¡Dios, sálvalos o sácalos!". La reforma, como vemos a lo largo de este libro, puede desencadenarse de muchas maneras, incluida la oración, pero se produce especialmente en la cabina de votación.

Un trío de sueños proféticos

Cuando estaba terminando de escribir este libro, tuve tres sueños sucesivos en una misma noche que me sentí obligado a añadir al manuscrito.

En mi primer sueño, yo estaba a punto de hablar en una reunión que estaba llena, pero la atmósfera no estaba ungida,

---

https://leginfo.legislature.ca.gov/faces/billTextClient.xhtml?bill_id= 201920200SB145

[108] "Prostitution Surges in CA After Decriminalization of Loitering". Consejo de la Familia de California. 23 de octubre de 2023. https://www.californiafamily. org/2023/10/prostitution-surges-in-ca-after-decriminalization-of-loitering/

aunque yo sabía que tenía una palabra del Señor. Las personas estaban contentas de que yo estuviera allí y esperaban con ansias lo que tenía para compartir, pero yo sabía que no se trataba de mí. Iba vestido con mis pantalones cortos de gimnasia, una camiseta y zapatillas de tenis. Cuando entré en el vestíbulo, vi a un hombre adulto que sostenía amorosamente en sus brazos a un niño de cinco años que dormía plácidamente. Supe inmediatamente que ese hombre era Jesús. Estaba claro que el sueño era sobre Jesús y su corazón por los niños, enfatizando la necesidad de traer rectitud y justicia para sus hijos alrededor del mundo.

En el segundo sueño, estaba sentado a una mesa con cinco líderes o apóstoles empresariales que no tenían rostro ni nombre. Aunque no los reconocía, sentía una fuerte conexión con ellos. Me senté y les dije que les iba a dar las claves para convertirse en billonarios de gran éxito, pero para que no pareciera que estaba exagerando, dije en su lugar "multimillonarios". Les revelé que la clave de nuestro éxito era el movimiento "Con Mis Hijos No Te Metas", encabezado por Jenny Donnelly (ver el Anexo B).

En el último sueño, estaba de nuevo con los mismos cinco hombres, pero esta vez, en un restaurante chino. Estábamos en una conferencia telefónica usando mi iPhone, pero como la compañía con la que estábamos hablando era una empresa de tecnología cristiana, habían activado una llamada Zoom con cada persona en su propio dispositivo. La compañía estaba interesada en invertir en el movimiento "Con Mis Hijos No Te Metas", pero tenía dudas después de asistir a una de nuestras reuniones durante su diligencia debida. Se quejaron de que nuestras reuniones eran demasiado políticas y que había gente ondeando banderas, vestida de rojo y con gorras del movimiento MAGA ("Hacer América grande otra vez)". También señalaron que una madre le estaba cambiando el pañal a su bebé en la parte delantera de la sala y no en el baño, y sintieron que la reunión era demasiado ruidosa y desordenada. Por eso dudaban si invertir o no. Mi respuesta en el sueño fue firme: *esto es lo que somos y no vamos a cambiar.* Les dije que tendrían que cambiar sus valores si querían asociarse con nosotros.

Cuando me desperté, inmediatamente me puse a orar sobre lo que había soñado. Creo que Dios me dio estos sueños para reforzar que nuestra misión está centrada en Jesús y en Su corazón por los niños, sin importar lo poco convencional o desafiante que eso pueda parecer. Me sirvieron como recordatorio de que debemos mantenernos fieles a nuestros valores y a nuestro llamado, incluso si eso significa permanecer firmes ante la oposición o la incomprensión. Debemos seguir luchando por la reforma, ¡porque está en juego la próxima generación!

Anexo β:

MOVIMIENTOS REFORMISTAS MODERNOS

Con Mis Hijos No Te Metas

"*E*n 2017, un millón y medio de personas marcharon por las calles de veintiséis ciudades de Perú con pancartas que advertían: *"Con Mis Hijos No Te Metas"*. Las marchas, propuestas originalmente por un joven llamado Christian Rosas, se presentaban en oposición a las políticas públicas de desarrollo de género por parte del gobierno peruano en educación y en otras áreas de la administración pública. Nada despierta más la justa ira de padres y abuelos que cuando se ataca a sus hijos y nietos", escribe James Garlow en su libro *Reversed: From Culturally Woke to Biblically Awake.*[109]

Lo que comenzó en Perú se extendió como un reguero de pólvora por toda América Latina y ha llegado a suelo estadounidense, justo a tiempo. El ataque a la familia ha llevado a muchos cristianos a arrodillarse en oración en los

---

[109] James L. Garlow. *Reversed: From Culturally Woke to Biblically Awake.* Well Versed Publishing, 2024, p.15.

últimos años, a medida que las agendas de la izquierda progresista radical han ido ganando terreno en los principales medios de comunicación, la legislación gubernamental y los sistemas escolares. "Nuestra nación está en crisis: las familias están siendo destrozadas por una agenda decidida a sexualizar a nuestros hijos", afirma el sitio web Con Mis Hijos No Te Metas. "Estamos comprometidos a ver a Estados Unidos retornar a Dios a través de la oración unida, el ayuno y la toma de posición en la plaza pública para promover la justicia y la verdad".[110]

El Movimiento La Voz de Ella y Un Millón de Mujeres se reúnen en el Día de la Expiación: 12 de octubre de 2024

Jenny Donnelly, fundadora del Movimiento La Voz de Ella[111] y apóstol comisionada bajo Harvest International Ministry, ha estado encabezando el capítulo estadounidense de este movimiento. En 2022, Jenny aunó fuerzas con mi hermano de pacto, Lou Engle, para ver uno de sus sueños proféticos hacerse realidad. Cinco años antes, Lou había soñado con una multitud inconmensurable de mujeres que se reunían para escuchar la lectura del libro de Ester. Dios le estaba llamando a ser un Mardoqueo que ayudara a movilizar la concreción de ese sueño: "Un movimiento de mujeres de Dios que va a ganar autoridad en Estados Unidos sobre

[110] https://www.dontmesswithourkids.us
[111] https://www.hervoicemvmt.com

principados y potestades, ideologías que buscan destruir a los hijos de esta nación".[112]

Por eso planearon estratégicamente un evento llamado "Un Millón de Mujeres: Una Llamada de Ester a la Explanada Nacional" en Washington, D.C., el 12 de octubre de 2024, el Día de la Expiación en el calendario judío. Junto con muchos otros líderes del Cuerpo de Cristo, nos reunimos en esta encrucijada de la historia, atreviéndonos a creer que Dios cambiará la trayectoria de nuestra sociedad y salvará a nuestra nación. Para obtener más información, visita *amillionwomen.org*.

Para participar en otros movimientos afines, vuelve a consultar el capítulo 10, donde encontrarás una lista con otras organizaciones que están llevando a cabo la reforma en la actualidad.

---

[112] Lou Engle. "Million Women - An Esther Call On The Mall - Octubre 12, 2024". 27 de febrero de 2024. https://www.youtube.com/watch?v=1DAznDpAmfc

Anexo C:

DALE 15 DE DUTCH SHEETS

"Cambiando Estados Unidos"
23 de agosto de 2024

*D*ios no perdió tiempo para introducir el importantísimo concepto de gobierno en las Escrituras, y lo hizo en el primer capítulo: Génesis 1:26-28. El gobierno es fundamental. Ya sea en un hogar, una ciudad, una nación o cualquier otra agrupación de personas, la intención de Dios para el gobierno era que sirviera a las personas proporcionándoles protección (refugio), instrucción, justicia, disciplina apropiada y amorosa, paz y mucho más (Lucas 13:34; 19:44; 1 Timoteo 2:1-4; Romanos 13:1-4). El gobierno justo es el método principal de Dios para liberar estas acciones y resultados necesarios en la tierra. Proverbios 29:2 nos dice que esto trae alegría a la gente; cuando no ocurre, el resultado es el lamento. Con razón nos indicó que oráramos primero por los gobernantes. (1 Timoteo 2:1-4)

La palabra hebrea utilizada para "lamentarse" en Proverbios 29:2, lo que ocurre cuando los malvados gobiernan, es una palabra fuerte. *Anach* significa no sólo lamentarse, sino gemir y quejarse, incluso jadear. Gemir, quejarse, jadear y lamentarse, eso es lo que producen los gobernantes malvados. Proverbios 14:34 añade que el pecado que estos gobernantes producen causa deshonra y desgracia a una nación.

El elemento controlador del actual gobierno impío de Estados Unidos ha traído desgracia y lamento al creerse con el derecho de hacer todo esto:

- Matar bebés y hacer que los que creen que esto es un asesinato, que paguen por los abortos.

- Aprobar la venta de partes del cuerpo de los bebés abortados (¿ya estás jadeando?).

- Permitir que los bebés nacidos vivos durante abortos fallidos permanezcan desatendidos hasta que mueran.

- Redefinir lo que significa ser hombre y ser mujer.

- Rechazar el primer pacto que Dios estableció en la tierra, el matrimonio, y redefinirlo utilizando actividades que Él prohibió (y celebrar esta rebelión con vítores, banderas, desnudez y edificios gubernamentales iluminados).

- Quitar la patria potestad a las madres y padres; adoctrinar a sus niños usando pornografía y reinonas, hasta el punto de instar a los niños a ser esterilizados mediante drogas o castración (¿ya estás lamentándote?).

- Abrir nuestras fronteras a las drogas que matan a decenas de miles cada año, a criminales, violadores y terroristas, y a millones de inmigrantes ilegales cada año a los que nunca se les enseñan nuestras leyes, historia y valores (todo por votos para mantenerse en el poder).

- Promover el marxismo y el socialismo.
- Reescribir la historia de América, intentando robar nuestras raíces judeocristianas.
- Redefinir nuestra Constitución.
- Eliminar nuestra libertad de expresión.
- Mentirnos cuando quieran.
- Y mucho más.

¿Y si te dijera que la iglesia estadounidense podría cambiar fácilmente todo esto? Sí. Verás, aproximadamente la mitad de los evangélicos no están registrados para votar, y la mitad de los que lo sí lo están, todavía no votan. Es un hecho aceptado que si todos los cristianos evangélicos votaran y lo hicieran de acuerdo con los valores bíblicos, podríamos controlar todas las elecciones nacionales y colocar líderes piadosos y creyentes en la Biblia en los cargos públicos. Esto significa que en un ciclo electoral, podríamos comenzar a revertir cada mal que acabo de enumerar. Cada uno de ellos. En Estados Unidos, "nosotros los miembros de este pueblo" tenemos el increíble derecho de poner en el poder a quien queremos que nos gobierne; "nosotros los creyentes de este pueblo" tenemos los números para asegurar que serán líderes que poseen los valores bíblicos de Dios.

Permíteme ser más específico. Sus votos y los míos, basados en la verdad bíblica, podrían salvar la vida de los bebés, el futuro reproductivo de los niños, el plan de Dios para el matrimonio y la familia, y las libertades de Estados Unidos, prácticamente de la noche a la mañana.

Pero "nosotros los creyentes" no lo hacemos. Concedemos el poder al mal por no votar o por votar inadecuadamente. ¿Por qué? Por comodidad o por no votar; por sentir aversión y disgusto por el proceso y el espíritu político; por sucumbir al espíritu político y votar en base a la afiliación partidista; y por poner en riesgo la verdad bíblica al votar por afiliación partidista, personalidades y promesas de beneficios personales, en vez hacerlo en pos de la verdad y el bien común.

¿Cómo podemos cambiar esto? Aquí te muestro una herramienta útil.

MyFaithVotes.org es un sitio web informativo que ha hecho el trabajo por ti. Se trata de un maravilloso sitio web donde el votante cristiano puede educarse, informarse, prepararse y estar listo para ir a las urnas. Allí puedes encontrar información sobre las próximas elecciones, artículos sobre los próximos proyectos de ley en el Congreso que debes conocer y mucho más. Si sigues sus indicaciones, puedes incluso averiguar si estás registrado para votar, obtener información sobre el voto por correo o en ausencia, dónde votar cerca de ti; y si aún NO estás registrado para votar, sus enlaces te llevarán directamente al enlace correcto en TU estado donde puedes registrarte para votar en línea, ¡en ese mismo momento! Además, ofrecen formas sencillas de interactuar con quienes nos representan en nuestros Congresos estatales y de EE.UU.. ¡Puedes hacer todo esto desde casa!

Estas son algunas de las diversas herramientas que ofrece el sitio web MyFaithVotes.org:

Mi centro de votación: comprueba tu inscripción, recibe un recordatorio de voto por mensaje de texto, solicita un voto en ausencia, consulta tu boleta con antelación (quiénes la componen, qué representan) y marca tu boleta de muestra para llevarla contigo a las urnas, y mucho más.

Contáctate con los funcionarios electos: obtén instrucciones sencillas para redactar un correo electrónico sobre tus preocupaciones y enviarlo con un solo clic a cualquiera de los representantes con quienes desees ponerte en contacto.

Piensa en términos bíblicos: un curso de estudio bíblico de 6 semanas que trata sobre temáticas públicas y está presentado por cristianos influyentes, como Voddie Baucham sobre la justicia, y Abby Johnson sobre el aborto...

Pongamos todos de nuestra parte para instar a la gente a votar a líderes con valores tradicionales y bíblicos.

Ora conmigo:

Padre, te damos gracias por el despertar que se está produciendo en la iglesia. El gigante dormido se está despertando. Haz que el despertador suene cada vez más fuerte. Haz que sea imposible para los cristianos en Estados Unidos silenciar la alarma o anularla con otras actividades y pensamientos.

Nuestros corazones, aunque rotos por muchos problemas, también están llenos de fe en que Tú estás cambiando las cosas drásticamente. La conciencia de una nación está volviendo a la vida. El corazón de una iglesia complaciente y pasiva está siendo, y seguirá siendo, despertado. Gracias por Tu gracia y Tu misericordia.

Y Padre, mientras los creyentes despiertan de la complacencia y el letargo, motívalos a votar. Da a organizaciones como My Faith Votes una gran participación y éxito a medida que ponen en práctica Tus ideas creativas. Te pedimos que guíes a muchas personas a participar en sus esfuerzos. Gracias por cambiar a esta nación. Estamos muy agradecidos de que no te hayas dado por vencido con los Estados Unidos. Y como Tú no te has dado por vencido, nosotros tampoco lo haremos. Tu veredicto ha sido emitido: ¡ Estados Unidos será salvado! Que así sea. Y nosotros, Tu familia, haremos nuestra parte para que esto ocurra. En el nombre de Cristo, te lo pedimos. Amén.

Nuestro decreto:

Declaramos que nosotros, la iglesia, nos involucraremos en todos los niveles y facetas del gobierno, liberando la autoridad y la bendición de Dios en la tierra a través de nuestras oraciones y acciones.[113]

---

[113] https://www.givehim15.com/post/august-23-2024?mc_cid=f8b8228294&mc_eid=faa09acb09

Anexo D:

COMIENZA TU NUEVA VIDA CON CRISTO

Tú puedes lograr una paz real y duradera hoy mismo al sostener una relación con Jesucristo. *¡Comienza tu viaje de cuatro pasos ahora!*

Paso 1 - El propósito de Dios: paz y vida

Dios te ama y quiere que experimentes la paz y la vida abundante y eterna.

- La Biblia dice: "Tenemos paz con Dios gracias a lo que Jesucristo nuestro Señor hizo por nosotros". (Romanos 5:1)

- "De tal manera amó Dios al mundo, que ha dado a su Hijo unigénito, para que todo aquel que en él cree no se pierda, sino que tenga vida eterna". (Juan 3:16 RVC)

¿Por qué la mayoría de la gente no tiene esta paz y esta vida abundante que Dios planeó que tuviéramos?

Paso 2 - El problema: el pecado nos separa

Dios nos creó a Su propia imagen para tener una vida abundante. No nos hizo como robots para que le amemos y obedezcamos automáticamente. Dios nos dio la voluntad y la libertad de elección, pero elegimos desobedecer a Dios e ir por nuestro propio camino. Todavía hoy hacemos esta elección. Eso es lo que nos separa de Dios.

- La Biblia dice: "Pues todos hemos pecado; nadie puede alcanzar la meta gloriosa establecida por Dios". (Romanos 3:23 NTV)
- "Porque la paga del pecado es muerte, pero la dádiva de Dios es vida eterna en Cristo Jesús, Señor nuestro". (Romanos 6:23 RVR)

Nuestra elección resulta en la separación de Dios. Las personas han probado muchas maneras de salvar esta distancia entre ellos y Dios... **Pero ningún puente llega a Dios... excepto uno.**

Paso 3 - El remedio de Dios: la cruz

Jesucristo murió en la cruz y resucitó de la tumba. Pagó la pena por nuestros pecados y tendió un puente entre Dios y los hombres.

- La Biblia dice: "Asimismo, Cristo padeció una sola vez por los pecados, el justo por los injustos, para llevarnos a Dios, siendo a la verdad muerto en la carne, pero vivificado en espíritu". (1 Pedro 3:18 RVR)

- "Pero Dios muestra su amor para con nosotros, en que siendo aún pecadores, Cristo murió por nosotros". (Romanos 5:8 RVR)

Dios ha provisto el único camino... Cada persona debe hacer una elección...

Paso 4 - Nuestra respuesta: recibir a Cristo

Debemos confiar en Jesucristo como Señor y Salvador, y recibirlo por invitación personal.

- La Biblia dice: "Si confiesas con tu boca que Jesús es el Señor y crees en tu corazón que Dios lo levantó de entre los muertos, serás salvo". (Romanos 10:9 RVR)

¿Recibirás a Jesucristo ahora mismo? He aquí cómo puedes recibir a Cristo:

- Admite tu necesidad. *(Soy un pecador)*.
- Muéstrate dispuesto a apartarte de tus pecados *(arrepentirse)* y solicitar el perdón de Dios.
- Cree que Jesucristo murió por ti en la cruz y resucitó de la tumba.
- Por medio de la fe, entrega toda tu vida, todo lo que eres y todo lo que tienes a Jesús.
- A través de la oración, invita a Jesucristo a entrar y controlar tu vida a través del Espíritu Santo. *(Recibe a Jesús como Señor y Salvador)*.

Sugerimos una oración como ésta:

"Querido Dios, sé que soy un pecador. Quiero arrepentirme de mis pecados y te pido perdón. Creo que Jesucristo es Tu Hijo. Creo que Él murió por mis pecados y que Tú lo resucitaste. Quiero que Él entre en mi corazón y tome el control de mi vida. Me rindo y entrego mi vida a Jesús. Quiero confiar en Jesús como mi Salvador y seguirlo como mi Señor desde este día en adelante. En el nombre de Jesús, amén".

*Basado en "Paz con Dios" de Billy Graham Evangelistic Association.

ACERCA DEL AUTOR

$\mathcal{E}$l **Dr. Ché Ahn** y su esposa, Sue, han sido los líderes principales de Harvest Rock Church en Pasadena, California, desde 1994. Ché se desempeña como presidente de Harvest International Ministry, una red apostólica internacional que capacita a líderes, multiplica iglesias, evangeliza y lleva el avivamiento y la reforma a más de 65 naciones. También es canciller internacional de la Universidad de Wagner, una institución educativa internacional que capacita a los creyentes para el ministerio práctico.

Ché obtuvo una maestría en Divinidad y un doctorado en Teología del Seminario Teológico Fuller y ha desempeñado un papel fundamental en muchas actividades estratégicas locales, nacionales e internacionales. Es autor de numerosos libros, entre ellos *Spirit-Led Evangelism, Say Goodbye to Powerless Christianity, La Gracia de Dar, Apóstoles de la Vida Moderna,* y *Retornar Nuestra Nación a Dios Mediante El Avivamiento Histórico.* Ché ministra extensamente por todo el mundo, enseñando y capacitando a las personas para el avivamiento, la sanación y la evangelización. También utiliza los medios de comunicación para llegar al mundo a través de su programa de televisión en PTL y Faith TV. Su mayor deseo es ver a la sociedad transformada mediante cristianos que comprendan y cumplan su destino.

Ché y Sue llevan casados más de 45 años. Tienen cuatro hijos maravillosos y los diez nietos más bonitos del mundo.

Para obtener más información sobre Ché Ahn, sus ministerios y sus materiales de consulta, visita: cheahn.org, harvestim.org, wagner.university y harvestrock.church.

OTROS LIBROS DE CHÉ AHN

Retornar Nuestra Nación a Dios Mediante El
Avivamiento Histórico

Apóstoles de la Vida Moderna

God Wants to Bless You!

La Gracia de Dar

Say Goodbye to Powerless Christianity

When Heaven Comes Down

Spirit-Led Evangelism

How to Pray for Healing

Para más información, visita cheahn.org

www.ingramcontent.com/pod-product-compliance
Lightning Source LLC
Chambersburg PA
CBHW030907120626
46554CB00001B/42